Für Tina

Günter.

Erfolgreich im Pharma-Marketing

Günter Umbach

Erfolgreich im Pharma-Marketing

Wie Sie Ärzte, Apotheker, Patienten, Experten und Manager als Kunden gewinnen

2. Auflage

Dr. Günter Umbach
Healthcare Marketing
Dr. Umbach & Partner
Bonn, Deutschland

ISBN 978-3-8349-4570-9 ISBN 978-3-8349-4571-6 (eBook)
DOI 10.1007/978-3-8349-4571-6

Die Deutsche Nationalbibliothek verzeichnet diese Publikation in der Deutschen Nationalbibliografie; detaillierte bibliografische Daten sind im Internet über http://dnb.d-nb.de abrufbar.

Springer Gabler
© Springer Fachmedien Wiesbaden 2011, 2013

Gedruckt auf säurefreiem und chlorfrei gebleichtem Papier

Springer Gabler ist eine Marke von Springer DE. Springer DE ist Teil der Fachverlagsgruppe Springer Science+Business Media.
www.springer-gabler.de

Was andere zu diesem Buch sagen

„Ideal auf die Zielgruppe abgestimmt mit vielen Praxisbeispielen und sofort umsetzbaren Tipps."

Günter Hofbauer
(Autor des Buches „Professionelles Produktmanagement.
Der prozessorientierte Ansatz, Rahmenbedingungen und Strategien")

„Klare Strategien und anschauliche Beispiele mit hohem Nutzwert auch für erfahrene Praktiker."

Thomas Ammon
(Autor des Buches „Produktmanagement:
So optimieren Sie Produkte, Workflows und Marketing")

„Der unverzichtbare Ratgeber für Pharmamarketing."

Dipl.-Ing. Erwin Matys
(Autor des Buches „Praxishandbuch Produktmanagement:
Grundlagen und Instrumente")

„Ein sprudelnder Quell von Wissen für das operative und strategische Pharmamarketing – lebendig und praxisnah durch persönliche Erfahrungen."

Mag. Ing. Klaus Aumayr, MBA
(Autor des Buches „Erfolgreiches Produktmanagement:
Tool-Box für das professionelle Produktmanagement und Produktmarketing")

„Umfassend und prägnant. Ein Muss für alle Marketingschaffenden. Voller Anregungen und Inspiration für die tägliche Arbeit in der Pharmabranche."

Mirko Düssel
(Autor des Buches „Handbuch Marketingpraxis: Von der Analyse zur Strategie.
Ausarbeitung der Taktik. Steuerung und Umsetzung in der Praxis")

„Begeisternd geschrieben – hilft Menschen gewinnen."

Ralf R. Strupat
(Autor des Buches „Das bunte Ei: Mit Kundenbegeisterung gewinnen")

„Ein Muss für Führungskräfte in Marketing und Vertrieb der Pharma-Industrie."

Andreas Buhr,
Vorstand der go! Akademie für Führung und Vertrieb AG

„So kennen wir unseren Dozenten Umbach: Fundiertes Wissen brillant vermittelt – für Führungskräfte und solche, die es noch werden wollen."

Dr. Ralf Schaltenbrand,
Course Director Master of Science in Pharmaceutical
Medicine and Chairman Scientific Course Committee,
Faculty of Medicine, University Duisburg-Essen

„Als Produktmanager hätte ich ein solches Werk für meine praktische Arbeit gut gebrauchen können – gab es aber noch nicht."

Dr. Hans-Volker Eichler,
Leiter Vertrieb, TAD Pharma

„Das Buch hilft Mitarbeitern, souveräner und wirkungsvoller zu werden."

Privatdozent Dr. Reinhold Gahlmann,
Führungskraft in der Pharma-Industrie

„Dr. Umbach ist ein Experte für Pharma-Marketing – wir profitierten sehr von seinen Erfahrungen."

Nüket Kurulay,
Geschäftsführerin adm Agentur für Dialogmarketing

„Der Leser erfährt von einem wahren Kenner der Materie alles, was er über Kunden, Fallstricke und Erfolgsrezepte im Marketing wissen sollte."

Dr. med. Martin Bornemann,
Bornemann Medical Writing

„Dr. Umbach ist einer der wenigen Autoren, die es schaffen, wirklich praxisnah zu schreiben. Jeder Satz bringt Wert. Mehr Nutzen pro Seite ist kaum möglich!"

Christian Angele,
Geschäftsführer imedo GmbH

„Umfassend, übersichtlich, hilfreich und praxisnah. Das Buch verschafft nicht nur einen breiten Überblick über das Pharmamarketing, sondern lässt einen an vielen Stellen auch dahinter und in die Tiefe blicken."

Christian Sachse,
Chef-Redakteur PM-Report

„Von A wie AMNOG bis Z wie Zukunft - Ein Wunder, dass die immer komplexer werdende, faszinierende Welt des Pharma-Marketing auf etwa 350 prägnante Seiten passt"

Peter Stegmaier,
Herausgeber und Chefredakteur, PharmaRelations

Persönliche Worte des Autors

In meiner Zeit als Produktmanager, Marketingmanager und Marketing Director habe ich mir ein solches Buch immer gewünscht.

Möge es Ihnen ein nützlicher Begleiter sein und Ihnen helfen, mit Ihrer Energie, Ihrem Engagement und Ihrem Enthusiasmus noch erfolgreicher zu werden.

Ihr Günter Umbach
www.umbachpartner.com

Dank

Mit Dank an alle, deren Anregungen, Erfahrungen, Einsichten und Erfolge dieses Buch mitgeprägt haben.

I Rechtliche Hinweise I

Die Wiedergabe von Namen und Warenbezeichnungen berechtigt nicht zur Annahme, dass sie als frei zu betrachten wären. Viele der Illustrationen stammen aus dem Buch und der CD-ROM von Dr. Günter Umbach: „Successfully Marketing Clinical Results: Winning in the Healthcare Business", Gower Publishing Limited, London, 2006. Das Nennen von Produkten, Unternehmen, Veröffentlichungen, Webseiten und anderen Quellen stellt keine Empfehlung dar. Es werden keinerlei Garantien übernommen, weder für die Richtigkeit und Vollständigkeit der Angaben noch für die Zweckmäßigkeit der ausgesprochenen oder implizierten Tipps und Hinweise. Dieses Buch gibt keine juristische Beratung. Für alle rechtlichen Aspekte fragen Sie bitte einen Rechtsanwalt.

Beachten Sie alle Gesetze, Empfehlungen, Verhaltensregeln, Codes of Practice, Leitlinien und Empfehlungen, die in Ihrem Land, Ihrer Branche und in Ihrem Unternehmen gelten. In Deutschland sind dies beispielsweise das Arzneimittelgesetz (AMG), das Heilmittelwerbegesetz (HWG) und das Gesetz gegen den unlauteren Wettbewerb (UWG). Weitere Informationen finden Sie im Internet, insbesondere auf den folgenden Webseiten:

▶ Verband Forschender Arzneimittelhersteller (VFA): www.vfa.de

▶ Bundesverband der Pharmazeutischen Industrie (BPI): www.bpi.de

▶ Bundesverband der Arzneimittel-Hersteller (BAH): www.bah-bonn.de

▶ International Federation of Pharmaceutical Manufacturers and Associations (IFPMA): www.ifpma.org

▶ European Federation of Pharmaceutical Industries and Associations: (EFPIA): www.efpia.org

▶ Japanese Pharmaceutical Manufacturers Association: (JPMA): www.jpma.or.jp/english

▶ Pharmaceutical Research and Manufacturers of America: (PhRMA): www.phrma.org

- Association of the British Pharmaceutical Industry: (ABPI): www.abpi.org.uk
- US Food and Drug Administration (FDA): www.fda.gov
- Medical Research Council (MRC): www.mrc.ac.uk
- World Health Organization (WHO): www.who.int

I Inhalt   I

Teil E – Ausdrucksoptionen der Kommunikation 135

Teil J – Umgang mit der Zeit und Prioritäten setzen

Teil Z – Portfolio-Management und Umgang mit dem Risiko

Teil A
Nutzen für Sie

An wen richtet sich dieses Buch?

Dieses Praxishandbuch richtet sich an Leistungsträger und Führungskräfte in Unternehmen, die den Pharma-Markt aktiv mitgestalten, insbesondere in folgenden Funktionen: Marktnahe klinische Entwicklung, medizinisch-wissenschaftliche Abteilungen, Medical Marketing, New Business Development, strategische Planung, Marketing und Produktmanagement. Das Buch ist weiterhin hilfreich für Mitarbeiter in Kommunikations-, Marken-, Werbe- und Public-Relations-Agenturen, die im Gesundheitssektor als Dienstleister tätig sind. Dieses Buch möchte Transparenz schaffen und gleichzeitig das Bewusstsein für die vorhandenen Chancen schärfen.

Was Ihnen dieses Buch bringen kann

Wissen, worauf es ankommt.

In diesem Buch erhalten Sie Anregungen, Hinweise und Tipps, wie Sie
▶ die richtigen Kunden gewinnen,
▶ schneller innovative Strategien entwickeln,
▶ die Instrumente mit der größten Hebelwirkung einsetzen,
▶ Synergien zwischen Medizin und Marketing erkennen,
▶ schneller Ergebnisse erreichen,
▶ für Ihre Firma wertvoller werden.

Beispiele, Fallstudien und Fallstricke

Ideen, Chancen und Handlungsoptionen werden anhand von anschaulichen Beispielen und vereinfachten Fallstudien erläutert – manchmal auch von außerhalb der Pharma-Branche. Häufig ist dabei von Substantin (eine fiktive Substanz) und Examplex (eine fiktive Marke) die Rede. Ersetzen Sie diese Platzhalter durch die Substanz bzw. die Marke, für die Sie im wirklichen Leben zuständig sind.

Der Pharmamarkt ist spannend, interessant und abwechslungsreich – und steckt voller Überraschungen. Handfeste Tipps zum Anpacken helfen Ihnen, Fallstricke, Fettnäpfchen und Sackgassen zu umgehen. Sie brauchen ja die Fehler, die andere gemacht haben, nicht noch einmal zu machen. Dieses Buch „plaudert also aus dem Nähkästchen": Sie erfahren, was im Unternehmen und im Markt wahrscheinlich funktionieren wird und was eher nicht.

Konsequente Praxisorientierung

„Es ist nicht genug zu wissen – man muss auch anwenden. Es ist nicht genug zu wollen – man muss auch tun."

Johann Wolfgang von Goethe

Dieses praxisnahe und pragmatische Buch beruht auf Erfolgen und Misserfolgen im wirklichen Leben. Sie erhalten Know-how mit konkreten Empfehlungen: Was Sie wie in welcher Reihenfolge anwenden sollten und was Sie zukünftig vielleicht unterlassen sollten. Probieren Sie verschiedene Tipps einfach aus. So erfahren Sie schnell, ob bestimmte Vorschläge tatsächlich für Sie hilfreich sind. Falls Sie mehr an theoretisch-konzeptionellen Grundlagen und mathematischen Formeln interessiert sind, bieten sich akademische Lehrbücher verschiedener Universitätsprofessoren an.

Anregungen, Impulse, Denkanstöße

Lassen Sie sich beim Lesen von Ihren eigenen Gedanken inspirieren. Einige Bilder oder Worte werden – ähnlich Katalysatoren – bei Ihnen bestimmte Assoziationen hervorrufen und Ideen, Einsichten und Einfälle an die Oberfläche kommen lassen. Vielleicht wirkt das Buch auch wie ein vitales Elixier, das Sie an Dinge erinnert, die Sie bereits im Sinn hatten. Nutzen Sie die gewonnenen Erkenntnisse als Bausteine für Ihr berufliches Leben.

Sie erzielen den größten Nutzen aus diesem Buch, wenn Sie Dinge, die für Sie besonders relevant sind, sofort markieren, unterstreichen oder handschriftlich kommentieren. Noch besser ist es, diese Punkte in Ihren persönlichen Aktionsplan zu schreiben. Je mehr dieser Punkte Sie dann tatsächlich in die Tat umsetzen, desto erfolgreicher werden Sie werden.

Beliebte Ausreden

Es lassen sich meist 1000 gute Gründe finden, etwas nicht zu tun. Daher finden Sie in diesem Buch auch beliebte Entschuldigungen, Ausreden und Ablenkungsmanöver, die als Rechtfertigungen und Erklärungen benutzt werden, um bestimmte Dinge als nicht anwendbar erscheinen zu lassen. Sie finden in diesem Buch zahlreiche Tipps, wie Sie Ihre Strategien so anpassen können, dass viele Elemente trotzdem umsetzbar sind.

Stil und Sprache

Stil und Sprache des Textes sind kurz, direkt und prägnant, so dass Sie als Leser Ihre wertvollste Ressource, nämlich Ihre Zeit, weise einsetzen können. Wenn die männliche Form von Wörtern erscheint, ist automatisch auch die weibliche Form mitgemeint.

Sie finden auch Sätze mit offenem Ende, die zum Nachdenken anregen. Bitte vollenden Sie diese Sätze, indem Sie Ihre eigenen Worte einfügen. Diese in Ihrer eigenen Handschrift notierten Ergänzungen werden Ihnen mehr im Gedächtnis haften bleiben als die bereits vorgegebenen gedruckten Worte.

Da mit wachsender Internationalisierung viele Leser ganz oder teilweise Englisch als Arbeitssprache haben, sind manche im Business-Bereich gängige Begriffe wörtlich übernommen oder sowohl in deutscher als auch englischer Sprache wiedergegeben.

Finden Sie Ihren eigenen Weg

Das Glück ist mit den Mutigen.

Da Erfolg, Glück und Erfüllung für jeden etwas anderes bedeutet, muss jeder von uns seinen eigenen Weg gehen. Finden Sie den Pfad, der symbolisch gesehen Ihren Namen trägt – den Pfad, den Sie gerne gehen. Die Reise auf diesem Weg wird Ihnen Freude bereiten und Ihnen Spaß machen. Wenn Sie das tun, was Ihnen entspricht, wird Ihr Antrieb von innen kommen und der berufliche Erfolg wird Ihnen leicht fallen.

Ihre Kollegen, Chefs, Mitarbeiter und Kunden werden sehr schnell spüren, ob Sie das gerne tun, was Sie tun. Und wenn sie merken, dass Sie sich in Ihrem Element fühlen, werden sie sich eher von Ihnen überzeugen und begeistern lassen. Dies ist ein „Karrierebeschleuniger" und Wettbewerbsvorteil, den man nicht so einfach kopieren kann.

Spielen Sie die Rolle Ihres Lebens

Übernehmen Sie als Co-Regisseur, Co-Drehbuchautor und einer der Hauptdarsteller die Mitverantwortung für den Film, in dem Sie die Rolle Ihres Lebens spielen. Sie können Handlung, Ort, Texte und Auswahl der anderen Darsteller in gewissem Maße mitbestimmen. Überlassen Sie diese Optionen nicht den Anderen, sondern üben Sie Ihre Gestaltungsmöglichkeiten konsequent aus, bevor der Film zu Ende geht. Wählen Sie und übernehmen Sie die komplette Verantwortung – als gelebte Freiheit.

Nutzen Sie Ihren Freiraum

> *„Die Entscheidung liegt bei dir!"*
>
> Titel eines Buches von Reinhard K. Sprenger, auch Autor von
> „Das Prinzip Selbstverantwortung"

Es ist zwar nicht alles möglich – aber mehr als wir oft denken. So haben wir meist mehr Freiräume, als wir für möglich halten. Manche Grenzen sind in Wirklichkeit so dünn wie ein Papiertaschentuch. Gehen Sie darüber hinaus und nutzen Sie Ihren vollen Manövrierraum. Fragen Sie sich jeden Tag „Fordert mich das, was ich heute tue oder bleibe ich unter meinen Möglichkeiten?"

Suchen und finden Sie Projekte, bei denen Sie Ihre Fähigkeiten und Ihr Know-how am besten einsetzen können. Es ist erstaunlich, was Sie alles erreichen können, wenn Sie Chancen beherzt ergreifen, Dinge einfach ausprobieren und entschlossen handeln.

Setzen Sie Ihre Fähigkeiten und Kenntnisse gewinnbringend ein – für Ihr Produkt, Ihren Chef, Ihr Unternehmen, Ihre Kunden und für sich selber.

Weitere Informationen

Ergänzend zum Buch finden Sie weitere Checklisten, Techniken, Tipps und den Management-Newsletter „Tipps und Trends für Professionals" gratis auf www.umbachpartner.com.

Teil B
Rechtliche Aspekte

Überblick über rechtliche Grundlagen

Sie finden hier ausgewählte juristische Aspekte in vereinfachter Form. Bitte konsultieren Sie die Originaltexte der entsprechenden Gesetze, Vorschriften, Richtlinien und Empfehlungen. Im Folgenden werden ausgewählte Aspekte des Heilmittelwerbegesetzes (HWG) und des Arzneimittelgesetzes (AMG) besprochen.

Heilmittelwerbegesetz (HWG)

Wahrheit und Klarheit sind gefordert. Unzulässig ist irreführende Werbung. Eine Irreführung liegt insbesondere dann vor,

▶ wenn Arzneimitteln therapeutische Wirksamkeit oder Wirkungen beigelegt werden, die sie nicht haben,

▶ wenn fälschlich der Eindruck erweckt wird, dass

  ▶ ein Erfolg mit Sicherheit erwartet werden kann,

  ▶ bei bestimmungsgemäßem Gebrauch keine schädlichen Wirkungen eintreten,

  ▶ die Werbung nicht zu Zwecken des Wettbewerbs veranstaltet wird,

▶ wenn unwahre oder zur Täuschung geeignete Angaben

  ▶ über die Zusammensetzung von Arzneimitteln,

  ▶ über Erfolge des Herstellers gemacht werden.

Unzulässig ist eine Werbung, wenn

▶ Gutachten oder Zeugnisse veröffentlicht oder erwähnt werden, die nicht von wissenschaftlich oder fachlich hierzu berufenen Personen erstattet worden sind,

▶ auf wissenschaftliche, fachliche oder sonstige Veröffentlichungen Bezug genommen wird, ohne dass aus der Werbung hervorgeht, ob die Veröffentlichung das Arzneimittel, für die geworben wird, selbst betrifft und ohne dass der Name des Verfassers, der Zeitpunkt der Veröffentlichung und die Fundstelle genannt werden,

▶ aus der Fachliteratur entnommene Zitate, Tabellen oder sonstige Darstellungen nicht wortgetreu übernommen werden.

Die Arzneimittelwerbung muss die sogenannten Pflichtangaben („Pflichttexte") enthalten, die von den übrigen Werbeaussagen deutlich abgesetzt, abgegrenzt und gut lesbar sein müssen.

Das HWG gestattet Werbung für verschreibungspflichtige Arzneimittel nur an Fachkreise. Dies ist in den USA anders, wo Werbung für verschreibungspflichtige Arzneimittel für Konsumenten und Patienten gestattet ist. Es ist im Zeitalter des Internet schwer nachvollziehbar, warum die Arzneimittelhersteller, die Daten über ihre Produkte generieren, aktualisieren und für deren Richtigkeit haften, diese Daten der Öffentlichkeit nicht bereitstellen dürfen.

In Großbritannien gibt es unter anderem die britische „Prescription Medicines Codes of Practice Authority" als Selbstregulierungsinstanz der British Pharmaceutical Industry. In einem Fall befand sie, dass eine bekannte große Pharmafirma das Nebenwirkungsprofil ihres umsatzstarken Neuroleptikums gegenüber Ärzten unangemessen dargestellt habe. So erweckte eine Anzeige im „British Journal of Psychiatry" den Eindruck, dass das Produkt mit weniger Gewichtszunahme verbunden sei als die Produkte konkurrierender Firmen, obwohl dies durch Studienergebnisse nicht belegbar sei – was den Tatbestand der irreführenden Werbung erfülle.

Arzneimittelgesetz (AMG)

Das Arzneimittelgesetz regelt den Verkehr mit Arzneimitteln im Interesse einer ordnungsgemäßen und sicheren Arzneimittelversorgung von Mensch und Tier.

Der Stufenplanbeauftragte

Im Arzneimittelgesetz sind unter anderem die Pflichten des Stufenplanbeauftragten festgelegt, beispielsweise das Sammeln und Bewerten von Meldungen über unerwünschte Arzneimittelwirkungen, Koordinierung der erforderlichen Maßnahmen, Erfüllen der Anzeigenpflicht, Aufzeichnen und Dokumentieren. Der Stufenplanbeauftragte ist persönlich für das Erfüllen der Pflichten verantwortlich.

Der Informationsbeauftragte

Im Arzneimittelgesetz sind auch die Pflichten des Informationsbeauftragten beschrieben. Dieser nimmt die wissenschaftliche Information über Arzneimittel verantwortlich wahr. Er ist beispielsweise persönlich dafür verantwortlich, dass Packungsbeilage, Fachinformation und Werbung mit dem Inhalt der Zulassung übereinstimmen.

Stellen Sie sich gut mit dem Informationsbeauftragten. Beziehen Sie diese Person frühzeitig in Ihre Überlegungen für Texte mit ein, um lange interne Genehmigungszeiten zu vermeiden.

Pharmaberater

Laut AMG dürfen pharmazeutische Unternehmer nur Personen mit Sachkenntnis beauftragen, Angehörige von Heilberufen aufzusuchen, um diese über Arzneimittel zu informieren. Dies gilt auch für fernmündliche Information. Ein Pharmaberater muss Mitteilungen über Nebenwirkungen schriftlich aufzeichnen und dem Auftraggeber schriftlich mitteilen.

Muster

Laut AMG dürfen nur zwei Muster von Arzneimitteln in der kleinsten Packungsgröße pro Jahr abgegeben werden – und dies nur auf schriftliche Anforderung. Über die Empfänger von Mustern sind Nachweise zu führen.

Gesundheitspolitik: Einleitung zu alten und neuen Gesetzen

Pharmazeutische Unternehmen haben Wellen von stetig neuen Gesetzen und Verordnungen zu berücksichtigen. Ausgewählte Punkte des AVWG (Arzneimittelversorgungs-Wirtschaftlichkeitsgesetz) waren Umstieg von Kassen-Patienten auf preisgünstige Medikamente, Senkung der Festbeträge, Verbot von Naturalrabatten, Bonuszahlungen und Rückvergütungen für Apotheken, Zwangsrabatte bei Generika, Preismoratorium für erstattungsfähige Mittel und manipulationsfreie Software für Arzt-Praxen.

AMNOG

Das Arzneimittelmarktneuordnungsgesetz (AMNOG) gilt seit 2011. Ein Kernpunkt ist die Verpflichtung der Pharmaunternehmen, künftig den Nutzen für neue bzw. innovative Arzneimittel nachzuweisen und den Preis des Arzneimittels mit der gesetzlichen Krankenversicherung zu vereinbaren. Kommt keine Einigung zustande, entscheidet eine zentrale Schiedsstelle über den Arzneimittelpreis. Für Arzneimittel ohne Zusatznutzen soll die Erstattungshöhe auf den Preis vergleichbarer Medikamente begrenzt werden.

In diesem Zusammenhang ist die Stellungnahme des G-BA zum AMNOG interessant. Sie besagt, dass der für die sozialversicherungsrechtliche Bewertung der Verordnungsfähigkeit eines Arzneimittels zu Lasten der GKV maßgebliche „therapeutische Nutzen" weder wortidentisch noch inhaltsgleich mit der durch die Arzneimittelzulassung nach dem AMG belegten „therapeutischen Wirksamkeit" ist. Der Beleg für den therapeutischen Nutzen ist daher unabhängig von der Arzneimittelzulassung zu erbringen.

Die Fachzeitschrift PharmaRelations brachte in einem Artikel (07/10) mit der Überschrift „Auch Morgen Noch Ohne Geld" die Positionen von verschiedenen Gruppen: Verband Forschender Arzneimittelhersteller (VFA), Spitzenverband Bund der Krankenkassen (SpiBu), Pro Generika und Bundesverband der Pharmazeutischen Industrie (BPI). Laut BPI liegen die Schwächen der Reform unter anderem in folgenden Punkten: Intransparente Entscheidungswege, mangelnde Beteiligungsrechte, eine inakzeptable Machtfülle des Gemeinsamen Bundesausschusses, der Vorrang zentraler Verhandlungen mit dem Spitzenverband Bund der Krankenkassen vor marktwirtschaftlichen Mechanismen auf Basis dezentraler Verhandlungen, fehlende Definitionen des Nutzens und der Spielregeln der frühen Nutzenbewertung. „Es ist schlicht inakzeptabel, dass der Gesetzgeber es an dieser Stelle versäumt, einen ausbalancierten wettbewerblichen Ansatz, klare Definitionen des Zusatznutzens und Regeln für die frühe Nutzenbewertung als Grundlage der zu verhandelnden Erstattungspreise zu finden", erklärte dazu Dr. Bernd Wegener, Vorstandsvorsitzender des BPI.

Das neue Gesetz zwingt die Industrie, den therapeutischen Zusatznutzen neuer Medikamente klarer nachzuweisen, ihre Market-Access-Strategien früher zu planen und ihr Marketing professioneller zu machen.

Weiterhin wird das Gesetz das Recht des Patienten auf Informationen stärken und den Zugang der Öffentlichkeit zu Ergebnissen klinischer Studien verbessern. So müssen beispielsweise Studienergebnisse innerhalb von sechs Monaten nach Erteilung der Zulassung bekannt gegeben werden. Diese Offenlegungspflicht soll auch für bereits zugelassene Arzneimittel gelten. Offen ist, wo und in welcher Form diese Informationen zugänglich gemacht werden sollen. Hier bietet sich eine Chance für die Pharmafirmen, die es schaffen, wissenschaftliche Daten klar, prägnant und ausgewogen so aufzubereiten und darzustellen, dass sie den Nutzen ihrer Produkte überzeugend vermitteln können.

Einleitung zu Regelwerken, welche die Industrie geschaffen hat

Es gab eine Zeit, in der manche Aspekte des Arzneimittelmarketings von mehr oder weniger subtilen Zuwendungen, Vorteilsgewährungen, und Vorteilsnahmen geprägt waren. Heute ist der Markt weitgehend transparent. Es gibt von der Industrie geschaffene Vereine wie die „Freiwillige Selbstkontrolle für die Arzneimittelindustrie" und die „Arzneimittel und Kooperation im Gesundheitswesen", die Regelwerke erstellt haben. Sie enthalten Verhaltensempfehlungen für die Zusammenarbeit der pharmazeutischen Industrie mit Ärzten, Apothekern und anderen Angehörigen der Fachkreise sowie mit Patientenorganisationen. Diese Wettbewerbsregeln dienen dazu, Wettbewerbsverstößen vorzubeugen und diese gegebenenfalls auch zu ahnden. „Pharma-Kodex" und „AKG" werden in den nächsten zwei Abschnitten kurz besprochen.

Pharma-Kodex

Die Mitglieder des Verbands Forschender Arzneimittelhersteller (VFA) haben die „Freiwillige Selbstkontrolle für die Arzneimittelindustrie e.V." mit Sitz in Berlin gegründet. Dieser Verein hat Wettbewerbsregeln („Pharma-Kodex") in Form des FSA-Kodex „Fachkreise" und des FSA-Kodex „Patientenorganisationen" erstellt. Der Kodex-Schiedsstellen-Verein überprüft mögliche Verstöße und kann Geldstrafen verhängen. Mehr auf www.fs-arzneimittelindustrie.de.

AKG

AKG steht für „Arzneimittel und Kooperation im Gesundheitswesen e. V.", der vom Bundesverband der Pharmazeutischen Industrie (BPI) gegründet wurde – mit dem Motto „Prävention vor Sanktion". Mehr auf www.ak-gesundheitswesen.de.

Spannungsfelder

In der Vergangenheit waren Anlässe für Beanstandungen beispielsweise:

- Unangemessene Unterbringung (Luxushotel) oder Verpflegung (teure Essen)
- Kostenlose Beratung der Ärzte zum Praxismanagement
- Kostenlose Abgabe eines Nachschlagewerkes
- Anwendungsbeobachtung mit unvollständigen Angaben zu Studienplan, Datenerhebung, etc.

Informieren Sie sich im Vorfeld und holen Sie sachkundigen Rat ein.

Teil C
Marketing-Fachwissen

Was ist Marketing?

Sprachlich kann man „Marketing" von „go into the market" ableiten. Von den vielen Definitionen von Marketing hier einige ausgewählte, praxisnahe und pragmatische Versionen:

▶ Erkennen und kreatives Erfüllen von dem, was Kunden wünschen.

▶ Einen bisher unerfüllten Kundenwunsch finden und erfüllen.

▶ Geschäftsprozesse auf Kunden ausrichten und passende Lösungen für seine Probleme anbieten.

Marketing ist (ähnlich wie Medizin) zugleich Kunst und Handwerk. Man muss Talent dafür haben, Begeisterung mitbringen, es jahrelang üben und eigene Erfahrungen sammeln, um es zur Meisterschaft zu bringen. Dies erfordert neben Motivation auch Kreativität, Disziplin und Ausdauer.

„Erfolgsgeheimnisse" im Marketing?

Im Marketing gibt es weder Zauberer mit Geheimrezepten noch Gurus mit magischen Strategien. Umfangreiches Wissen in Büchern, Zeitschriften und im Internet ist heute jedermann zugänglich. Die Kunst besteht darin, die eigenen Ideen mit dem relevanten Wissen zu verbinden und konsequent anzuwenden. Hier ein Vergleich mit dem Komponieren von Musik: Die Musiknoten, die Beethoven nutzte, um seine unverwechselbaren Melodien und großartigen Symphonien zu komponieren, gab es schon. Er wusste diese Noten auf geniale Weise miteinander zu kombinieren – so wie ein talentierter Top-Marketer den vorhandenen Daten auf virtuose Weise Ausdruck verleihen und diese dann über die angemessenen Kommunikationskanäle an die richtigen Zielgruppen transportieren kann.

Die Kunst – oder wenn man so will, das Geheimnis – besteht darin, aus einzelnen Komponenten eine prägnante Komposition zu schaffen, andere dafür zu begeistern und die resultierenden Projektpläne konsequent im eigenen Unternehmen und im Markt zu verwirklichen.

Das Ego, die Abteilung oder die Umsätze stärken?

Leider werden in vielen Firmen Kundenwünsche als nachrangig betrachtet. In den Köpfen mancher Firmenangehöriger ist es oft wichtiger, das eigene Ego zu streicheln, die eigene Macht zu mehren und den eigenen Bereich zu stärken. Dies führt zu kleinen Fürstentümern im Unternehmen („Empire building"). Dieser Prozess entfaltet oft eine Eigendynamik, die typischerweise einhergeht mit Formalisierung, Bürokratisierung und Berichterstattung („Reporting"). Die Mitarbeiter sind hauptsächlich mit firmeninternen Dingen beschäftigt – für den Kunden draußen bleibt wenig Zeit. Statt sich um Märkte, Marken und Trends zu kümmern, beschäftigen sich manche Firmen vorwiegend mit sich selber. Der Hauptsinn des Unternehmens, nämlich seinen Kunden einen Nutzen zu bringen, tritt zunehmend in den Hintergrund. Hier ist eine der primären Aufgaben des Marketing, zunächst an die Existenz von externen Kunden und deren Wünsche zu erinnern.

Aufgaben des strategischen Marketing

Die Professionals im strategischen Marketing haben die Aufgabe, neue Chancen zu entdecken: Für Substanzen, Länder, Indikationen, strategische Allianzen, etc. Sie entwickeln die Konzepte für die Zukunft, damit das Produktmanagement in die richtigen Bahnen gelenkt wird. Sie müssen langfristig denken, damit später die **richtigen** Dinge getan werden können. In einigen Firmen heißen diese Abteilungen auch internationales Marketing oder New Business Development. Sie arbeiten eng mit Forschung und Entwicklung zusammen.

Hier werden die Weichen für die Zukunft gestellt und Fehler können sich langfristig rächen, wie die folgenden Beispiele zeigen:

Ein Beispiel aus der Automobilbranche: Obwohl seit vielen Jahren aufgrund des zukünftigen Ölmangels der Trend zu spritsparenden Autos erkennbar ist, haben einige große Automobilkonzerne ihren Schwerpunkt auf große, spritfressende Geländewagen gelegt. Sie passen jedoch nicht mehr in die heutige Zeit. Der Chef eines großen US-amerikanischen Automobilkonzerns hatte eine besondere Vorliebe für diese Art von Autos, mit deren neuesten Modellen er sich gerne auf Werbeanzeigen fotografieren ließ. Aufgrund dieses strategischen Fehlers in der Produktpolitik wurde das Feld der sparsamen PKWs weitgehend den europäischen und japanischen Autofirmen überlassen.

Ein Beispiel aus der Telekommunikation: Ein großer deutscher Elektronikkonzern hatte einmal ein gutes Teletext-Geschäft (eine Technologie, von der heute keiner mehr spricht) und wollte die schönen Umsätze nicht durch die Einführung der intern konkurrierenden Telefax-Technologie kannibalisieren. So vernachlässigte er diese viel versprechende innovative Technik. Das Geschäft machten dann japanische Firmen.

Strategisches Pharma-Marketing

„Think global, act local."

Coca Cola Motto

Der für das strategische Marketing Zuständige muss dafür sorgen, dass bereits während des klinischen Entwicklungsprogramms wichtige Aspekte für den späteren Markterfolg berücksichtigt werden. Dazu gehören gute Antworten auf folgende Fragen:

► *Nutzen:* Welchen (bisher nicht erfüllten) Bedarf wird das Produkt erfüllen, also zu welcher Krankheit oder zu welchem Problem wird das Produkt eine Lösung anbieten?

► *Einzigartigkeit (USP = Unique Selling Proposition):* Wie können wir die Überlegenheit des Produktes gegenüber den jetzigen und zukünftigen Mitbewerbern sichtbar machen? Wo sind wir einzigartig („unique")?

► *Market Access:* Wie können wir durch Health Economics and Outcomes Research und andere Studien den Marktzugang und die Erstattung gewährleisten?

Ein Instrument ist das PTP (Project Target Profile) oder PZP (Projektzielprofil), in dem die erfolgsrelevanten Eigenschaften der Substanz beschrieben werden.

Dies können sein: Zu erzielende Studienergebnisse (beispielsweise mindestens 25 Prozent besser als die gegenwärtige Therapie), Anwendungsart (beispielsweise oral), Einnahmehäufigkeit (beispielsweise einmal täglich). Auch sollte die beste pharmazeutische Darreichungsform frühzeitig, das heißt bereits während des Studienprogramms, festgelegt werden.

So bietet beispielsweise eine Kapsel gegenüber einer Tablette mehr Optionen für die Wahl von Farbe und Beschriftung im Sinne einer Markenprägung.

Lassen Sie daher sich rechtzeitig von einem erfahrenen Produzenten beraten.

Wenn offensichtlich wird, dass die im PTP festgelegten Ziele nicht erreicht werden können, ist es meist besser, das Projekt abzubrechen, als weiterhin viel Geld zu investieren.

In der Realität trifft dies oft auf erbitterten Widerstand aus den Reihen der Forschung und Pharmakologie, wo Wissenschaftler oft jahrelang mit viel „Herzblut" an einem Projekt gearbeitet haben und nicht einsehen, dass ihr Projekt nun von einem „blöden Marketingfuzzi abgeschossen" wird.

Hierzu ein *Beispiel aus der Pharma-Branche:* Es gibt eine Gruppe der sogenannten *ACE-Hemmer,* die den Blutdruck senken und auch bei anderen Herz-Kreislauf-Erkrankungen eine positive Wirkung haben. Einige Firmen haben die Relevanz erfolgversprechender Studienergebnisse nicht erkannt und so diesen Trend verschlafen. Stattdessen wurde in die Weiterentwicklung bereits bekannter Substanzgruppen wie Calciumantagonisten gesetzt. Das Milliarden-Geschäft haben dann die anderen Firmen gemacht. Meist rechnen sich die spät eingeführten Me-too-Präparate nicht. Eine Ausnahme ist beispielsweise Ramipril, das als siebter ACE-Hemmer eingeführt wurde, aber aufgrund seiner Produkteigenschaften (hervorragende Studienergebnisse als USP) sich noch zu einem Blockbuster entwickelte.

Operatives Marketing

Die Professionals im **operativen** Marketing, also die Produktmanager und Marketingleiter in den Ländern, haben die Aufgabe, die von der Zentrale entwickelte Strategie an die nationalen Gegebenheiten anzupassen und vor Ort umzusetzen. Diese „Product Champions" haben die Aufgabe, das ihnen anvertraute Produkt erfolgreich zu vermarkten. Der erfahrene Beraterkollege Reinhard Lindner sagt dazu, dass erstaunlicherweise in manchen Firmen die Widerstände im eigenen Unternehmen stärker ausgeprägt sind als im Markt. Meist werden sowohl die Marketing- und Vertriebs-Investments als auch Umsatz- und Cashflow-Ziele von der Zentrale vorgegeben bzw. in einem gemeinsamen Budgetprozess abgestimmt.

Hinweis: Die englischsprachige Planung einer Markteinführung „Action List for a Pharmaceutical Product Launch" ist gratis downloadbar auf www.umbachpartner.com.

Der ideale Produktmanager

Um im Marketing erfolgreich zu sein, ist es hilfreich, bestimmte Qualifikationen, Eigenschaften und „Leadership-Skills" mitzubringen wie beispielsweise:

- ▶ Eigenmotivation
- ▶ Die Fähigkeit, andere zu ermutigen und zu begeistern
- ▶ Teamfähigkeit
- ▶ Kooperationsfähigkeit
- ▶ Freundlichkeit
- ▶ Optimismus und Zuversicht
- ▶ Neugierde und Wissensdurst
- ▶ Zielorientierung
- ▶ Sehr gute Kommunikationsfähigkeit
- ▶ Stresstoleranz und hohe Belastungsfähigkeit.
- ▶ Fähigkeit zum Zuhören (siehe entsprechendes Kapitel)
- ▶ Fähigkeit, Prioritäten zu setzen (siehe entsprechendes Kapitel)
- ▶ Gute Projektmanagement-Fähigkeiten (siehe entsprechendes Kapitel).

Je mehr der obigen Punkte für Sie zutreffen, desto eher werden Sie im Marketing erfolgreich sein.

Im strategischen Marketing stehen mehr die analytischen, konzeptionellen und planerischen Fähigkeiten und im operativen Marketing mehr die kommunikativen, motivierenden und umsetzerischen Fähigkeiten im Vordergrund.

Marketing versus Verkauf

Stark vereinfacht gesagt:

Verkaufen oder Vertreiben bedeutet: „Verkauf, was Du hast".

Marketing bedeutet: „Sorge dafür, dass du verkaufst, was die Kunden haben wollen".

Anmerkung: Ich teile nicht die Meinung mancher Marketingleute, dass Marketing die Bedürfnisse schafft, um sie dann zu erfüllen. So wird beispielsweise eine preisgekrönte Zigaretten-Werbung Nichtraucher nicht zu Rauchern machen, da sie kein Bedürfnis danach haben.

Benchmarking

Benchmarking oder Best-practice-Ansätze sind in manchen Unternehmen *en vogue*. Der Satz „Von den Besten lernen" liest sich auch gut. Zugrunde liegen Glaubenssätze wie „Was in der Vergangenheit woanders geklappt hat, muss auch bei uns klappen" oder „Wenn wir die Ansätze der Besten imitieren, werden auch wir zu den Besten gehören". Leider kann man viele Ansätze nicht einfach kopieren, da ihnen unterschiedliche Unternehmenskulturen und Mitarbeitermentalitäten zugrunde liegen.

Wenn Sie zudem immer im Windschatten segeln, bleiben sie stets nur Zweiter. Erfolgversprechender (und herausfordernder) ist vielmehr, einen eigenen und einzigartigen Ansatz zu entwickeln und zu realisieren.

Outsourcing an externe Dienstleister

Es gibt Firmen wie beispielsweise Hexal, die einen großen Teil ihrer erfolgreichen Werbekampagnen im eigenen Hause entwickelten und andere Unternehmen, die dies erfolgreich an Agenturen delegieren. Wenn die Produktmanager im Unternehmen sehr schnell wechseln, kann es dazu kommen, dass das Know-how über die Marke nur noch bei ein oder zwei Personen in einer externen Agentur zu finden ist – eine heikle Situation. Auch wenn „Full-Service-Lead-Agenturen" Ihnen die Koordination über alle Aktivitäten anbieten, sollten Sie als Marketingverantwortlicher stets das Heft in der Hand halten und selbst die Strippen ziehen.

Der Markt

Der Markt ist der Ort, an dem der Austausch von Angebot und Nachfrage stattfindet. Hier begegnen sich die Anbieter (die Unternehmen) und die Absatznehmer (die Kunden). Der Gesundheitsmarkt ist ein komplexer Markt mit einer Vielzahl von Marktteilnehmern und wechselnden Koalitionen und Allianzen, der durch viele staatliche und halbstaatliche dirigistische Maßnahmen eingeengt ist. Befürworter des deutschen Gesundheitswesens sind der Meinung, dass er im internationalen Vergleich dem Bürger sehr gute Leistungen bietet. Kritiker bezeichnen ihn als eine gigantische Umverteilungsmaschinerie – komplex, teuer, bürokratisch und ineffektiv.

Hier einige geschätzte finanzielle Kenngrößen zum Pharma-Markt:

▶ *Weltweit:* Im Jahre 2009 etwa 800 Milliarden US-Dollar. Der Markt soll bis 2015 auf circa 1100 Milliarden US-Dollar steigen (Schätzung von IMS im PM-Report 5/10).

▶ *Europäische Union (EU):* Circa 180 Milliarden Euro

▶ *Deutschland:* Laut Bundesgesundheitsministerium gab die gesetzliche Krankenversicherung GKV im Jahr 2009 etwa 32,4 Milliarden Euro für die Arzneimittelversorgung aus. Das entspricht einem Anteil von 18 Prozent an den Gesamtausgaben und einem Zuwachs von 5,3 Prozent. Der Arzneimittelverordnungsreport 2009 (laut Deutschem Ärzteblatt vom 5. Februar 2010) nennt für den Pharmamarkt eine Zahl von circa 30 Milliarden Euro. Der OTC-Markt in Apotheken im Jahre 2009 in Deutschland beträgt laut IMS Health (SM-Report 1/10, PM-Report März 2010) etwa 6,85 Milliarden Euro.

Anmerkung: In der Pharma-Industrie waren im Jahre 2007 europaweit etwa 630 000 und in Deutschland etwa 110 000 Personen beschäftigt.

Trends im Pharma-Markt

Der Arzneimittelmarkt ist dramatischen Änderungen unterworfen. Die Zukunft wird von folgenden Entwicklungen geprägt sein:

▶ Es werden weniger innovative Produkte auf den Markt kommen.

▶ Mehr Wettbewerb durch Generika.

▶ Weniger Außendienst für Praktiker und Hausärzte.

- Stärkere Betonung auf „Spezialisten-Außendienste".
- Eine Abschätzung des Return-on-Investment auf Marketingaktivitäten wird von der Geschäftsleitung zunehmend gefordert.
- Der Einfluss des Patienten wird zunehmen.
- Die Krankenkassen werden wichtiger.
- Die Krankenhausverwaltungen werden wichtiger.
- Der politische Einfluss wird zunehmen.

Mehr Wille zur Veränderung würde der Branche gut tun. Manche Firmen haben einige Entwicklungen schlichtweg verschlafen. Andere tun sich schwer, die notwendigen Änderungen durchzuführen. Tragen Sie dazu bei, dass das Unternehmen, in dem Sie arbeiten, zu den Vorreitern zählt!

Der Medizinprodukte-Markt

Ein dem Arzneimittel-Markt verwandter Markt im Healthcare-Sektor ist der Medizinprodukte-Markt. Dieser Markt weist viele Gemeinsamkeiten, aber auch erhebliche Unterschiede auf. Er beinhaltet beispielsweise Herzschrittmacher, Infusionspumpen, Herz-Lungen-Maschinen, Dialysemaschinen, Sehhilfen, Prothesen aller Art und Zahnimplantate. Der weltweite Umsatz mit Medizintechnik wird für das Jahr 2009 auf 260 Milliarden Dollar geschätzt. Hiervon entfallen 30 Prozent auf den europäischen Markt. Deutschland hält am europäischen Markt einen Marktanteil von ebenfalls 30 Prozent, was einem Umsatz von circa 23 Milliarden Dollar, also etwa 18 Milliarden Euro entspricht (Quelle: Wikipedia). Laut Bundesgesundheitsministerium betrug der Umsatz der deutschen Medizinprodukteunternehmen im Jahr 2007 circa 17 Milliarden Euro.

Segmentierung

Die Marktsegmentierung beinhaltet die Aufteilung des Marktes in Teilmärkte, um bestimmte Zielgruppen gezielter bedienen zu können. Beispiele sind die Behandlung der koronaren Herz-Krankheit oder des Bluthochdrucks.

Einige Kennzahlen des Marktes

Marktvolumen
Tatsächlich erreichter Umsatz

Marktpotenzial
Theoretische Aufnahmefähigkeit des Marktes

Jetziger Marktanteil
Tatsächlich erreichter Anteil des eigenen Produktes am Marktvolumen

Ausschöpfung des Marktpotenzials
Welchen Anteil des Marktpotenzials die Produkte erreicht haben

Hier ein Beispiel: Produkte im Markt XYZ

- ▶ Unser Produkt: 3 Millionen Euro Umsatz
- ▶ Konkurrenten: 7 Millionen Euro Umsatz
- ▶ Beide Umsätze könnten verdoppelt werden

Jetziges Marktvolumen: 3 + 7 = 10 Millionen Euro

Unser Marktanteil: 3 / 10 = 30 %

Marktpotenzial: 10 Millionen Euro x 2 = 20 Millionen Euro

Ausschöpfung des Marktpotenzials:

10 Millionen Euro / 20 Millionen Euro = 50 %

Das Denken im strategischen Dreieck

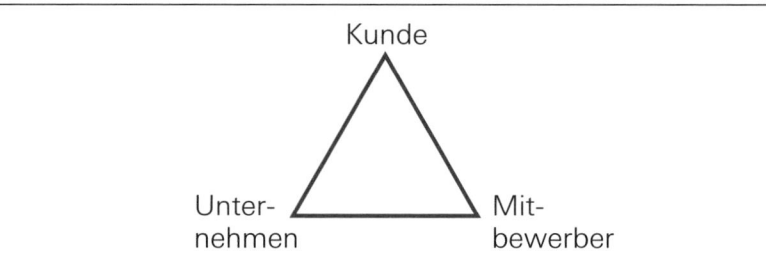

Die obige Abbildung illustriert das strategische Dreieck mit den drei Faktoren: Kunden, eigenes Unternehmen, Mitbewerber. Als Marketingverantwortlicher in einem Unternehmen sollten Sie stets die anderen zwei Ecken des Dreiecks im Blick haben: Sie wollen sowohl Kundenwünsche erfüllen als auch gegenüber den Mitbewerbern im Vorteil sein. Sie wollen Ihren Zielgruppen Nutzen bringen und gleichzeitig der Konkurrenz voraus sein, also die Nummer 1 sein (siehe Abbildung).

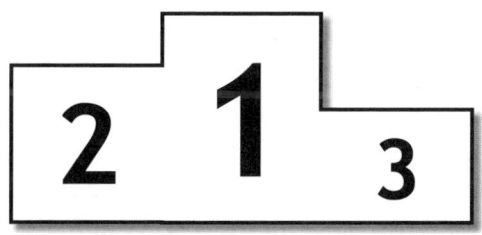

Um die Nase vorn zu haben, ist eine Aussage von Santhanam Shekar hilfreich, die sinngemäß lautet: Wenn die Spielregeln klar geworden sind, haben sich die Fenster der Gelegenheiten wieder geschlossen *(„By the time the rules of the game are clear, the windows of opportunity have closed")*.

Zielgruppe und Kunden

Die anvisierte Gruppe im Markt bzw. der Kreis der potenziellen Absatznehmer ist Ihre Zielgruppe. Wenn diese Personen zu tatsächlichen Absatznehmern oder Leistungsempfängern werden, sind sie Kunden.

Externe versus interne Kunden

Die externen Kunden sind außerhalb des Unternehmens im Markt – dieser heterogenen Gruppe ist später ein separates Kapitel gewidmet. Interne Kunden sind alle Personen im Unternehmen, die den Produkt-Erfolg beeinflussen. Beispiele sind der Außendienst, die medizinisch-wissenschaftliche Abteilung, die Geschäftsleitung.

Stellen Sie die Unterstützung dieser internen Kunden sicher, indem Sie ihnen die Vorteile Ihres Produktes – und zwar aus deren jeweiliger Sicht – vor Augen führen. Tun Sie dies regelmäßig – bei Trainings, Workshops, Präsentationen und Gesprächen. Denken Sie stets daran: Sie sind der Botschafter für Ihr Produkt und damit auch Sprachrohr und Aushängeschild.

Die Unternehmensberater von McLellan Consultants sagten dazu: „Zwei Gruppen sollten mindestens die Hälfte deiner Zeit und deines Budgets erhalten: Erstens dein Team und zweitens deine Stammkunden". Frage an Sie: Haben Sie das Gefühl, dass Sie sich angemessen um diese internen Kunden kümmern oder möchten Sie hier aktiver werden?

Philosophie des steten Optimierens

„Alle Manager machen Fehler.
Die guten Manager unterscheiden sich
von den schlechten Managern dadurch,
dass sie diese Fehler auch beheben."

Jack Welch

Das vom legendären GE-Chef Jack Welch empfohlene Vorgehen bei eigenen Fehlern erfordert allerdings eine souveräne Haltung. Leider ist das Thema Fehler und Scheitern in vielen Managementkreisen absolut tabu. Es wird meist nur über Erfolge gesprochen. Nur wenn im Unternehmen eine angemessene „Fehlerkultur" herrscht, besteht die Möglichkeit, aus den gemachten Fehlern auch zu lernen.

Denken Sie an das Vorgehen des brillanten Erfinders Thomas Edison: Er dachte nach, er entwarf einen Prototyp, er probierte, er riskierte, er scheiterte – und erfand die elektrische Glühbirne und viele weitere Dinge. Mit Vorliebe probierte er gerne genau das aus, wovon die sogenannten Fachleute ihm abrieten. Der Chef des erfolgreichen japanischen Elektronik-Konzerns Canon soll einmal gesagt haben „Wenn jemand sagt, es sei verrückt, sollten wir es ausprobieren. Wenn jemand sagt, das funktioniert gut, heißt es, das es schon jemand anders macht."

Was bedeutet das für Sie?

Sehen Sie Ihre Projekte (ebenso wie Ihr ganzes berufliches Leben) nicht als das langsame, schrittweise, lineare Verwirklichen eines vorgefassten Entwurfes, sondern als ein stetiges Entdecken. Probieren Sie, experimentieren Sie, gehen Sie spielerisch mit den Optionen um – vorzugsweise dort, wo kaum einer hinguckt. Akzeptieren Sie das Risiko, dass einige Ihrer ersten Entwürfe scheitern werden. Das erfordert natürlich, dass Sie bereit sind, über Ihre übliche Komfortzone hinauszugehen.

Bedenken Sie, dass Erfolg meist auf dem Fundament vieler verworfener und dann immer besser gewordener Entwürfe basiert. Motto: Wer fehlerlose Entwürfe anstrebt, wird langfristig erfolglos sein. Sie werden nur an neuen Ufern ankommen, wenn Sie bereit sind, bekanntes Terrain mutig zu verlassen.

Wo Sie gewinnen

Als Berater habe ich manchmal den Eindruck, dass manche Firmen der Auffassung sind, dass sie während endloser Strategie-Meetings bei Powerpoint-Schlachten in abgedunkelten Besprechungsräumen gewinnen würden. Alan Lafley, der Chef des erfolgreichen Konsumgüterkonzerns Procter & Gamble, sagte „Du gewinnst im Laden". Analog kann man zur Healthcare-Industrie sagen: „Du gewinnst in der Arztpraxis, in der Apotheke, im Krankenhaus, bei der Krankenkasse, also draußen im Markt." Halten Sie daher stets Kontakt zu den Leuten, die an der Front den intensivsten Kontakt zum Markt haben – meist die Mitarbeiter im Außendienst. Manchmal ist es dazu notwendig, die „Silo-Strukturen" eines Unternehmens zu überwinden und Kontakte jenseits der offiziellen Kommunikationskanäle zu knüpfen.

So verringern Sie das Risiko, dass für Ihr Produkt marktferne Entscheidungen getroffen werden – nur weil sich niemand der „Untertanen" traut, „denen da oben" die volle Wahrheit zu sagen. Tchibo-Chef Dieter Ammer sagte zu diesem Thema „Wir sind sehr nah am Geschäft".

Zeit mit Kunden verbringen

Wenn Seminarteilnehmer Mangel an Zeit als Grund für die Unmöglichkeit engerer Kundenkontakte aufführen, bringe ich gerne zwei Aussagen von erfolgreichen Unternehmensführern:

▶ „Ich verbringe ein Viertel meiner Zeit im direkten Kontakt mit Kunden."
Anne Mulcahy, Chefin von Xerox

▶ „Ich verbringe 4 bis 5 Tage im Monat damit, Kunden zuzuhören."
Jeff Immelt, Chef von General Electric

Anzumerken bleibt, dass der General-Electric-Konzern etwa 300 000 Mitarbeiter hat und damit weitaus größer als jeder Pharmakonzern ist.

Sorgen Sie dafür, dass Ihr Team – und soweit es in Ihrer Macht steht – das Unternehmen den „heißen Atem" der Kunden spürt. Mit jedem Gespräch erfahren Sie mehr über die wahren Kundenwünsche und mit jedem guten Kontakt wächst die Bindung zwischen Unternehmen und Kunde. Im Englischen spricht man in diesem Zusammenhang auch von der anzustrebenden „Customer Intimacy".

Der Wert eines Kunden

Der Wert eines Kunden geht weit über die aktuelle Transaktion hinaus. Auch die Beschreibung „Die Umsätze aller Transaktionen zugunsten eines Produktes während des gesamten Kundenlebens" greift noch zu kurz. Um den wahren Kundenwert (Customer Lifetime Value = CLV) zu erfassen, muss man noch die von Dritten gegebenen Empfehlungen hinzuzählen. Dieses Empfehlungsmarketing oder „Referral marketing" oder „MGM = Members get members" ist eine der effektivsten Formen des Marketing.

Hinweis: Leider kann man den präzisen Customer Lifetime Value in der Praxis nur schwer quantifizieren. Aber schon das Bewusstmachen des Konzeptes hilft den Mitarbeitern, jede Transaktion als Chance zu einer langfristigen Kundenbindung zu sehen und dementsprechend zu nutzen.

Hier zwei persönlich erlebte Geschichten, wie unterschiedlich das Bewusstsein von „Customer Lifetime Value" bei Firmen ausgeprägt ist.

▶ Vor einiger Zeit hatte ich bei einem Seminaranbieter Kurse gebucht, aber die laut Veranstalter per Post verschickte Rechnung nie zu Gesicht bekommen. Zu meiner Verwunderung erhielt ich eines Tages den Brief eines Inkasso-Unternehmens mit der Aufforderung, endlich meine Rechnung zu begleichen – zuzüglich Spesen, Zinsen und Inkassogebühren. Als ich beim Veranstalter anrief und fragte, warum man mich im Vorfeld nicht einfach per Telefon, Fax oder E-Mail kontaktiert hatte, erhielt ich die überraschende Antwort: „Bei so kleinen Beträgen lohnt sich das nicht." – was so viel bedeutet wie: „Das sind Sie uns als Kunde nicht wert".

► Als der Kunststoffrahmen meines Trolleys von Victorinox Travel Gear nach starker, langjähriger Benutzung einen Riss aufwies und ich diesen Defekt reklamierte, habe ich von der Firma formlos und kostenlos per Post ein neues, modernes Modell erhalten.

Die erste Geschichte reflektiert das kurzfristige Denken mancher Firmen, nur die gegenwärtige Transaktion mit dem Kunden zu sehen. Die Firma hätte mit einer E-Mail oder einem Telefonat mich leicht als Kunden behalten oder sogar als Multiplikator gewinnen können. Die zweite Anekdote illustriert, wie eine Firma mich als loyalen Kunden und Multiplikator gewonnen hat.

Wertorientiertes Kunden-Management

Nicht alle Kunden sind gleich. Einige Kunden sind wertvoller für das Unternehmen als andere. Um dies im Sinne von „Customer Profiling" abzubilden, benutzen Unternehmen unterschiedliche Klassifikationen. Häufig sind eine Einteilung in A, B und C oder in A, B, C und D, wobei A für die Top-Kunden und die letzte Kategorie für die wirtschaftlich wenig interessanten Kunden steht. Mehr dazu im Kapitel über Customer Relationship Management (CRM).

Es ist lohnenswerter, mehr Ressourcen (Zeit und Geld) für die A-Kunden als für die B- oder C-Kunden zu verwenden. Eine Einladung zu einem aufwändigen Workshop an einen C-Kunden auszusprechen, wäre beispielsweise kein gutes Investment. Überlassen Sie die uninteressanten Kunden einfach Ihren Konkurrenten – auf diplomatische Weise. Oft muss bei den Mitarbeitern das Bewusstsein für stark unterschiedliche Kundenwerte und entsprechend unterschiedliche Behandlungsweisen noch geschärft werden.

Achten Sie darauf, dass Ihr investiertes Budget in diese Kundengruppen im richtigen Verhältnis zu den Umsätzen und vor allem zu den Ergebnissen dieser Gruppen steht. Bei einigen Unternehmen ist das Wissen um die Wertigkeit unterschiedlicher Kunden zwar punktuell da, sie scheitern aber an der Umsetzung. Beispiel: Die einflussreichen Experten werden erst so spät eingeladen, dass sie bereits die

Einladung eines Mitbewerbers angenommen haben. Um die Sitze zu füllen und das Budget auszugeben, investiert die Firma dann unverhältnismäßig viel Geld in zweit- und drittklassige Experten.

Größter Verlust im Marketing

Der größte Verlust im Marketing sind nicht unerwartete Mehrkosten, eine Abmahnung durch die Konkurrenz oder das Nichterreichen eines Quartalumsatzzieles, sondern das Abwandern eines guten Kunden an die Konkurrenz. Die ersten drei Dinge sind leicht fassbar und werden im Unternehmen entsprechend geahndet oder bestraft, während das Verlieren eines guten Kunden (Verordner, Apotheker, Konsument, etc.) oft erst spät erkannt wird oder sogar ganz unbemerkt bleibt und somit im Unternehmen ohne direkte Folgen bleibt.

Kundentypen und Strategien

Beim Kunden-Management kann man drei Klassen von Kunden unterscheiden:
- Potenzielle Kunden
- Aktuelle Kunden
- Ehemalige Kunden

Die entsprechenden Strategien sind:
- Kunden-Neugewinnung (Akquise)
- Kunden-Bindung (Kundenpflege)
- Kunden-Rückgewinnung

Manche Konsumgüterfirmen haben dafür Mitarbeiter mit unterschiedlichen Persönlichkeitsstrukturen: Es gibt die Jäger („Hunter"), um neue Kunden zu gewinnen und die Gärtner („Farmer"), um die bestehenden Kundenbeziehungen pflegen.

Kunden-Strategien

Den Return-on-Investment der unterschiedlichen Kunden-Strategien illustriert die obige Abbildung. Untersuchungen aus der Konsumgüter-Industrie zeigen, dass es wesentlich effektiver ist, einen Stammkunden zu halten als aus einem potenziellen Kunden (englisch „prospect") einen tatsächlichen Neukunden zu machen. Einige Autoren sprechen hier von einem Faktor 7. Dies heißt, dass es etwa siebenmal so viel kostet, einen neuen Kunden an Bord zu holen als einen Stammkunden bei der Stange zu halten. In den meisten Branchen wird der Großteil des Umsatzes mit Stammkunden erzielt. Darüber hinaus bieten Stammkunden den Vorteil, dass sie umso rentabler werden, je länger sie da sind – weil die Geschäftsprozesse besser miteinander abgestimmt und sie weniger Beschwerden verursachen. Weiterhin sind diese Stammkunden so wertvoll, weil sie Empfehlungen an andere, potenzielle Kunden aussprechen.

Bei der Ansprache einer komplett neuen Zielgruppe, beispielsweise bei einer Produkt-Neueinführung, wird der Schwerpunkt natürlich notwendigerweise auf der teuren Akquise von Neukunden liegen müssen.

Einen abgewanderten Kunden zurückgewinnen, ist aufwändiger als einen Stammkunden zu halten – aber immer noch günstiger, als einen Neukunden zu akquirieren. Das Verhältnis von „Stammkunde halten" zu „abgewanderten Kunden zurückgewinnen" zu „Neukunden akquirieren" soll etwa 1 zu 3 zu 7 betragen.

Das Ziel des Kunden-Rückgewinnungs-Management *(„Customer Recovery Management")* ist, ehemalige Kunden, auch „Schlummerkunden" genannt, zu reaktivieren. Leider wird diese Chance oft versäumt oder bewusst vertan. Viele Mitarbeiter scheuen die Auseinandersetzung mit Kunden, die aus irgendeinem Grund nicht mehr Kunde sein wollen. Wichtigstes Element beim Kunden-Rückgewinnungs-Management: Das persönliche Gespräch, dessen Verlauf durch die Motivation und die Fähigkeit des Mitarbeiters entscheidend beeinflusst wird. Sprachliche Formulierungen, die bei solchen zugegebenermaßen unangenehmen Gesprächen hilfreich sein können, sind beispielsweise „Was könnten wir tun, damit Sie wieder zufrieden sind?" oder „Wie könnte Ihrer Meinung nach eine Lösung aussehen, die für alle Beteiligten fair ist?"

Relevanz der Kundenbindung

Ein Beispiel aus der Kreditkartenbranche: Das Akquirieren eines neuen Kunden kostet etwa 100 bis 200 US-Dollar und es braucht mehrere Jahre, bis sich dieser Betrag durch die getätigten Kartenumsätze des Kunden amortisiert.

Ein Beispiel aus dem Direkt-Marketing von Konsumgütern: Während die Responserate („Antwortquote", „Rücklaufquote") bei Mailings an potenzielle Kunden oft unter 1 Prozent liegt, liegt sie bei Stammkunden oft zwischen 5 bis 20 Prozent. Viele Firmen verlieren jedes Jahr etwa 25 Prozent ihrer Kunden. Wenn man durch „Kundenbindungsmaßnahmen" und „After-Sales-Service" die Loyalität der Kunden erhöhen und damit diese Verlustrate senken kann, ist das ein kosteneffektives Investment. Fazit: Es lohnt sich, gute Stammkunden bevorzugt zu behandeln!

Maßnahmen der Kundenpflege

Damit die Kunden Ihnen treu bleiben, müssen Sie die Kunden pflegen. Aus Untersuchungen der Konsumgüterbranche ist bekannt, dass etwa 91 Prozent der weggehenden Kunden ohne Vorankündigung weggehen. Um dem Kundenschwund vorzubeugen, gibt es in unterschiedlichen Branchen unterschiedliche Möglichkeiten.

Ein *Beispiel* aus der Tourismusbranche für *gelungene Kundenpflege:* Als die Aschewolke eines isländischen Vulkans den europäischen Flugverkehr weitgehend still gelegt hatte, startete die TUI die größte Rückholaktion ihrer Firmengeschichte: Etwa 30 000 gestrandete deutsche Urlauber wurden heimgeholt – mit 191 Sonderflügen, davon 49 mit der TUI. Dafür fielen an: Etwa 2300 Überstunden im Callcenter und über 100 Millionen Euro Kosten für die TUI. Das Geld war gut investiert. Bei den TUI-Kunden wurde das Image der Firma gestärkt: „Die TUI ist kulant und bietet einen Vorteil: Sicherheit".

Ein *Beispiel* aus der Arzneimittelbranche für *misslungene Kundenpflege:* Ein großes forschendes Pharma-Unternehmen hat seit Jahren für ihr spezielles Produkt 100 Prozent Marktanteil in einer bestimmten dermatologischen Indikation in einem europäischen Land. Um die Rentabilität zu erhöhen, entscheidet die Zentrale, alle Marketing- und Vertriebs-Aktivitäten zu stoppen. Unerwartet kommt ein Mitbewerber mit einem ähnlichen Produkt – der Marktanteil des vormals erfolgreichen Produktes sinkt nach zwei Jahren auf etwa 1 Prozent. Die Verordner sind mit wehenden Fahnen zum Mitbewerber übergelaufen, weil dieser ihnen Unterstützung bot – in Form von Außendienstbesuchen, Fortbildungsveranstaltungen und Services. Als darauf hin die Zentrale die Wiederaufnahme der nationalen Marketing- und Vertriebs-Aktivitäten anordnet, bleiben diese weitgehend fruchtlos: Der Marktanteil erholt sich kaum.

Im Buchversandhandel bietet Bertelsmann den Mitgliedern Prämien im Rahmen des Bücherclubs an. In der Flugbranche bieten die Airlines unterschiedliche Karten an. Lufthansa hat so seine Frequent-Traveller-, Senator- und HON-Circle-Cards.

Im Pharma-Bereich sind derartige, unterschiedliche „Mitgliederkarten" beispielsweise für Verordner rechtlich nicht möglich. Dem Marketing stehen aber andere, abgestufte Maßnahmen zur Verfügung, um mit den guten Kunden besser in Kontakt zu bleiben.

Beispiele sind: Einladungen zu Veranstaltungen unterschiedlicher Wertigkeit im Inland oder Ausland, Beraterverträge zu bestimmten Projekten, besondere Wertschätzung in Gesprächen. Holen Sie dabei den Rat eines erfahrenen Rechtsanwaltes ein, um alle Aspekte im Vorfeld zu würdigen.

Größter Wert im Marketing

Heute werden Produkte und Serviceleistungen zunehmend ähnlicher. Das größte Kapital im Marketing sind daher nicht die hohe Qualität oder der niedrige Preis des Produktes oder das Erreichen des Quartalumsatzziels, sondern hervorragende Beziehungen zu den Kunden („Customer Equity"). Dabei sind die Unternehmen im Vorteil, die es schaffen, ihre Kunden auf emotional anziehende, positive Weise anzusprechen und anzuregen, ja zu begeistern – was natürlich motivierte Mitarbeiter voraussetzt. Mit einem entsprechenden Chef als Vorbild tragen die Mitarbeiter die im Unternehmen gelebte Motivation und Begeisterung nach außen, ob am Telefon, per E-Mail oder im persönlichen Kontakt mit dem Kunden (siehe Buch von Ralf R. Strupat: Das bunte Ei: Mit Kundenbegeisterung gewinnen). Je zufriedener oder begeisterter Ihre Kunden sind, um so eher werden sie Ihre Produkte weiterempfehlen.

Push- und Pull-Strategien

Die Begriffe Push- und Pull-Strategie entstammen der Logistik und lassen sich im Pharma-Marketing nur bedingt anwenden. Bei der „Push-Strategie" werden die Absatzmittler überzeugt. Bei der „Pull-Strategie" wird der Endabnehmer, also der Konsument oder Patient, über die Vorteile des Produktes informiert, so dass er selber aktiv nach dem Produkt fragt („Sogwirkung").

Hier je ein Beispiel für ein verschreibungsfreies Arzneimittel:

▶ *Push-Strategie:* Ein Apotheker erhält einen Mengenrabatt auf ein Arzneimittel in der Selbstmedikation, das er daraufhin in seiner Apotheke aktiv bewirbt.

▶ *Pull-Strategie:* Im Fernsehen wird ein Werbespot für ein Präparat geschaltet, so dass die Zuschauer bei entsprechenden Beschwerden in der Apotheke das jeweilige Produkt nachfragen.

Auch Informationen über eine bestimmte Erkrankung, gefolgt von der Aufforderung „Fragen Sie Ihren Arzt" ist ein Beispiel für Pull-Marketing.

Hinweis: Wenn die Fachkreise im Vorfeld nicht angemessen informiert werden, kann dies leicht zu Verärgerungen über derartige Kommunikationsaktivitäten führen. Dann geht der „Schuss nach hinten los". Daher ist es meist sinnvoll, beide Strategien miteinander zu kombinieren, so dass sie sich ergänzen.

„Cross-Selling" und „Up-Selling"

Im Konsumgüterbereich gibt es das „Cross-Selling" (Vermarktung von Produkten aus verwandten Bereichen) und das „Up-Selling" (Vermarktung einer Premiumvariante des Produktes). Beide Ansätze sind kosteneffektiver als das Aufspüren und Überzeugen von neuen Zielgruppen. Dies bedeutet: Verwenden Sie mehr Ressourcen für existierende Kunden als mit dem Akquirieren von neuen Kunden.

Menschliches Verhalten ändern

Sie möchten, dass Ihre Zielgruppe Ihr Produkt verordnet, empfiehlt oder kauft. Bei den ersten Malen erfordert dies eine Änderung menschlichen Verhaltens. Dazu müssen verschiedene Phasen durchlaufen werden, die vereinfacht in der folgenden Abbildung illustriert sind.

Verhalten ändern

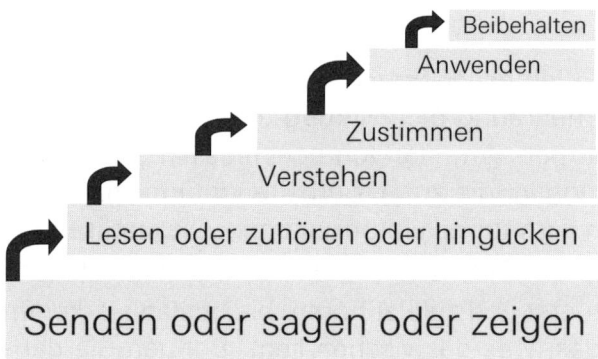

- *Erster Schritt:* Sie gehen auf eine Person zu, indem Sie einen Brief senden, einen Satz sagen oder ein Chart zeigen.
- *Zweiter Schritt:* Der Angesprochene muss Ihnen Aufmerksamkeit schenken und lesen oder zuhören oder hingucken.
- *Dritter Schritt:* Der Angesprochene muss verstehen, was Sie ihm mitgeteilt haben.
- *Vierter Schritt:* Der Angesprochene muss Ihrer Mitteilung zustimmen.
- *Fünfter Schritt und die größte Herausforderung:* Der Angesprochene muss seine Zustimmung in die Tat umsetzen und das Gelernte anwenden. Eine zustimmende Haltung nützt Ihnen nur, wenn Sie zu einer Aktion führt und ein bejahendes Kopfnicken nützt Ihnen nur, wenn der Rest des Körpers in Bewegung kommt: Die Kunden müssen tatsächlich handeln.
- *Sechster Schritt:* Der Angesprochene wird mit ständiger Erinnerung oder ständigem Üben das neue Verhalten verinnerlichen und beibehalten.

In den folgenden Kapiteln erfahren Sie, wie Sie am effektivsten die Phasen durchlaufen und welche Inhalte notwendig sind, damit Sie die Wahrscheinlichkeit erhöhen, dass der Angesprochene sein Verhalten tatsächlich ändert.

Wahrnehmung: Zeitpunkt, Art und Wirkung

Hier einige lernpsychologische Aspekte, inwieweit Zeitpunkt und Art der Wahrnehmung die Wirkung der wahrgenommenen Informationen bestimmen. Am stärkten beeinflussen uns die **zuerst** erhaltenen Informationen, die **zuletzt** erhaltenen Informationen und die am **lebhaftesten** vermittelten Informationen. Die englischen Fachbegriffe hierfür lauten „anchoring bias", „recency bias" und „vividness bias".

Was wir zuerst und zuletzt hören, bleibt also stärker im Gedächtnis hängen als das, was dazwischen liegt. Bringen Sie daher bei einem Vortrag oder einer Präsentation das Wichtigste am Anfang und am Ende. So ist es vorteilhaft, Ihre Kernbotschaft sowohl in den ersten als auch in den letzten Sätzen unterzubringen. Je lebhafter, je anschaulicher und je lebendiger Sie Ihre Botschaft rüberbringen, umso eher und nachhaltiger wird sie im Gedächtnis der Zuhörer haften bleiben.

Effektivität verschiedener Kommunikationsaktivitäten

Aktivität	Effektivität
Dialog oder Workshop Sehen, hören, beitragen	+++++
Live-Vortrag Einen Sprecher sehen und hören	++++
Aufgezeichnete Informationen Bewegte Bilder sehen und hören Text lesen und Bilder sehen Text lesen	+++ ++ +

Die Abbildung illustriert, wie stark unterschiedliche Aktivitäten wirken. Am schwächsten sind reine Texte, also beispielsweise E-Mails. Etwas besser sind Texte mit Bildern, also beispielsweise bebilderte Artikel in Zeitschriften oder Broschüren. Wesentlich interessanter und einprägsamer ist die Bewegtbild-Kommunikation, also Filme und Videos. Noch besser ist eine Live-Rede, bei der man den Vortragenden direkt sehen und hören, also persönlich erleben kann. Am effektivsten sind persönliche Gespräche, gemeinsame Workshops und Diskussionsrunden, bei denen ein Austausch der Meinungen möglich ist. Der Dialog mit und die Ermutigung durch Mitmenschen kann uns stark zum Handeln motivieren. Menschen kaufen von Menschen.

Ähnlichkeit schafft Vertrauen

Je dichter Sie mit Ihrem Vokabular und Ihren visuellen Elementen an der Erlebnis- und Gedankenwelt Ihrer Zielgruppe sind, umso größer ist der Vertrauensvorschuss, den man Ihnen schenken wird und umso eher wird sich Ihre Zielgruppe bei Ihnen gut aufgehoben fühlen.

Zur Illustration hier die Ergebnisse von Tests:

▶ In einer Weinhandlung spielte man als Hintergrundmusik französische Musik und maß die Zahl der verkauften deutschen Weinflaschen. Als man auf deutsche Musik wechselte, stieg der Verkauf der deutschen Weinflaschen stark an (bis auf das Dreifache). Ohne dass die Kunden dies bemerkt hatten, gab die Musik implizit den Referenzrahmen vor, der sich direkt auf das Kaufverhalten auswirkte.

▶ Man ließ Testpersonen zwei Teesorten probieren. Vor jeder der beiden Tassen stand ein Schild mit einem Namen, der jeweils so gewählt war, dass er Silben aus dem Namen der jeweiligen Testperson beinhaltete. Genau diese Teesorte schmeckte der Testperson besser. Die Frage, ob der speziell angepasste Name irgendeinen Einfluss auf die Wahl der Teesorte gehabt haben könnte, verneinten die Testpersonen.

▶ Wenn man Frauen etwas verkaufen möchte, ist es besser, den weiblichen (und nicht den männlichen) Standpunkt hervorzuheben.

Ärzte haben andere Vorstellungswelten als Apotheker und innerhalb der Ärzteschaft gibt es je nach Fachrichtung ganz unterschiedliche verbale und visuelle Elemente, die Sie kennen und in Ihren Unterlagen verwenden sollten. Lesen Sie dazu die jeweiligen Fachzeitschriften, gehen Sie auf die Fachkongresse, organisieren Sie Workshops und unterhalten Sie sich informell mit den Mitgliedern Ihrer Zielgruppe. Überlassen Sie die Wahl von Text und Bild nicht einfach Ihrer kreativen Agentur. Denken Sie daran: Pharma-Werbung, die wie klassische Werbung aussieht, ist wenig wirksame Werbung.

Übersicht über Marktforschung

Verwandte Begriffe sind Marketingforschung und Absatzforschung, deren Aufgabe es ist, den Markt zu erkunden und zu untersuchen. Informationen vom Markt werden gesammelt, analysiert und bewertet und an die relevanten Personen im Unternehmen weitergeleitet. Je zutreffender diese Informationen, umso effektiver kann das Marketing gesteuert werden. Grundsätzliche Fragen sind, was die Kunden eigentlich wollen und was ich am gegenwärtigen Marketing ändern sollte.

Die Herausforderung besteht heute weniger darin, die Daten zu bekommen, als vielmehr aus der Fülle der Information die relevanten Daten zu identifizieren, sie zu interpretieren und daraus konkrete Schlussfolgerungen abzuleiten. Marktforscher sind Menschen, die oft bessere Fragen stellen und dann besser zuhören können als die typischen Marketingleute. Sie können dem Marketing daher helfen, neue Wege aufzuzeigen. Wenn Sie in einer Situation nicht weiter wissen, erwägen Sie Marktforschung, um neue Hypothesen zu generieren und sie dann zu bestätigen oder zu widerlegen.

Wann Marktforschung sinnvoll ist

Marktforschung ist nur sinnvoll, wenn mindestens zwei Handlungsoptionen zur Auswahl stehen und man wissen möchte, welches die wahrscheinlich beste ist. Leider wird Marktforschung manchmal von der Geschäftsleitung instrumentalisiert, um eine längst getroffene Entscheidung zu legitimieren oder vor den Mitarbeitern zu rechtfertigen – im Sinne der Absicherung im politischen Machtgeflecht der Firma.

Wenn Sie in der Zentrale eine Marktforschungsstudie in verschiedenen Ländern in Auftrag geben, sollten Sie unbedingt Ihre Marketingkollegen in den nationalen Niederlassungen darüber informieren, um unliebsame Überraschungen zu vermeiden. Mehr als ein internationaler Produktmanager ist schon darüber gestolpert.

Prinzipiell gibt es zwei Arten von Marktforschung: primäre und sekundäre Marktforschung.

Primäre Marktforschung

Die primäre Marktforschung ist die erstmalige und direkte Erhebung von Daten für einen bestimmten Zweck, indem ich die Fragen speziell auf meine Belange entwickele. Da die Personen der Zielgruppe „im Feld" befragt werden, spricht man auch von *Field research*. Der Vorteil: Ich erhalte meist aussagekräftige Informationen. Der Nachteil: Primäre Marktforschung kann aufwändig sein, wenn sie von teuren Agenturen durchgeführt wird. Die Instrumente sind beispielsweise:

▶ Schriftlich auszufüllende Fragebögen
▶ Interviews per Telefon
▶ „Gesprächslabore" mit Verordnern
▶ Workshops mit Personen der Zielgruppe
▶ Speziell moderierte Fokusgruppen
▶ Face-to-Face-Interviews

Fragen der primären Marktforschung

Nachfolgend ist eine Liste von Beispielfragen, die in der primären Marktforschung an Ärzte gestellt wurden, wobei *ABC* die jeweilige Krankheit und *Examplex* das im Mittelpunkt stehende Produkt repräsentieren:

▶ Was beschäftigt den Arzt bei der Behandlung der Krankheit ABC?
▶ Wie zufrieden ist er mit der derzeitigen Therapieoptionen?
▶ Wie sähe die wünschenswerte Therapie aus?
▶ Wie ist die Wahrnehmung von Examplex?
▶ Wie sieht der ideale Patient für Examplex aus?
▶ Wahrnehmung anderer Substanzen?
▶ Welche Informationsquellen werden genutzt (Web, Fachzeitschriften, Kongresse)?
▶ Gibt es Anbindung an Fachgesellschaften und Berufsverbände?
▶ Irgendwelche speziellen Wünsche?

Fallstrick bei Kundenzufriedenheits-Umfragen

Die Kundenzufriedenheit spielt eine zentrale Rolle im Marketing. Es gibt unterschiedliche Ansätze, die vom Kunden empfundene Zufriedenheit zu messen. Dabei sind bestimmte methodische und praktische Elemente zu beachten.

Hier ein Beispiel, das Louis Gerstner als Chef und Sanierer von IBM erlebte: Die Benotungen von IBM in den Kundenzufriedenheits-Umfragen waren stets sehr gut und passten nicht mit den sinkenden Umsatzzahlen zusammen. Bei seinen Recherchen stellte er fest, dass die schönen Kundenzufriedenheits-Umfragen von den Verkaufsleuten vorfabriziert wurden. Er kam zu folgendem Schluss: „So gab es viele positive Zahlen, doch damit verkauften wir uns Tag für Tag selbst für dumm."

(Quelle: Louis V. Gerstner Jr.: „Wer sagt, Elefanten können nicht tanzen? Der Wiederaufstieg von IBM". Deutsche Verlagsanstalt, 2002. Aus: Der Spiegel, Nr. 47 vom 18.11.2002). Wenn Sie Kundenzufriedenheit möglichst objektiv messen möchten, sollten Sie ein darin erfahrenes Institut beauftragen.

Sekundäre Marktforschung

Die sekundäre Marktforschung ist die Auswertung von bereits vorhandenem Material. Da dies meist am Schreibtisch geschieht, wird sie auch *Desk research* genannt. Hierzu gehören die vielen Analysen der Marktforschungsinstitute, wie beispielsweise IMS Health oder INSIGHT Health.

Durch „Hospitieren" das Umfeld des Kunden persönlich kennenlernen

Wenn Sie für das Marketing eines verschreibungspflichtigen Produktes verantwortlich sind, prüfen Sie, inwieweit es möglich ist, dass Sie in einem weißen Kittel neben den Ärzten in einem Krankenhaus oder in einer Arztpraxis dabei sein dürfen. Sie gewinnen an einem Tag mehr Einblicke in den Entscheidungsprozess und den Einsatz des Medikaments („Customer Insights") als durch das Lesen von 100 Seiten Marktforschungsberichten. Ähnliches gilt auch für das „Gastieren" in einer Apotheke.

Natürlich sind diese persönliche Erfahrungen nicht notwendigerweise repräsentativ. Alle rechtlichen Aspekte, insbesondere die Vertraulichkeit der Informationen von Seiten der Patienten (Schweigepflicht) sind zu beachten. Je dichter Sie am Markt dran sind, umso besser Ihr Gespür und Ihr Verständnis für die Kunden – und umso weniger brauchen Sie für externe Marktforschung auszugeben.

Quellen für Daten über verordnete Arzneimittel

Die Daten aus unterschiedlichen Quellen wie beispielsweise Pharmagroßhandel, Apothekenrechenzentren, Apothekenwirtschaft, Praxis-Software der Ärzte und Krankenhäusern werden intelligent miteinander verknüpft und ausgewertet, um mehr Transparenz des Marktes zu erreichen. Durch die rechtlich geforderte „Entregionalisierung" der Daten ist nur eine „vergröberte" Marktsicht möglich. Verschiedene Dienstleister bieten diese Optionen an.

Indikatoren für Markterfolg

Natürlich können Sie im Rahmen der Marktforschung die Kunden fragen: „Welche Version gefällt Ihnen besser: A oder B?" Aussagefähiger sind jedoch Tests, bei denen Sie das tatsächliche Verhalten der Marktteilnehmer im Rahmen von Pilotprojekten feststellen. Mehr zum Zyklus „Feedback einholen" und „Optimieren" finden Sie im „Teil Optimieren durch Testen".

Die Tatsache, dass Antworten auf Fragen sehr subjektiv gefärbt sind, wird an der Antwort auf die Frage „Halten Sie sich für einen überdurchschnittlich guten Autofahrer?" deutlich. Etwa 80 Prozent der Befragten beantworten diese Frage mit „Ja", obwohl statistisch gesehen es nur 50 Prozent sein können (Quelle: Dr. Hanno Beck in: Manager Magazin, September 2008).

Gratis-Marktforschung

Das Internet bietet Ihnen eine Fülle von kostenlosen Informationen. Wenn Sie zum Beispiel eine Antwort auf die Frage haben möchten „Wie viele Menschen in Deutschland sterben an Krebs?", finden Sie eine Antwort auf den Webseiten des Statistischen Bundesamtes, www.destatis.de. Sie müssen nur etwas Geduld beim Suchen aufbringen. Die Suchmaschinen, beispielsweise *Google Scholar,* verweisen Sie auf eine Vielzahl von hilfreichen Quellen.

Konkurrenz-Analyse

Das systematische Beobachten und Auswerten von Informationen über die Mitbewerber bezeichnet man auch als „Competitive Intelligence". Die Einzeldaten aus der Außenwelt werden hier zu einem stimmigen Bild zusammengefasst. Dies wird erleichtert durch die Tatsache, dass die Pharma-Branche eine sehr kommunikative Branche ist. Fast alles kommt schnell ans Tageslicht: Neue Substanzen, Indikationen, Nebenwirkungen, Veranstaltungsprogramme, Wahl der Meinungsbildner. Sie müssen nur lesen, zuhören, analysieren und auswerten.

Wenn Sie auf einem Fachkongress sind, sollten Sie nicht nur am eigenen Stand und bei den eigenen Satellitensymposien sein, sondern die Stände und die Satellitensymposien der Konkurrenz besuchen. So erfahren Sie auf bequeme Weise das Neueste aus Ihrem Umfeld.

Hilfreich ist es, wenn Sie einmal im Monat die Webseiten Ihrer drei oder vier wichtigsten Mitbewerber besuchen – sowohl die Unternehmens- als auch die Produkt-Seiten. Da im deutschsprachigen Raum viele Seiten offiziell nur für Fachkreise zugänglich sind und/oder durch Passwort geschützt sind, sind oft die US-amerikanischen Versionen der Webseiten hilfreich. Wenn Sie beispielsweise mehr über das fiktive Produkt „Examplex" wissen möchten, führen die Suchmaschinen bei Eingabe von „Examplex" und „www.examplex.com" den Betrachter an einsichtsreiche ausländische Webseiten.

Der Karton in der Arztpraxis

Karton in der Arztpraxis

Alles von Pharma-
Firmen sammeln

Konkurrenzaktivitäten analysieren

Schwachstellen erkennen

Besseres Marketing machen

Kartons regelmäßig auswechseln

Praxis-Team belohnen

Die beiden Abbildungen illustrieren eine einfache Methode, um über die aktuellen Aktivitäten der Mitbewerber bei niedergelassenen Ärzten auf dem Laufenden zu bleiben. Fragen Sie einen Außendienstmitarbeiter, der mit einem Arzt befreundet ist, den Arzt um einen Gefallen zu bitten. Der Außendienstmitarbeiter stellt hinter der Rezeption einen Karton auf, in den die Praxismitarbeiter alle Unterlagen von Pharma-Firmen sammeln – egal ob zugeschickte Mailings, überreichte Folder oder hinterlassene Broschüren. Der Außendienstmitarbeiter wechselt einmal im Monat den vollen Karton gegen einen leeren Karton aus und schickt ihn an den jeweiligen Produktmanager. Dieser kann anhand der erhaltenen Unterlagen die aktuellen Aktivitäten der Konkurrenz analysieren und seine Chancen im Wettbewerbsumfeld erkennen. Durch schnelles Reagieren kann er nun effektivere Folder und Anzeigen machen. Hinweis: In der Praxis haben sich zwei Dinge als wichtig erwiesen: Erstens, daran zu denken, die Kisten regelmäßig auswechseln und zweitens das Praxis-Team mit einer Kleinigkeit für seine Mühen zu belohnen.

Beschwerde-Management

Die Konsumgüter-Industrie weiß, dass sich das Reagieren auf Reklamationen lohnt. So hat das Unternehmen Kelloggs eine kostenlose Hotline, wo Menschen bei Fragen und Beschwerden über ihre

Produkte (beispielsweise ihre Cornflakes) anrufen können. Pro Jahr gehen in den USA über eine halbe Million Anrufe ein. Jeder Anruf ist eine Chance, einen unaufgeklärten oder unzufriedenen Kunden zu einem treuen Kunden zu machen.

Vermeiden Sie bei Reklamationen Begriffe wie „Schuld", „Fehler" oder „Irrtum", die rechtlich gegen Sie verwendet werden können. Verwenden Sie eher Sätze wie

▶ „Entschuldigen Sie."

▶ „Das tut mir leid."

▶ „Das kann ich gut nachvollziehen."

▶ „Das kann ich gut verstehen."

▶ „Uns ist an einer Lösung des Problems sehr gelegen."

▶ „Was schlagen Sie als Lösung vor?"

▶ „Was könnte der nächste Schritt sein, den wir gehen können, um zu einem akzeptablen Ergebnis zu kommen?"

Außerhalb von vermuteten Nebenwirkungen im Rahmen der Arzneimittelsicherheit ist das Bewusstsein über den richtigen Umgang mit Beschwerden in der Pharma-Industrie gering ausgeprägt. Hier eine wahre Geschichte: Ein verärgerter, unzufriedener Apotheker sendet ein Fax an eine Pharma-Firma mit dem Tenor „Ich bestelle nicht mehr bei Ihnen". Einer der Firmen-Manager fragte daraufhin einen seinen Mitarbeiter „Habt Ihr da angerufen und gefragt aus welchen Gründen", worauf der Mitarbeiter lapidar antwortete „Warum sollten wir?".

Dem Mitarbeiter war offenbar nicht bewusst, was das Wertvollste an einem verlorenen Kunden ist: Es ist die Antwort auf die Frage, warum er eigentlich weggeht. In seinen Antworten können Sie wertvolle Anregungen finden, beispielsweise wie Sie eventuelle Fehler zukünftig vermeiden können und was Sie konkret verbessern können.

Hier bietet sich Ihnen die Gelegenheit zu wertvoller primärer Marktforschung. Dies setzt allerdings voraus, dass Sie diese Informationsquelle aktiv nutzen, indem Sie auf diese Person zugehen. Greifen Sie zum Telefonhörer und fragen Sie, was Sie zukünftig besser machen können. Angenehm? Sicher nicht? Der finanzielle Aufwand? Gering. Der Nutzen der Information: Sehr hoch! Wird es gemacht? Leider viel zu selten.

Markt-Nischen-Strategie

Markt-Nischen-Strategien sind im Allgemeinen hochwertig, hoch-preisig und oft sehr profitabel. Die „Niche Players" kennen die Bedürf-nisse ihrer wenigen Kunden besonders gut und können sie daher bes-ser erfüllen als die „Big Players". Ein Beispiel ist die Firma Henning (heute Teil der Sanofi-Aventis-Gruppe), die Medikamente für Schild-drüsen-Erkrankungen, speziell für endokrinologische Internisten ver-marktet (siehe auch www.schilddruese.de). Ein weiteres Beispiel ist die Firma Genzyme, die Enzymersatzpräparate für seltene Enzym-mangelkrankheiten vermarktet. Firmen, die Medikamente für seltene Erkrankungen entwickeln („Orphan Drugs"), profitieren zudem auch von Erleichterungen im regulatorischen Bereich für Arzneimittel.

Key Account Manager

Key Account Manager sind speziell ausgebildete Mitarbeiter, die ausschließlich Großkunden betreuen. Der Vorteil im Vergleich zum klassischen Außendienst ist ein geringerer Streuverlust und eine gro-ße Hebelwirkung, da es oft um große Aufträge geht. Beispiele sind Krankenhausketten, Apothekeneinkaufsgemeinschaften und seit Ein-führung der Rabattverträge vor allem die gesetzlichen Krankenkas-sen. Während in vielen Branchen das Konzept des „Key Account Ma-nagers" verbreitet ist, sind in vielen Pharma-Firmen diese Positionen erst in den letzten Jahren geschaffen worden.

Übersicht über Kooperationen und Allianzen

Hier ein Überblick über die Optionen, mit Partnern zusammenzuarbeiten:

▶ Co-Marketing: **zwei** Warenzeichen
▶ Co-Promotion: **ein** Warenzeichen
▶ Strategische Allianzen: Sich ergänzende Programme
▶ Leihaußendienste: Außendienstkapazitäten werden gemietet („Co-Detailing")

Co-Marketing

Beim Co-Marketing wird eine Substanz von **zwei** Firmen unter **zwei** Warenzeichen verkauft. Ein Beispiel war die Vermarktung der Substanz Lisinopril (einem ACE-Hemmer). Das Unternehmen Merck & Co verkaufte Lisinopril je nach Land unter Namen wie Prinivil® oder Coric®. Das Unternehmen AstraZeneca verkaufte Lisinopril je nach Land unter Namen wie Zestril® oder Acerbon®. Zwei der Vorteile: Höhere Identifizierung von Marketing & Vertrieb mit der jeweiligen Marke und eine klare Zuordnung, wer wie viel Umsatz gemacht hat. Einer der Nachteile: Das Schaffen einer globalen Marke wird erschwert, was unter anderem bei Auftritten auf internationalen Kongressen zum Vorschein kommt.

Co-Promotion

Bei der Co-Promotion wird eine Substanz von **zwei oder mehreren** Firmen unter **einem** Warenzeichen verkauft. Ein Beispiel war die erfolgreiche Vermarktung von Ranitidin (einem Mittel gegen Magen-Darm-Ulcera) unter dem Namen Zantac®. Glaxo hat bei der Vermarktung in vielen Ländern mit einer Reihe von kleineren und größeren Firmen kooperiert. Einer der Vorteile: Es wird leichter eine einheitliche globale Marke geschaffen. Einer der Nachteile ist der Mangel an Transparenz, wer wie viel zum Umsatz beigetragen hat. Dies verdeutlicht das folgende Beispiel:

Die Firma A hat die Produkte A1 und A2 in ihrem Portfolio. Da sie der Meinung ist, dass das Marktpotenzial von Produkt A1 noch nicht ausgeschöpft ist, entscheidet sie sich für eine Co-Promotion mit der Firma B. Die Firma B hat neben ihrem eigenen Produkt B1 noch freie Marketing- und Vertriebs-Kapazitäten und in der entsprechenden Indikation einen guten Namen. Auf dem Papier sieht alles viel versprechend aus. Zu beachten ist, dass für die Firma B der Deckungsbeitrag für ihr eigenes Produkt B1 sehr viel attraktiver ist als für das gemeinsam vermarktete Produkt A1. Obwohl der Außendienst vertraglich dazu verpflichtet wäre, das Produkt A1 angemessen zu besprechen, ist natürlich die Besprechung von Produkt B1 sehr viel lohnenswerter. Bei den gemeinsamen Meetings besteht die Firma B darauf, dass sie ihren vertraglichen Pflichten vollumfänglich nachkommt – eine Behauptung, welche die Firma A im Alltag nur schwer widerlegen kann. Das Fazit daraus: Gehen Sie Co-Promotion-Vereinbarungen mit der nötigen Vorsicht an.

Eine teurere Alternative sind Mergers and Aquisitions (M&A). So hat beispielsweise Pfizer eine Reihe von Pharmafirmen gekauft. Einer der Hauptgründe für den Kauf des Unternehmen Warner Lamberts war der Lipidsenker Atorvastatin (Lipitor®, Sortis®) – ein „Blockbuster" und mit einem weltweiten Jahresumsatz von zeitweilig etwa 12 Milliarden US-Dollar das umsatzstärkste Medikament aller Zeiten. Die innovativen Substanzen der gut gefüllten Produktpipeline und die starken Marken des Unternehmens Wyeth waren die Hauptgründe für den Kauf durch Pfizer. Einschränkend sind die Reibungsverluste beim Zusammengehen von unterschiedlichen Firmenkulturen zu erwähnen.

Strategische Allianzen

Bei strategischen Allianzen kooperieren zwei Firmen mit sich ergänzenden Produktprogrammen. In der Luftfahrtgesellschaft ist die „Star Alliance", in der etwa ein Dutzend Airlines ihre Flüge und Flugpunktsammelsysteme aufeinander abgestimmt haben, eine sehr erfolgreiche strategische Allianz. Ein Beispiel im Healthcare-Bereich war die Zusammenarbeit von Eli Lilly und Boehringer Mannheim (nun Teil von Roche) beim Diabetes-Management. Die eine Firma lieferte die Therapie in Form von Insulin und die andere Firma die Diagnostik in Form von Blutzuckermessgeräten.

Die Hersteller von oralen Kontrazeptiva kooperieren mit den Herstellern von Kondomen, um die geschlechtliche Liebe sicherer zu machen: Die Antibabypille verhütet Schwangerschaft und das Kondom schützt vor sexuell übertragbaren Krankheiten. Ein Beispiel war die Aktion „Safety First" von Grünenthal, wo Patientinnen ein Set erhalten, das die Antibabypille Belara® und ein Kondom von Mapa enthält. Ein weiteres Beispiel war eine Aktion der Firma Wyeth (nun Teil von Pfizer): Sie bot unter dem Motto „Sexual Responsibility: Pille & Kondom – Zur Liebe gehören zwei" ein Kombi-Set an, bestehend aus der Antibabypille Leios® und einem Kondom.

Wo finde ich einen Kooperationspartner?

Zuerst brauchen Sie eine Idee, welche Kooperation für Ihr Produkt überhaupt in Frage kommen könnte. Viele Unternehmen haben dafür spezielle Abteilungen, die sich um Kooperationen und Lizenzen kümmern. Die Welt der Lizenzen hat ihre eigenen Begriffe und Abkürzungen wie beispielsweise Due Diligence (DD), Secrecy Agreements (SA), Cost of Goods (COGs), Upfront Payments, Milestone Payments, Agreements in „legalese language". Wenn Sie eine Einlizenzierung erwägen, sollten Sie mit Profis zusammenarbeiten und gegebenenfalls erfahrene externe Rechtsanwälte hinzuziehen. Die magische Formel lautet „Win-Win-Situation": Beide Geschäftspartner müssen in ähnlicher Weise von einer Vereinbarung profitieren.

Hier eine Auswahl, wo man Informationen über Kandidaten für eine Kooperation erhält:

Datenbanken (IMS, etc), Alerting Services (SCRIP, etc), Fachkongresse (Pharma-Lizenz-Club Deutschland, www.pharmalizenzclub.de, etc). Das Wichtigste ist nach wie vor ein großes Netzwerk mit vielen persönlichen Kontakten zu den richtigen Leuten in der Industrie.

Produktlebenszyklus

Die meisten Produkte unterliegen einem Lebenszyklus: Sie kommen, wachsen, blühen und vergehen. Einst attraktive Produkte veralten und müssen durch neue ersetzt werden. Das Konzept des Produktlebenszyklus wird allerdings nicht allseits akzeptiert. So sind aufgrund von brillantem Marketing manche Marken von der Reifephase im Sinne einer Renaissance wieder in eine Wachstumsphase gekommen.

Die Lebensdauer eines Produktes wird in mehrere Phasen unterteilt. Es ist eine der Aufgaben des Produktmanagers, im Rahmen des Lebenszyklus-Managements die abhängig von den Unternehmenszielen jeweils richtige also phasengerechte Produktpolitik zu betreiben.

Meist wird das „Leben" eines Produktes auf dem Markt in vier Phasen eingeteilt, was die folgende Abbildung illustriert:

Produktlebenszyklus

76 | Marketing-Fachwissen

- ▶ Einführung
- ▶ Wachstum / Durchdringung
- ▶ Reife / Sättigung
- ▶ Schrumpfung / Degeneration

Anmerkung: Es gibt auch andere Einteilungen, beispielsweise in folgende fünf Phasen: Einführung, Wachstum, Reife, Sättigung und Degeneration.

Prämarketing

Sie können ein Produkt erst in den Markt einführen, wenn Sie eine Zulassung („Market authorization") haben. Vor der Zulassung dürfen Sie kein Marketing machen. Sie können aber die neutrale wissenschaftliche Diskussion über die Therapie einer bestimmten Krankheit fördern und unterstützen. So können Sie im Rahmen der wissenschaftlichen Information das Bewusstsein über aktuelle Studienergebnisse schärfen, beispielsweise bei Experten-Workshops, wissenschaftlichen Kongressen, Konsensus-Meetings, etc. Sie können auch eine „Disease Awareness Website" schaffen, auf der über allgemeine Aspekte von Diagnose und Therapie der jeweiligen Indikation in neutraler Weise informiert wird.

Markt-Einführung

Für die Markt-Einführung („Ausbietung") ist ein integrierter Plan erforderlich, der alle notwendigen Maßnahmen miteinander verzahnt, inklusive dem rechtzeitigen Finden und Registrieren eines Warenzeichens. Hier wird der Grundstein für den zukünftigen Erfolg oder Misserfolg des Produktes gelegt. Ein gutes Motto ist: „Das Produkt vorbereiten, das Unternehmen vorbereiten, den Markt vorbereiten" („Prepare the product, prepare the company, prepare the market").

Übersicht zu Maßnahmen im Lebenszyklus-Management

Anmerkung: Werbeagenturen sprechen bei Konsumgütern davon, „ein Produkt wieder neu aufzuladen", also es mit einem spannenden Thema zu besetzen, um es in neuem Licht wieder erstrahlen zu lassen.

Der Patentschutz gewährt dem Innovator Marktexklusivität für die Dauer der Patentlaufzeit. Wirtschaftlich interessant ist nicht die Gesamtlaufzeit des Patentes von 20 Jahren, sondern die effektiv nutzbare Laufzeit nach Erteilung der Zulassung, die oft um die 10 Jahre beträgt. Hier einige ausgewählte und sich teilweise überlappende Optionen, die von Pharmafirmen beim Lebenszyklus-Management *(Life Cycle Management),* vorzugsweise in der späteren Phase realisiert werden:

▶ Phase-IV-Studien und nicht-interventionelle Studien

▶ „Indikations-Ergänzungen"

▶ Brand Defense Strategie

▶ Line-Extensions / Kombinationspräparate

▶ Switch to OTC-Status

Phase-IV-Studien und nicht-interventionelle Studien

Phase-IV-Studien sind Studien, die nach Erteilung der Zulassung durchgeführt werden. Bei nicht-interventionellen Studien (NIS) erfolgt die Therapie gemäß Zulassung im Rahmen einer Routinebehandlung. Dem Arzt werden also keine Vorschriften zur Behandlung des Patienten gemacht.

„Indikations-Ergänzungen"

Grundlage hierfür sind klinische Studien bei bestimmten Zielgruppen, so dass die Firma in den Fach- und Gebrauchsinformationen des Medikamentes entsprechende zusätzliche Informationen aufführen darf wie „Auch für Kinder geeignet", „Auch bei Diabetikern getestet" oder „Auch bei eingeschränkter Nierenfunktion **einsetzbar**".

Brand Defense Strategy

Als Verteidigung der Marke (englisch: *Brand Defense Strategy*) bezeichnet man die Initiativen des Original-Anbieters gegenüber dem bevorstehenden Eintritt von generischen Versionen des Produktes. Folgende Optionen wurden durchgeführt:

▶ Rechtliche Aktivitäten zu Aspekten der Patentsituation
▶ Änderungen am Produkt mit Änderung der Zulassung
▶ Verhandlungen mit Generikafirmen

Mit manchen Aktivitäten bewegen sich die Original-Anbieter aus Sicht mancher Juristen in einer Grauzone. So ermittelten die europäischen Wettbewerbshüter seit 2009 gegen forschende Arzneimittel-Unternehmen und Generika-Firmen. Laut PM-Report 10/2008 wurden die Unternehmen GlaxoSmithKline, AstraZeneca, Sanofi-Aventis, Pfizer, Novartis, Teva, Wyeth dahingehend überprüft, ob wettbewerbswidrige Praktiken vorliegen wie

▶ generisches Produkt vom Markt aufkaufen,
▶ missbräuchliche Patentrechtsstreite, um den Markteintritt von Generika zu verzögern,
▶ Ausnutzen einer dominierenden Marktstellung,
▶ Generika-Firmen dafür bezahlen, ein bestimmtes Generikum nicht oder später auf den Markt zu bringen.

Die Packungsgröße eines bekannten Medikamentes gegen Magen-Darm-Ulcera aus der Gruppe der Protonenpumpeninhibitoren wurde vom pharmazeutischen Unternehmen kurz vor Patentablauf von 100 Tabletten auf 98 Tabletten geändert. Die Generika-Anbieter mussten ihre Packungsgrößen dann kurzfristig umstellen.

Generikafirmen erstellen für ihre Produkte Qualitätsdossiers und Bioverfügbarkeitsstudien zum Nachweis der Bioäquivalenz zum Originalpräparat. Diese Studien erfordern, dass das Vergleichspräparat auf dem Markt ist. Wenn das Vergleichspräparat aber vom Originalhersteller durch ein anderes ersetzt wurde, werden neue Studien notwendig.

Die Kommission der Europäischen Gemeinschaft machte einem bekannten Pharma-Unternehmen den Vorwurf, die Firma würde die Strategie verfolgen, die Kapselform ihres Präparates selektiv vom Markt zu nehmen, sie durch die Tablettenform zu ersetzen und eine Löschung der Verkehrsgenehmigung zu beantragen – in der Absicht, den Wettbewerb durch Generika und Parallelimporte in unlauterer Weise zu beschränken. Die Financial Times berichtete, dass laut Beschluss des Europäischen Gerichtes dem Unternehmen ein Bußgeld von 53 Millionen Euro wegen „unfairer Geschäftspraktiken" auferlegt wurde. So habe das Unternehmen bei Patentämtern „Scheininnovationen" beantragt sowie in einigen Ländern den Widerruf der Zulassung einer Präparate-Form beantragt – nur um den zukünftigen Markteintritt von Generika hinauszuzögern.

Das Fazit für die Pharma-Industrie: Eine härtere Gangart und eine höhere Wahrscheinlichkeit kartellrechtlicher Prüfungen sind zu erwarten, auch wenn aus Firmensicht eigentlich gesetzlich zulässige Instrumente eingesetzt werden.

Line-Extensions

Neue galenische Formulierungen sind typische Formen von Line-Extensions im Pharma-Markt. Hier einige Beispiele:

▶ Bei der Prophylaxe von Angina-pectoris-Anfällen bei koronarer Herzkrankheit waren seit langem Nitrate als Wirkstoff in Nitrat-Spray und Nitrat-Kapseln bewährt. Als neue galenische Formulierung wurden transdermale Nitrat-Pflaster auf den Markt gebracht.

Die Firmen führten als Vorteile unter anderem die einfache, einmaltägliche Applikation und das psychologische Sicherheitsgefühl an.

▶ Die Firma Bayer machte für ihr Herz-Kreislauf-Präparat Adalat® ein erfolgreiches Lebenszyklusmanagement, welches neben umfangreichen klinischen Studien unter anderem auch auf innovativen galenischen Formulierungen beruhte: Hier die chronologische Liste ausgewählter Markteinführungen:

1975	Adalat	10 mg Kapseln
1980	Adalat	5 mg Kapseln
1981	Adalat	20 mg Retard-Tabletten
1984	Adalat	20 mg Kapseln
1991	Adalat	30 mg einmaltägliche Dosierung.

▶ Für ein Magnesium-Präparat brachte der pharmazeutische Unternehmer folgenden Reigen von galenischen Formulierungen auf den Markt: Dragees 3mal pro Tag, Kapseln 2mal pro Tag, Lutschtabletten mit Aprikosen- oder Pfirsichgeschmack und schließlich ein Trink-Granulat.

Risiken von Line-Extensions

Line-Extensions können sinnvoll sein, müssen es aber nicht. Sie können auch Risiken beherbergen wie beispielsweise

▶ „Ausfransen" des Markenbildes, das heißt, die Marke wird diffuser und damit weniger unterscheidbar von Wettbewerbsprodukten,

▶ höhere Kosten für Produktion und für Supply Chain Management aufgrund der vielen Produktvarianten und der damit verbundenen Komplexität,

▶ Abziehen wertvoller Forschungs- und Entwicklungs-Kapazitäten von der eigentlichen Aufgabe, nämlich innovative Produkte zu entwickeln.

Kombinationspräparate

Für erfolgreiche Monosubstanz-Produkte können im späten Lebenszyklus oder auch als Nachfolger eventuell Kombinationspräparate sinnvoll sein. Dies ist aufwändig, da hierfür ist eine neue Zulassung erforderlich ist. Beispiele sind:

▶ DuoPlavin® (Clopidogrel plus ASS), laut Sanofi-Aventis „eine starke Verbindung"

▶ L-Thyroxin Henning® plus 75 µg Jod, laut Henning „mit Jod verstärkt"

▶ Actonel® plus Calcium und Vitamin D, laut Warner Chilcott „einfach komplett"

▶ Im verschreibungsfreien Bereich: Aspirin® plus C Brausetablette (Acetylsalicylsäure plus Vitamin C), laut Bayer „sprudelnd schnell gegen Kopfschmerzen und Erkältungsschmerzen – mit dem Plus an Vitamin C".

Switch to OTC-Status

Der Wechsel vom verschreibungspflichtigen zum verschreibungsfreien Arzneimittel (auch *Rx-to-OTC-Switch* genannt) ist eine Option für nur wenige Produkte. Die Anforderungen für die Entlassung aus der Verschreibungspflicht sind hoch. Hierfür eignen sich nur Wirkstoffe, die bewährt und unbedenklich sind. Beispiele sind das Antimykotikum Cotrimazol (Canesten®), das Abmagerungsmittel Orlistat (Xenical® bzw. alli®) sowie Protonenpumpeninhibitoren wie Omeprazol und Pantoprazol – meist in bestimmten, niedrigen Dosierungen über einen begrenzten Zeitraum. Zu berücksichtigen ist hierbei ein rechtzeitiger Aufbau der Marke für die Selbstmedikation – was rechtzeitige Planung und mehrere Jahre Arbeit erfordert.

Der Begriff der „Me-too"-Präparate

„Me-too"-Präparate oder „Analogpräparate" sind Produkte innerhalb einer Klasse, die sich von schon eingeführten Produkten **nicht** wesentlich unterscheiden. Es handelt sich also um Produkte, die im Vergleich zu bereits vorhandenen Arzneimitteln keinen oder einen nur marginalen Unterschied zeigen. Kritiker sprechen auch von „Scheininnovationen" und behaupten, dass viele Pharmafirmen zu viel Geld in Marketing und Vertrieb und zu wenig Geld in die Erforschung wirklich neuer Wirkstoffe stecken. Tatsache ist, dass Pharmafirmen jedes Jahr Milliarden Euro in die risikoreiche Entwicklung innovativer Substanzen investieren – eine Investition, die von der Öffentlichkeit und Laienpresse oft nicht entsprechend gewürdigt wird.

Verschiedene gesetzliche Krankenkassen und Kassenärztliche Vereinigungen, insbesondere die nordrheinischen Krankenkassen und die Kassenärztliche Vereinigung Nordrhein empfehlen den Ärzten eindringlich, auf die Verordnung von „Me-too"-Präparaten weitgehend zu verzichten. Listen mit „Me-too"-Präparaten sind in der Vergangenheit auch Gegenstand gerichtlicher Auseinandersetzungen gewesen.

Aut-idem-Regelung

Auf jedem Kassenrezept befindet sich ein „Aut-idem-Feld" (lateinisch für „oder das Gleiche"). Lässt der Arzt dieses Feld frei, bedeutet das, dass der Apotheker dem Patienten ein kostengünstigeres Medikament mit identischer Wirkstärke, Packungsgröße, Darreichungsform und Indikationsbereich geben kann. Falls eine derartige Substitution möglich ist, ist der Apotheker bei Mitgliedern der gesetzlichen Krankenversicherung („Kassenpatienten") dazu verpflichtet, das verordnete Arzneimittel gegen ein anderes, vergleichbares, preiswerteres Arzneimittel auszutauschen.

Bei Direktverträgen zwischen gesetzlichen Krankenkassen und pharmazeutischen Unternehmen (Rabattverträge) muss die Apotheke an den Patienten ein Medikament abgeben, für welches eine Rabattvertragsregelung vorliegt. Besteht keine solche Vereinbarung, hat

die Apotheke eines der drei jeweils preisgünstigsten Arzneimittel aus-
zuwählen.

Der Arzt kann seine Therapiehoheit ausüben, indem er sein Kreuzchen im „Aut idem Feld" macht, es also praktisch durchstreicht. Dann
darf die Apotheke kein anderes Medikament ausgeben als dasjenige,
das der Arzt auf dem Rezept nennt.

Wenn das Medikament mehr kostet, kann dies allerdings zu Mehrkosten für den Patienten führen. In der Wahrnehmung der Ärzte können Rezepte mit einem Kreuzchen im „Aut idem Feld" eher sein Me-
dikamenten-Budget belasten als Rezepte ohne Kreuz. Um einem
gefürchteten Arzneimittelregress vorzubeugen, verzichten die meisten Ärzte darauf, die Ersetzung eines Arzneimittels durch ein wirk-
stoffgleiches auszuschließen und lassen so das „Aut idem Feld" frei.

Anzumerken ist, dass beispielsweise die Firma Hexal in Anzeigen
an die Fachkreise mit der Aussage wirbt „Aut-idem-Kreuz sichert Therapiehoheit und Compliance".

Generika

Generika sind Nachahmer-Produkte, die (nach Ablauf der Patent-
schutzfrist) in der Regel preiswerter als die Originale angeboten werden. „Multi-source-products" sind Produkte, die von mindestens zwei
Herstellern angeboten werden. Große Generikaanbieter in Deutschland sind beispielsweise die Teva-Ratiopharm-Gruppe, die Sandoz-
Hexal-Novartis-Gruppe und Stada.

Der durchschnittliche Preis dieser Generika fällt in den Wochen
und Monaten nach Verlust der Marktexklusivität des Originalpräpa-
rates aufgrund des intensiven Wettbewerbs zwischen den Generikafirmen – meist in Form einer nach unten gerichteten Preisspirale. Je
nach Präparat kann er bereits wenige Monate nach Ablauf der Patent-
zeit 55 Prozent und mehr unter dem ursprünglichen Preis des Originals liegen – oder in manchen Fällen auch nur geringfügig unter dem
Preis des Originals.

Auf diese Weise werden die Arzneimittelkosten der gesetzlichen
Krankenkassen stark reduziert. Die Patentabläufe erschließen so ein

enormes Sparpotenzial zugunsten der Versichertengemeinschaft. Für die Originalanbieter hingegen bedeutet dies einen herben finanziellen Verlust, der nicht immer durch neue Produkte ausgeglichen werden kann. Trotz immer steigender Investitionen in Forschung und Entwicklung steht nicht jeweils ein neues Produkt mit einer adäquaten Wertschöpfung zur Verfügung.

Übersicht zum Marketing-Mix

Der Marketing-Mix ist die auf der Marketing-Strategie basierende Kombination der Marketing-Instrumente. Der Marketing-Mix stellt das Marketingprogramm für Unternehmen und Markt dar. Das klassische Konzept von Marketing-Guru Philip Kotler basiert auf vier Säulen, in der neueren Literatur wird dieses Konzept um das Thema Verpackung als fünfte Säule erweitert.

Hier die Version mit fünf „P"s:

1 **P**lace: Distributionspolitik
2 **P**ackage: Verpackungspolitik
3 **P**roduct: Produktpolitik
4 **P**rice: Preispolitik
5 **P**romotion: Kommunikationspolitik

Place: Distributionspolitik

Bei der Wahl der Absatzorgane („Outlets" / „Channels") werden die Distributionspartner festgelegt. Im Prinzip liefert der Hersteller verschreibungspflichtige Arzneimittel an den Großhandel und dieser wiederum an die Apotheken. Bei bestimmten Produkten, beispielsweise intravenösen Lösungen, wird direkt an die Krankenhausapotheke geliefert. In den USA sind Health Maintenance Organizations (HMOs) große Abnehmer, in Großbritannien Apothekenketten wie beispielsweise Boots.

Parallel-Importe und Re-Importe

Manche Händler nutzen die Preisdifferenzen in Ländern der europäischen Union. So kaufen sie im Großhandel Waren in bestimmten Ländern mit niedrigen Preisen (oft Griechenland und Portugal) und transportieren sie nach Deutschland. Nach Anpassung an den deutschen Markt (beispielsweise Umverpackung, Einlegen einer deutschsprachigen Packungsbeilage) wird die Ware ausgeliefert. Die Gründe für die niedrigeren Preise in den Herkunftsländern sind vielfältig, beispielsweise unterschiedliche Steuersätze und Erstattungsbeträge durch die nationalen Behörden. So können die Hersteller in vielen anderen Ländern mehr vom Endverkaufspreis behalten als in Deutschland. In Schweden gibt es beispielsweise keine Mehrwertsteuer für Arzneimittel.

Prinzipiell kann man zwei Arten von Importen unterscheiden:

▶ Parallel-Importe

Ein Importeur kauft im Ausland Arzneimittel, die von ausländischen Pharmafirmen im Ausland hergestellt werden, importiert sie nach Deutschland und verkauft sie parallel zu den Tochtergesellschaften der ausländischen Hersteller auf dem deutschen Markt.

▶ Re-Importe

Ein Händler kauft im Ausland Arzneimittel, die von deutschen Pharmafirmen an ihre ausländischen Tochtergesellschaften exportiert wurden, und re-importiert sie wieder nach Deutschland.

Die in diesem Sektor tätigen Firmen werben damit, dass Parallel- und Reimporte Bestandteil einer kostensparenden Arzneimittelversorgung sind. Motto „Unsere Originalpräparate tragen zu Einsparungen bei der GKV bei – Originale einfach günstig".

Direktbelieferung = Direct-to-Pharmacy

Einige Firmen, beispielsweise AstraZeneca und Pfizer haben in der Vergangenheit bei der Distribution der Arzneimittel an die Apotheken den vollsortierten Großhandel umgangen. Vorteile eines solchen Vorgehens: Bessere Kontrolle über die Auslieferung ihrer Produkte und zusätzlicher Gewinn, der speziell bei hochpreisigen Produkten lohnenswert sein kann. Zeitweilig machte diese „Direct-to-Pharmacy"-Belieferung etwa 15 Prozent des Apotheken-Umsatzes (etwa 3,7 Milliarden Euro) aus – worüber der pharmazeutische Großhandel gar nicht erfreut war.

Laut der 15. AMG-Novelle von 2009 muss nun die kontinuierliche Belieferung der Apotheken durch die vollversorgenden Großhandlungen sichergestellt werden („Public service obligation"). Allerdings scheinen sich durch den fehlenden Kontrahierungszwang neue Optionen für die großen Arzneimittelhersteller aufzutun: Diese könnten sich ganz gesetzeskonform einen einzigen bundesweit tätigen Großhändler aussuchen und ausschließlich diesen beliefern – bei entsprechenden Sondervereinbarungen. In der Konsequenz wird dies zu rechtlichen Auseinandersetzungen und zu einem noch härteren Wettbewerb zwischen den Großhändlern führen.

Versandhaus-Apotheken und Internet-Versand

Der Versandhandel mit Medikamenten in Deutschland wird immer beliebter. Auf www.netdoktor.de findet der Interessierte eine Liste von Internetapotheken. Eine niederländische Versandhaus-Apotheke ist die „Europa Apotheek" in Venlo.

Es werden „bequem preisgünstige Arzneimittel" geliefert und darüber hinaus Vorteile wie beispielsweise eine Gutschrift der Rezeptgebühr und ein Bonus auf die Zuzahlung sowie günstige Medikamente im Freiverkauf angeboten.

Für die einen ist der Arzneimittel-Versand ein Fluch (Apotheker warnen vor einer Gefährdung der Arzneimittelsicherheit) und für die anderen Segen (Gesundheitspolitiker sehen ein Einsparpotenzial von 500 Millionen Euro). Konsequenz ist, dass den Apothekern zunehmend ein scharfer Wind ins Gesicht weht.

Optionen bei der Distributionspolitik

Manche Firmen gehen innovative Wege und empfehlen den niedergelassenen Ärzten den Direktbezug von bestimmten Produkten wie beispielsweise Impfstoffen oder Intrauterinspiralen über eine ganz bestimmte Apotheke. Falls Sie ähnliche Distributionswege ins Auge fassen, klären Sie im Vorfeld alle rechtlichen und steuerlichen Aspekte genau ab. Ärzte können beispielsweise für bestimmte Produkte der Umsatzsteuerpflicht unterliegen. Beachten Sie auch das Fallbeispiel im Kapitel „Hürden, die Sie umgehen können".

Package: Verpackungspolitik

Die meisten Angaben auf der Verpackung (meist handelt es sich um Faltschachtel und Blister), insbesondere die sprachlichen Elemente, sind durch die Zulassung vorgegeben, um Arzt und Patient angemessen zu informieren. Darüber hinaus gibt es Optionen bei visuellen Aspekten hinsichtlich Farbe, Typographie, Layout und Symbolen, die bei verschreibungsfreien Arzneimitteln meist gut und bei verschreibungspflichtigen Arzneimitteln meist weniger gut ausgeschöpft werden.

Dies kann mehrere Gründe haben. Oft ist das Marketing zu spät hinzugezogen worden oder hat sich zu spät für die Gestaltung der Packung interessiert – hier werden Chancen vertan, da die Verpackung als Informationsträger automatisch auch ein Kommunikationsmedium ist. Durch eine angemessene textliche und visuelle Gestaltung kann die Verpackung einen hohen Wiedererkennungswert erhalten und zur Kundentreue („Brand loyalty") beitragen.

Ein Beispiel ist der Wirkstoff Diclofenac. Während das Originalprodukt Voltaren® auf der Verpackung die Erläuterung „Antiphlogistikum" gab, druckte ein Generikahersteller auf seine Diclofenac-Produkte „Hemmt Entzündung, lindert Schmerz". Die ursprüngliche Bezeichnung versteht kein Laie, während die zweite Erläuterung auch dem Laien in klar verständlichen Worten den Nutzen des Produktes nahe bringt. Hier wurde eine Chance kreativ genutzt – ohne einen Euro zusätzlichen Aufwandes.

Product: Produktpolitik

Das Produkt wird auch als der „König" unter den Elementen des Marketing-Mix bezeichnet. Produkteigenschaften oder Produktattribute werden zu Vorteilen oder Vorzügen, wenn sie eine Relevanz für den Kunden haben, also ihm nützlich sind. Angemerkt sei, dass einige Autoren zwischen den Begriffen noch feine Unterschiede machen. Zur Illustration folgt ein Beispiel aus der Automobil-Industrie. Ein technisch anspruchsvoller und hochwertiger Unterbodenschutz kann etwa 50 Euro kosten. Der Nutzen ist für viele Kunden wenig relevant und so werden die Kunden in der Regel nicht bereit sein, den Aufpreis zu bezahlen. Ein einfacher Plastikhalter für Softdrink-Dosen zwischen den Vordersitzen kostet etwa 1 Euro – die Kunden sind davon begeistert. Im Englischen sagt man „Features tell, benefits sell".

Beim seltenen Fall, dass ein Produkt gratis einen überragenden Nutzen bietet, rückt die Promotion inklusive Werbung in den Hintergrund. Ein Beispiel ist die Suchmaschine Google, die kostenlos innerhalb von Sekundenbruchteilen das Abbild von Milliarden Webseiten nach bestimmten Stichwörtern durchsucht und für viele Menschen zur Lieblings-Suchmaschine geworden ist. Allerdings gibt es hier beispielsweise ein ausgeklügeltes Preissystem für die Google-Ads-Kunden und einen Designer, der für das Logo auf der Google-Website verantwortlich ist und dieses häufig kreativ und aktuell verändert.

Price: Preispolitik

Da der Pharma-Markt in der Regel kein freier Markt ist, finden viele Konzepte der Preispolitik aus den Büchern der Betriebswirtschaftslehre keine Anwendung.

Hier das traditionelle Bild: Man kann grundsätzlich zwei Preis-Strategien unterscheiden: Hochpreisige („premium pricing") und niedrigpreisige („discount pricing") Strategien. Innovative Medikamente werden mit einer Hochpreis-Strategie vermarktet, während Generika zu niedrigen Preisen angeboten werden.

Hier das grobe Bild der Preis-Strategien, die große Generikafirmen bis vor Einführung der Rabattverträge mit den gesetzlichen Krankenkassen verfolgten: Der damalige Konzern um Herrn Merckle hatte drei Vermarktungsschienen: Ratiopharm mit relativ hohen Preisen, CT Arzneimittel mit mittleren Preisen (und hoher Bedeutung in Berlin und Ostdeutschland) und ABZ Pharma mit niedrigen Preisen. Analog hatte der Hauptkonkurrent, nämlich die Brüder Strüngmann ebenfalls drei Vermarktungsschienen: Hexal, Betapharm und 1A. Interessant ist, dass die erfolgreichsten Generikafirmen (Ratiopharm und Hexal) meist auch die höchsten Preise hatten – was belegt, dass das Verordnungsverhalten der Ärzte nicht nur nach rationalen Gesichtspunkten erfolgte.

Zu beachten ist, dass der Markt inklusive der staatlichen oder halbstaatlichen Stellen, die für die Erstattung zuständig sind, den Preis bestimmt – und nicht, was Firmen berechnet, erhofft oder erträumt haben. Wenn Firmen einen zu hohen Preis ansetzen, werden sie ihn nicht durchsetzen können. Hier ein Beispiel, von dem einige Facetten dargestellt werden:

Exubera® war das erste inhalative Insulin zur Behandlung des insulinpflichtigen Diabetes mellitus. Nach einer aufwändigen Entwicklung und Markteinführung wurde es vom Unternehmen Pfizer weltweit wieder vom Markt genommen. Neben anderen Faktoren wurde als Hauptgrund die fehlende Akzeptanz im Markt angegeben. Die Erstattungsbehörden waren nicht bereit, den geforderten relativ hohen Preis für das Produkt zu akzeptieren. Die getätigten Investitionen betrugen etwa 2800 Millionen US-Dollar, die Einnahmen in den ersten drei Quartalen des Jahres 2007 nur etwa 12 Millionen US-Dollar – mit anderen Worten ein grobes Missverhältnis (Quellen: PM-Report 11/07 und andere).

Preisfindung

Als der optimale Preis wird der Preis bezeichnet, bei dem der Gewinn vermutlich maximal sein wird. Bei vielen chemisch definierten Produkten sind Umsatz und Gewinn einander proportional, so dass der optimale Preis der Preis ist, an dem der Umsatz vermutlich maximal sein wird. Bei in der Produktion aufwändigen Produkten wie beispielsweise Blutersatzpräparaten ist der vermutliche Gewinn die maßgebende Größe.

Um weder einen zu niedrigen noch einen zu hohen Preis zu erwägen, lohnt es sich vor der Markteinführung die relevanten Kunden zu befragen, um den optimalen Preis herauszufinden. Im Arzneimittelbereich ist dies gar nicht so einfach. Man benötigt gute Verbindungen zu Personen, die ungefähr wissen, wie die Entscheidungsträger und Beeinflusser in verschiedenen Organisationen denken. Beispiele sind: Kostenträger wie die gesetzliche Krankenkassen, der Gemeinsamer Bundesausschuss, die Kassenärztlichen Vereinigungen und andere ärztliche Gruppen, Patientengruppen, Institute, welche Kosten-Nutzen-Bewertungen vornehmen, etc.

Ein Verfahren zur Preisfindung ist die Conjoint-Analyse, bei welcher die Meinung zu bestimmten Merkmalen eingeholt wird. Aus bestimmten Merkmalen wird eine Reihe von theoretischen „Gesamtprodukten" kombiniert. So wird beispielsweise ein Produkt betrachtet, bei dem eine bestimmte Wirkung mit einer gewissen Verträglichkeit und einer einmaltäglichen Gabe verbunden ist. Der Befragte gibt dann zu jeder Version sein Votum zur Preisvorstellung ab. Durch eine Auswertung aller Antworten kann man eine Preisempfehlung ableiten. Es gibt mehrere Firmen, die sich auf diese Art von Preisfindungsstudien spezialisiert haben.

Promotion: Kommunikationspolitik

Die Vorteile eines Produktes müssen effektiv in den Markt kommuniziert werden, da es sonst nicht verschrieben, empfohlen, verkauft oder gekauft wird. Dieser Aussage stimmen Marketing- und Vertriebsleute zu, während in der grundlagennahen Forschung oder frühen Entwicklung die Akzeptanz zu dieser Aussage variiert. Strategien und Aktionen einer effektiven Kommunikation werden in den nächsten Kapiteln dieses Buches besprochen.

Teil D
Ziele und Strategien

Ihre Ziele

Wenn Sie das Gefühl haben, nicht dort zu sein, wo Sie eigentlich sein möchten, kann es daran liegen, dass Sie kein Ziel festgelegt haben.

Wohin?

Wer das Ziel kennt, kann entscheiden.

Wer entscheidet, findet Ruhe.

Konfuzius

▶ Was genau sind Ihre persönlichen Ziele?

▶ Stellen Sie sich einmal vor, Sie wären bereits am Ziel.

▶ Was genau hätten Sie dann erreicht?

▶ Wie sähe Ihre ideale Situation aus?

▶ Was würde sich im Vergleich zu heute geändert haben?

▶ Wann würden Sie sagen: Jetzt bin ich erfolgreich?

▶ Und eine ganz persönliche Frage: Wann würden Sie sagen „Jetzt bin ich zufrieden?"

Hier einige konkrete Punkte, die vielleicht für Sie beruflich und privat relevant sind:

- Know-how aktualisieren und ergänzen
- Gute Kontakte zu Experten knüpfen
- Berufliche Erfahrung in unterschiedlichen Positionen gewinnen
- Ihr Netzwerk erweitern
- Mehr Zeit für die Familie nehmen
- Persönliche Aspirationen verwirklichen

Nehmen Sie sich in Ihrem eigenen Interesse die Zeit, diese Punkte präzise zu klären.

Smarte Ziele

SMART ist eine Abkürzung, die meist steht für „Specific Measurable Accepted Realistic Timely". Sie erinnert Projektmanager, ihre Ziele eindeutig zu klären. Von „SMART" gibt es unterschiedliche Interpretationen, wobei die englischen und die deutschen Versionen nicht in kompletter Übereinstimmung sind (siehe Tabelle).

„SMART Goals" (Englisch)

Häufige Variante		**Beispiel für weitere Varianten**
S	Specific	Significant, Stretching
M	Measurable	Meaningful, Motivational
A	Achievable	Appropriate, Actionable
R	Relevant	Realistic, Results-focused
T	Timely	Time-bound, Time framed

„Smarte Ziele" (Deutsch)

Häufige Variante		**Erläuterung**
S	Spezifisch	Präzise definiert
M	Messbar	Qualitativ oder quantitativ nachprüfbar
A	Angemessen	Vom Empfänger akzeptiert
R	Realisierbar	Erreichbar
T	Terminierbar	Zeitliche Vorgabe

Ein Ziel wird als „smart" angesehen, wenn es die obigen Bedingungen erfüllt.

Anzumerken ist, dass es auch „SMAC" gibt – als Abkürzung für „Specific Measurable Achievable Controllable". Natürlich muss man nicht alles messen, was gemessen werden kann. Man sollte nur messen, was wirklich lohnenswert ist – und das sind die Dinge, die Ihnen weiterhelfen.

Woran wird Ihr persönlicher Erfolg gemessen?

Auf welche Weise können Sie Ihre Fortschritte und Erfolge nachweisbar, transparent und messbar machen? Was genau sind Ihre Erfolgskriterien? Nach welchen Kenngrößen werden Sie von Ihrem Chef beurteilt? Woran erkennen Sie, dass Sie gute Arbeit machen? Wie erkennt Ihr Chef, dass Sie gute Arbeit machen?

Um Ihnen die Antworten auf die obigen Fragen zu erleichtern, finden Sie nachfolgend zwei Abbildungen. Bitte betrachten Sie die linke Abbildung „Erfolgskriterien" und markieren durch einen vertikalen Strich Ihre Einschätzung Ihrer aktuellen Situation auf der Skala, wobei „0" "völlig diffus" und „100" „kristallklar" bedeutet.

Erfolgskriterien	**Ressourcen**
Woran ich gemessen werde ist mir klar zu …	Was ich brauche, um meine Ziele zu erreichen, habe ich zu …

```
  ├──┬──┬──┬──┬──┤        ├──┬──┬──┬──┬──┤
  0  20 40 60 80 100 %    0  20 40 60 80 100 %
```

Bitte betrachten Sie nun die rechte Abbildung „Ressourcen" und markieren auf der Skala durch einen vertikalen Strich, inwieweit nach Ihrer Einschätzung das Unternehmen Ihnen die notwendigen finanziellen, organisatorischen und personellen Mittel zur Verfügung stellt, wobei „0" „absolut unzureichend" und „100" „absolut angemessen" bedeutet. Sind Sie damit zufrieden?

Bei meinen Workshops und Beratungen machen viele Teilnehmer ihre Striche irgendwo zwischen 40 und 60. Dies bedeutet, dass sie nicht effektiv arbeiten können. Tipp für diese Fälle: Besprechen Sie diese Situation dringend mit Ihrem Chef und schaffen Sie gemeinsam die Voraussetzungen, die Sie brauchen, um erfolgreich zu sein.

Einleitung zu Erfolgskriterien und Erfolgskontrolle

„Nur sinnvolle Daten erlauben sinnvolle Schlussfolgerungen."

Projekte im Pharma- und Medizinprodukte-Marketing sind Langstreckenflüge – ohne geheime wundersame Abkürzungen. Erst muss man wissen, wohin die Reise gehen soll, und dann kann man in Richtung Ziel fliegen. Fragen Sie sich daher regelmäßig: „Bringen Ihre jetzigen Aktivitäten Sie wirklich näher an die von Ihnen definierten Ziele?". Wenn ja, machen Sie weiter, wenn nicht, sollten Sie den Kurs anpassen – wie der Autopilot eines Flugzeuges, welcher ständig kleine Kurskorrekturen vornimmt, um das Flugzeug zum Ziel zu bringen.

Bei einem völlig neuen Projekt kann man natürlich anfangs nur die Richtung anzeigen, in die man gehen möchte und die Ziele grob skizzieren. Man braucht weitere Informationen über Zielgruppe, nicht erfüllten Bedarf der potenziellen Kunden, Mitbewerber, Leistungsfähigkeit des eigenen Produktes und verfügbare Ressourcen, um dann die Ziele genauer festlegen zu können.

Oft bleibt unklar, ob eine geschaltete Anzeige, ein verschicktes Mailing, eine durchgeführte Veranstaltung oder der Besuch des Außendienstmitarbeiters zur Verordnung des Präparates geführt haben. Der separate Beitrag und damit der Return-on-Investment der individuellen Marketingmaßnahmen lässt sich oft schwer abschätzen.

Für den Markterfolg ist eben das ausgewogene Gesamtkonzept mit sich wechselseitig unterstützenden und ergänzenden Maßnahmen nötig.

Relevante Kenngrößen definieren

Manche Marketingleute befinden sich im Blindflug ohne Radar: Emsige Betriebsamkeit, spontaner Aktionismus, teure Alibi-Aktionen – alles mit unklarer Wirkung. Um am Ziel anzukommen, sollte man sich nicht alleine auf harte Kenngrößen wie Umsatz verlassen. Bessere Zahlen bei finanziellen Kenngrößen sind nur **Ausdruck** eines erfolgreichen Marketings (siehe Abbildung): Man hat es geschafft, die richtigen Kunden zu gewinnen und zu binden – und zwar schneller als die Konkurrenz.

Erfolgreiches Marketing

Die richtigen Kunden gewinnen und binden

Bessere Zahlen bei finanziellen Kenngrößen

Qualitative und quantitative Erfolgskriterien und Kenngrößen (die sich teilweise wechselseitig bedingen) helfen, das System besser zu steuern. In der nachfolgenden Liste nimmt ihre Relevanz nach unten zu – wobei man über den genauen Platz diskutieren kann:

▸ Clicks auf eine Webseite und Zahl der Besucher (Unique Visitors)

▸ Konversionsrate Ihrer Website (wie viel Prozent der Besucher das machen, was sie auf Ihrer Website tun sollten)

▸ Responseraten auf Ihre Mailings

▸ Zahl der gesammelten E-Mail-Adressen der Zielgruppe in der Kundendatenbank

▸ Feedback vom Außendienst über die Qualität der Unterstützung

▸ Feedback von externen Kunden

▸ Aufnahme in Behandlungsempfehlungen

- Relativer Return-on-Investment einer Maßnahme (im Vergleich zu anderen)
- Absatzwachstum
- Absatz
- Marktanteil, gemessen an Absatz
- Marktanteil, gemessen an Umsatz
- Umsatzwachstum (absolut oder prozentual)
- Umsatz
- Cashflow
- Weitere finanzielle Kenngrößen

Hinweise: Im Kapitel „Teil Y Finanzbegriffe für Nicht-Finanzleute" wird näher auf finanzielle Kenngrößen wie Cashflow, Gewinn und Deckungsbeitrag eingegangen.

Bitte beachten Sie: Aktionen und Tätigkeiten wie beispielsweise Zahl der Mailings oder Zahl der Kongresse sind *keine* guten Erfolgskriterien.

Um Zielkonflikte zu vermeiden, sollten Sie herausfinden, welches Ziel in der Zielhierarchie ganz oben steht. Dies klingt einfach, ist es aber in der Realität oft nicht.

So haben viele Firmen eine ganze Reihe von „Key Performance Indicators" („KPIs") bzw. „Leistungskennziffern" bzw. „Leistungskenngrößen". Novartis-Chef Joe Jimenez brachte es in einem Interview mit der *Financial Times* für sein Unternehmen auf den Punkt: „... the problem was not having too few, but too many. And, therefore, nothing was being measured." Konzentrieren Sie Ihre Energie daher auf das Erreichen der wenigen Kriterien, die wirklich wichtig sind (und die Sie mit großer Wahrscheinlichkeit auch erfüllen werden).

Zeitraum

Stellen Sie fest, wann und für welchen Zeitraum die obigen Kenngrößen von Ihrem Chef gemessen werden: Wochenweise, quartalsmäßig oder jährlich?

Beispiel: Wenn das Unternehmen stets nur kurzfristige Erfolge belohnt, zahlt es sich für Sie nicht aus, langfristig zu denken. Nehmen Sie dann Abstand von Maßnahmen, die erst langfristig ihre Wirkung entfalten und konzentrieren Sie Ihre Budgets auf kurzfristige Erfolge („Quick Wins"). Im Bereich Selbstmedikation wären dies beispielsweise Abverkaufskampagnen in Zusammenarbeit mit dem Großhandel.

Ihre Funktion zu dem Zeitpunkt

Fragen Sie sich: Können Sie in Ihrer jetzigen Rolle überhaupt noch die Früchte Ihrer Anstrengungen ernten?

Beispiel: Wenn Sie ein neues Customer-Relationship-Management-System installieren sollen, und Sie am Umsatz gemessen werden, so werden wahrscheinlich mindestens zwei Jahre vergehen, bis Sie durch diese Anstrengungen Umsatzerfolge vorweisen können.

Tipp: Schlagen Sie Ihrem Chef Kenngrößen vor, auf die Sie in Ihrer jetzigen Position tatsächlich Einfluss nehmen können. Fokussieren Sie Zeit und Budget auf Aktivitäten, die diese Kenngrößen in Ihrem Sinne positiv verändern werden. Achten Sie dabei darauf, dass das Erreichen der Ziele Sie erfreut und motiviert – vielleicht sogar begeistert.

Denken Sie an einen Maler wie Pablo Picasso, an einen Sänger wie Luciano Pavarotti, an einen Komponisten wie Ludwig van Beethoven, an einen Fussballspieler wie Pelé. Sie alle machten mit Leidenschaft das, was sie taten („passionate about their goals"). Dies gilt für alle Aktivitäten, auch für das Marketing.

Vielleicht finden Sie bei einem Projekt bestimmte Teilaspekte, die Sie wirklich motivieren wie beispielsweise gelungene Teamarbeit, Anerkennung von internen Kunden, Zufriedenheit externer Kunden, ein Mehr an Erfahrungen.

Beispiele für zielführende Strategien

In Abhängigkeit von den Zielen ergeben sich sehr unterschiedliche Strategien. Die nachfolgenden Beispiele sind teils übertrieben gezeichnet, um die Unterschiede deutlich zu machen.

▸ **Beispiel A: Sie wollen den Gewinn im nächsten Quartal maximieren**

Option für Strategie: Kurzfristig Gewinn steigern durch radikale Sparmaßnahmen und Streichpläne. Hier bieten sich an: Alle Fortbildungs- und Qualifizierungs-Maßnahmen einstellen, die Zusammenarbeit mit Externen beenden, Reisen und damit Kundenkontakte reduzieren, Marketingaktionen und Vertriebsaktivitäten stoppen, Veranstaltungen absagen, flexible Gehaltsanteile streichen. Geben Sie den Finanzleuten und Buchhaltern die Zügel in die Hand. Sie werden Ihrem Nachfolger eine demotivierte Marketing- und Vertriebs-Mannschaft und „verbrannte Erde" hinterlassen, aber Sie können kurzfristig einen höheren Cashflow an die Zentrale melden.

Diese Politik wird manchmal von den Leitern nationaler Niederlassungen („Operating Societies" oder „Ländergesellschaften") angewendet, wenn diese ihren (zur Neige gehenden) zwei- oder dreijährigen Aufenthalt in einem Land noch mit „guten finanziellen Kennzahlen" krönen wollen. Bei einem großen amerikanischen Automobilkonzern betrug die mittlere Verweildauer eines Managers etwa drei Jahre, während der Zyklus von Entwicklung und Produktion eines neuen Automobiltyps etwa vier Jahre betrug. Da der Erfolg dieser Manager vorwiegend durch finanzielle Kenngrößen gemessen (und damit auch gesteuert) wurde, bedeutete dies, dass der persönliche Aufwand in ein neues Automodell bei ihren persönlichen Erfolgszielen kaum berücksichtigt wurde und somit wenig attraktiv war. Es gibt in anderen Branchen ähnliche Beispiele, wie das Überbetonen von kurzfristigen finanziellen Kennzahlen ein Unternehmen in die Irre leiten kann.

▸ **Beispiel B: Sie wollen den Umsatz im nächsten halben Jahr maximieren**

Option für Strategie: Den Kunden wirtschaftliche Anreize für die nächsten Kaufentscheidungen bieten. Beispiele in der Automobilbranche: Rabatte, Prämien, etc. Früher haben einige Pharma-Firmen den niedergelassenen Ärzten Anwendungsbeobachtungen angeboten, bei denen mit relativ geringem Aufwand attraktive Honorare gezahlt wurden.

▶ **Beispiel C: Sie wollen Ihren Marktanteil maximieren**

Viele Computer-Software-Hersteller fahren folgende Strategie: Sie bieten die Basisversion ihrer neuen Produkte allen Interessenten oder nur bestimmten Zielgruppen (beispielsweise Professoren, Lehrern und Studenten) gratis oder sehr preiswert an – in der berechtigten Hoffnung, dass diese später auf eine teurere Premiumversion umsteigen. Die Firmen wollen in einem rasch wachsenden Markt mehr Kunden als die Mitbewerber haben, wobei der aktuelle Umsatz und Gewinn nachrangig sind.

▶ **Beispiel D: Sie wollen Umsatz und Ergebnis innerhalb der nächsten Jahre steigern**

Option für Strategie: Die richtigen Kunden gewinnen und binden – und dies schneller und besser als die Mitbewerber. Dies ist der Schwerpunkt dieses Buches.

▶ **Beispiel E: Sie wollen den Bekanntheitsgrad Ihrer Marke steigern**

Option für Strategie: Investieren Sie massiv in Public-Relations-Kampagnen. Allerdings ist der Bekanntheitsgrad einer Marke kein Garant für Umsatz oder Ergebnis.

Beispiel: Eine bekannte Bekleidungsfirma erregte einmal durch ihre aufmerksamkeitsstarke Kampagne mit dem durchschossenen Hemd eines toten Soldaten oder eines sterbenden AIDS-Patienten viel Aufmerksamkeit – die Umsätze sanken aber, weil viele Konsumenten und Händler diese Motive der Werbekampagnen als geschmacklos und unpassend empfanden.

▶ **Abschließender Kommentar zu den Beispielen**

In der rauen Wirklichkeit werden Sie meist eine Gratwanderung mit Elementen mehrerer Strategien machen müssen. Bringen Sie Ihre Zeit und Ihre Energie vorwiegend in die Dinge ein, die Sie Ihrem Ziel näher bringen.

Die heimlichen Spielregeln

Mitarbeiter handeln in Firmen sowohl nach offiziellen als auch nach unausgesprochenen Regeln. Diese Regeln können beispielsweise sein: Baue deinen Einflussbereich aus (vergrößere konsequent deine persönliche Macht), sage nichts Kritisches (was dir als negative Haltung angekreidet werden könnte), halte dein Revier sauber (lasse dir keine Fehler nachweisen), gib dein Wissen nur begrenzt weiter (nutze dein Wissen als Herrschaftsinstrument), wechsele rechtzeitig den Job (bevor deine möglichen Misserfolge sichtbar werden).

Das Agieren nach diesen heimlichen Regeln äußert sich in einer Kultur der Angst und des Misstrauens – keine gute Basis für den Erfolg im Markt. Mitarbeiter in einem solchen Umfeld kommen sich so vor, als ob sie mit ihren gut gemeinten Aktivitäten gegen Gummiwände oder gläserne Decken stoßen, da ihre Projekte von anderen Abteilungen insgeheim torpediert und boykottiert werden – ohne dass dies jemals klar zum Ausdruck gebracht wird.

Einen ähnlichen Zustand findet man bei Projekten, bei den Firmen miteinander „kooperieren", ohne dass eine gemeinsame Identität da ist (also kein „Wir-Gefühl") oder ohne dass der Beitrag der einzelnen Firmen am Projekterfolg erkennbar ist. Ein Beispiel ist eine Co-Promotion, bei der zwei Firmen die gleiche Marke vermarkten, aber die hinzugezogene Firma ihr vertragliches Engagement nur auf dem Papier erfüllt.

Was sollte man tun, wenn man in einen solchen Fall verstrickt ist? Aufrufe der Geschäftsleitung zu besserer Kooperation und gemeinsame Workshops zum „Team-Building" führen zu wohlfeilen Lippenbekenntnissen, bringen aber nicht die gewünschten Ergebnisse in der Zusammenarbeit. Falls Sie sich in einer solchen Situation wiederfinden, erwägen Sie kreative Optionen für Ihre berufliche Zukunft.

Wie Worte die Unternehmenskultur offenbaren

Die wahre Unternehmenskultur wird oft durch die vorherrschende Wortwahl reflektiert:

▶ Worte wie Quartals-Umsatz, Shareholder Value, Cashflow, Kostenstellenrechnung, Umsatzrendite, Return-on-Investment, etc. weisen auf eine eher finanzorientierte Unternehmenskultur hin.

▶ Worte wie Benchmarking, Total Quality Management, Qualitäts-Kontrolle, Standard Operating Procedures, etc. weisen auf eine eher qualitätsorientierte Unternehmenskultur hin.

▶ Worte wie Kunden-Zufriedenheit, Customer Experience, Customer Lifetime Value, Customer Relationship Management, Kundenprofile, Kundendatenbank, etc. weisen auf eine kunden- und marketing-orientierte Unternehmenskultur hin.

Was die Unternehmenskultur prägt

Die einflussreichsten Treiber der Unternehmenskultur sind nicht schriftliches Material, schöne Präsentationen oder Aufrufe der Geschäftsleitung, sondern die Vorbildfunktion der Vorgesetzten. Wenn dem Chef die Zufriedenheit der Kunden wirklich am Herzen liegt, haben Sie eine marketingorientierte Firma. Falls der Chef andere Prioritäten hat, werden Sie niemals eine marketing-orientierte Firma werden – egal was Sie drucken oder sagen.

Hier gilt der bekannte Spruch „Man macht nicht das, was einem **gesagt** wird, sondern man macht das nach, was einem **vorgemacht** wird".

Erfolgsfaktoren

Machen Sie Ihre Kunden erfolgreicher und Ihre Kunden werden dafür sorgen, dass Sie erfolgreicher werden.

Auf die Frage nach dem Erfolgsgeheimnis der Autovermietung Sixt antwortete der Gründer Erich *Sixt* sinngemäß: Der Kunde hat Vorrang und die Mitarbeiter sind unser kostbarstes Gut – klingt trivial, wird aber nur selten beherzigt.

Große Teile des Marketings sind konzeptionell und intellektuell relativ einfach. Ob Sie tatsächlich im Markt erfolgreich sind, hängt unter anderem davon ab, ob Folgendes zutrifft:

▶ Sie wollen anderen Menschen im Rahmen einer „Win-win-Situation" helfen. Wenn Ihr primäres Ziel lediglich ist, schnell viel Geld zu verdienen, wird dies schnell erkennbar. Hilfsbereitschaft scheint immer durch – genauso wie Habgier.

▶ Sie sind willens, Dinge auszuprobieren, zu testen und an erhaltenes Feedback anzupassen.

▶ Sie geben der Zufriedenheit Ihrer Mitarbeiter oder Teammitglieder einen sehr hohen Stellenwert. Eine Untersuchung ergab, dass Firmen mit Mitarbeitern, die hohe Zufriedenheitsnoten gaben, etwa doppelt so hohe Umsätze machen wie Firmen, deren Mitarbeiter niedrige Zufriedenheitsnoten gaben.

Globaler Wettbewerb

Im Zeitalter der Globalisierung, des Internets, der Mobiltelefonie und der Breitbandanschlüsse können viele Funktionen leicht in andere Länder oder Erdteile ausgelagert werden. Sinkende Umsatzrenditen bewegen viele Unternehmen, die leichter austauschbaren Funktionen zu exportieren und die Zahl der Mitarbeiter in Westeuropa zu reduzieren. Besonders betroffen davon sind beispielsweise Teile der Produktion, der Verwaltung und der Informationstechnologie.

Einige Mitarbeiter bleiben wenig austauschbar: Mitarbeiter in strategischen Funktionen (beispielsweise im strategischen Marketing und New Business Development), Mitarbeiter mit engen Beziehungen zu wichtigen Kunden (beispielsweise im Key Account Management und in der Experten-Unterstützung) sowie Mitarbeiter, bei denen die Beherrschung der Muttersprache und des kulturellen Hintergrundes wichtig ist (beispielsweise Mitarbeiter, die häufig persönlich mit externen Kunden kommunizieren).

Erfolgsrezepte für Strategien

Marshall Goldsmith, einer der führenden Karriere-Coaches, sagt: Der Weg zu Ihren bisherigen Erfolgen ist nicht unbedingt der Weg zu Ihren zukünftigen Erfolgen.

Setzen Sie die Maßstäbe im Markt. Schaffen Sie etwas Neues. Simple Imitationsstrategien, die nur andere kopieren, sind wenig erfolgversprechend. Management-Guru Tom Peters schreibt dazu sinngemäß: Nichts und niemand ist mehr abgesichert. Permanente Neu-Erfindung ist die Schlüsselfunktion des neuen Jahrtausends. Seien Sie Pionier, Vorreiter, gehören Sie zur Avantgarde – und nehmen Sie in Kauf, dass man Sie anfangs für wagemutig hält. Klopfen Sie an Türen an und treten Sie ein.

Es gibt weder Abkürzungen noch Geheimrezepte, um eine erfolgreiche Strategie zu entwickeln. Es gibt aber eine Reihe von Punkten, die Ihnen als Vorlage oder Strickmuster für Ihre Strategie dienen können – denn mit den richtigen Fragen erhalten Sie leichter die richtigen Antworten.

Strategie: Struktur und Eckpfeiler

Das folgende Konzept erleichtert Ihnen ein strukturiertes Vorgehen und dient gleichzeitig als Gliederung für Teile Ihres zukünftigen Marketingplanes – quasi eine Art Fahrplan für Ihre Reise. Die folgenden 8 Eckpfeiler haben sich bewährt:

1 **A**nalyse: Zielgruppe und Umfeld erforschen

2 **N**icht erfüllter Bedarf: Problem verstehen

3 **P**ositionierung: Prägnante Botschaft entwickeln

4 **A**usdruck: Kreativ die Sinne ansprechen

5 **C**heck: Optimieren durch Testen und Überarbeiten

6 **K**anäle: Effektive Kommunikationswege finden

7 **E**rfolgskriterien: Kenngrößen definieren

8 **N**amen: Kontaktdaten der Kunden sammeln

Die ersten beiden Punkte reflektieren den Ist-Zustand und der siebte Punkt „Erfolgskriterien" beschreibt den Soll-Zustand. Als Merkhilfe können Ihnen die Anfangsbuchstaben der acht Begriffe dienen, die hintereinander geschrieben das Wort „ANPACKEN" ergeben – ein Konzept zum Anpacken.

Die Punkte werden in den folgenden Kapiteln behandelt. Als Frage gestellt, helfen sie Ihnen, die „richtigen" Antworten zu finden – von denen es meist mehr als eine gibt. Finden Sie die für Sie beste Antwort.

Das Besondere am Pharma-Marketing

Ist Pharma-Marketing anders als beispielsweise Marketing für Konsumgüter? Ja und nein. Ja, weil die Mechanismen und Grundregeln die gleichen sind. Nein, weil es enorme Unterschiede im Markt gibt. Hier ausgewählte Aspekte:

▶ Es ist ein hochregulierter Markt, bei dem Gesetze und Richtlinien das freie Spiel der Marktkräfte zu einem großen Teil außer Kraft setzen.

▶ Da Arzneimittel ein anderes Nutzen-Risiko-Verhältnis als Konsumgüter haben, spielen Sicherheit und Verträglichkeit des Produktes eine sehr große Rolle.

▶ Die Umsatzentscheidung basiert auf einem Geflecht von verschiedenen Marktteilnehmern mit ganz unterschiedlichen Interessen, wie Ärzten, Apothekern, Großhandel sowie Gruppen, welche die

Erstattungsfähigkeit beeinflussen, wie beispielsweise der Gemeinsame Bundesausschuss und die gesetzlichen Krankenkassen.

▶ Als Produktmanager braucht man gute Kenntnisse über das Produkt, die Indikation und das Umfeld sowie gute Kontakte zu den jeweiligen Meinungsbildnern, um Ergebnisse zu bringen.

Analyse: Zielgruppe und Umfeld erkunden

„Eine kluge Frage ist schon die halbe Weisheit."

Francis Bacon

Am Anfang steht stets die Analyse – die in der Medizin der Diagnose entspricht. Beim Sport erkundet man ja auch das Spielfeld, auf dem man spielen möchte. Bei meinen Beratungen überrascht mich öfters, wie wenig direkten Kontakt manche Marketingmanager zu ihren Kunden haben. Um einen realistischen Marketingplan zu entwickeln, sind Gespräche, Interviews oder Workshops mit der Zielgruppe, beispielsweise den Verordnern oder Patienten, unverzichtbar.

Übersicht der Zielgruppen

Klären Sie im Vorfeld, welche Rolle die verschiedenen Gruppen für die Entscheidung zugunsten Ihres Produktes innehaben. Die folgende Abbildung illustriert vier wichtige Gruppen: Arzt, Apotheker, Manager einer Krankenkasse oder Drogeriekette und Patient (es ist eine Frau abgebildet, da etwa zwei Drittel aller Entscheidungen im Healthcare-Bereich direkt oder indirekt von Frauen getroffen werden).

Wie gut kennen Sie die relative Relevanz Ihrer Zielgruppen für den Produktumsatz? Bitte quantifizieren Sie den Einfluss auf die Entscheidung zugunsten Ihres Produktumsatzes in Prozent. Wenn in Ihrem Fall noch weitere Zielgruppen relevant sind, fügen Sie diese Gruppen einfach hinzu.

Relevanz Ihrer Zielgruppen

Arzt	Apotheker	Manager	Patient
		Krankenkasse Drogeriekette	
___%	___%	___%	___%

Hier eine detaillierte Liste von möglichen Zielgruppen:

▶ Ärzte

▶ Ärztenetzwerke

▶ Apotheken

▶ Endkunden (Anwender, Patienten, Versicherte, Bürger)

▶ Patientengruppen

▶ Familienangehörige

▶ Großhandel (Absatzmittler, Zwischenkunden)

▶ Drogeriemärkte

▶ Krankenhäuser

▶ Versicherungen (speziell bei Rabattverträgen)

▶ Andere Zielgruppen

Das tatsächliche Problem verstehen

Welches Problem lösen Sie?

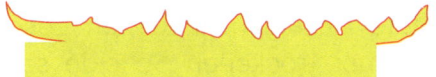

Was bewegt und
beschäftigt Ihre Kunden?

Stellen Sie sicher, dass Sie folgende Fragen, die alle in die gleiche Richtung zielen, zutreffend beantworten:

▶ Was bewegt und beschäftigt den Kunden?

▶ Was ist dem Kunden wichtig?

▶ Worin besteht der Bedarf?

▶ Welches Problem wollen Ihre Kunden gelöst haben?

Klingt einfach, ist es aber in der Realität oft nicht. Bei manchen Kunden braucht man eine Art Dechiffriergerät, um aus wolkigen Formulierungen das wirkliche Problem zu erkennen.

Wenn Sie Geschäfts- und Wachstumschancen suchen, sollten Sie primär überlegen, welchen Zielgruppen Sie wie helfen können, wie Sie also das Leben Ihrer Kunden einfacher machen und deren Situation verbessern können. Voraussetzung ist, dass Ihre Zielgruppe ein Motiv hat, ihre gegenwärtige Situation zu ändern – aufgrund von Schmerzen, Problemen oder dem Wunsch nach Verbesserung. Wenn kein derartiger Bedarf besteht, sieht Ihre Zielgruppe auch keinen Anlass zum Handeln. Liegt also kein Problem-Bewusstsein vor, wird auch keine Lösung gebraucht und Sie laufen mit Ihrem Marketing ins Leere – auch wenn Sie selbst überzeugt sind, dass Ihr Produkt der Zielgruppe einen klaren Nutzen bringen würde.

Beispiel: Wenn die Kunden nicht der Meinung sind, dass eine 24-Stunden-Wirkung sinnvoll ist, werden Sie mit Ihrer Botschaft „24-Stunden-Wirkung" keine Resonanz finden.

Aufklärungskampagnen

▶ Eine breite Aufklärungskampagne zur oralen Behandlungsmöglichkeit männlicher Impotenz wurde von Pfizer bei der Einführung ihres Produktes Viagra® gestartet.

▶ MEDintim schaltete Anzeigen, in denen Leser für die Behandlungsmöglichkeit einer trockenen Scheide sensibilisiert wurden, beispielsweise durch ihre „Premeno® duo Vaginalzäpfchen".

▶ BristolMyersSquibb startete gemeinsam mit der Deutschen Leberstiftung und der Deutschen Leberhilfe eine Initiative mit dem Motto „Hepatitis B – Am besten testen".

Hier wird die Notwendigkeit einer rechtzeitigen Diagnostik bei Risikogruppen betont. Die Firma vermarktet das Nukleosidanalogon Entecavir (Baraclude®) zur Behandlung der chronischen Virushepatitis B.

▶ Eine Firma hat die Gefährlichkeit der frühen Morgenstunden für Herz-Kreislauf-Patienten als Grundlage für die Vorteile ihres langwirksamen Blutducksenkers genommen (also ein Zeitpunkt, an dem kürzer wirksame Medikamente keine Wirkung mehr haben). Um diese Bedrohung zu visualisieren, nahm diese Firma als Motiv einen heranbrausenden Zug, der in Richtung des noch friedlich im Bett schlafenden Patienten raste.

Ärzte

In Deutschland gibt es etwa 420 000 Ärzte, von denen etwa 320 000 berufstätig sind und von denen wiederum etwa 125 000 niedergelassen sind. Dazu gehören beispielsweise etwa 45 000 Allgemeinmediziner und Praktiker, etwa 22 000 Internisten, etwa 11 000 Gynäkologen und 3 000 Urologen (siehe nächste Abbildung unten links). Die Abbildung rechts illustriert die Frage: Wer genau ist Ihre Zielgruppe, bildlich gesprochen, wo sind die Landelichter für Ihre Aktivitäten? Aktuelle Daten sowie Zahlen zu weiteren Fachrichtungen finden Sie beispielsweise auf: www.kbv.de und www.schwarzeck.de, wo Sie auch

Zahlen zu Heilpraktikern, Hebammen, Sanitätshäusern und Hospizen finden.

Ärzte in Deutschland	
Gesamt	420 000
Berufstätig	320 000
Niedergelassene	125 000
• Allgemeinmedizin / Praktiker	45 000
• Internisten	22 000
• Gynäkologen	11 000
• Urologen	3 000
…	

Zielgruppe

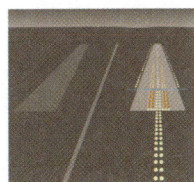

Landelichter?

Hier eine Fallstudie: Sie möchten ein Schmerzpflaster mit einem schmerzlindernden Wirkstoff für die Therapie von Sportverletzungen, Zerrungen, Prellungen und Verstauchungen vermarkten. Wer ist Ihre ideale Zielgruppe? Die meisten Orthopäden und Rheumatologen geben sich mit solchen „Bagatell-Erkrankungen" nicht ab – sie wären die falschen Zielgruppen. Die riesige Gruppe der 45 000 Allgemeinmediziner und praktischen Ärzte enthält zwar die richtigen, aber auch viele weitere Ärzte – die Streuverluste wären zu groß. Erfreulicherweise gibt es die Zusatzbezeichnung „Sportmedizin", die einem hilft, die richtigen Ärzte auszusortieren. Die resultierende Gruppe von etwa 6 500 Sportmedizinern ist genau die Zielgruppe, die Sie suchen.

Prüfen Sie daher, ob eine der etwa 27 Zusatzbezeichnungen (von Akupunktur bis Umweltmedizin) für Ärzte Ihnen helfen kann, die richtige Zielgruppe zu präzisieren und zahlenmäßig einzugrenzen.

Hier eine weitere Fallstudie: Eine große Pharma-Firma brachte ein Produkt zur Behandlung der benignen Prostatahyperplasie bei älteren Männern auf den Markt. Die Marktforschung hatte gezeigt, dass der überwiegende Teil der Rezepte für Medikamente in dieser Indikation von APIs (Allgemeinärzte, Praktiker, Internisten) ausgestellt wurde. Man fokussierte daher einen großen Teil der Marketing- und Vertriebsaktivitäten auf diese Zielgruppe. Leider waren die Umsätze niedriger als erwartet. Der Grund: Man hatte die Rolle der Urologen als Erstverschreiber unterschätzt. Trotz eines eingeleiteten Strategiewechsels und des Versuches, die Urologen nachträglich ins Boot zu holen, blieb das Produkt weiter unter seinem medizinischen und wirtschaftlichen

Potenzial – vermutlich weil die relevanten Fachärzte sich nicht ausreichend gewürdigt und gewertschätzt fühlten. Hier wäre ein sogenanntes „Top-down-Marketing" angebracht gewesen.

Wünsche des Arztes

Betrachten wir die Welt der niedergelassenen Ärzte, um besser zu verstehen, was sie wirklich beschäftigt und bewegt. Hier eine Übersicht über das, was die meisten Ärzte wollen:

▶ Gesundheit ihrer Patienten verbessern

▶ Zufriedenere Patienten haben

▶ Anerkannte, leitlinienkonforme Therapien durchführen

▶ Zeit in der Praxis effektiver nutzen

▶ Wirtschaftlich erfolgreicher sein

▶ Aktuelle Informationen erhalten, beispielsweise über

    ▶ Bessere Therapieoptionen

    ▶ Neue Therapie-Leitlinien

    ▶ Aspekte aus dem Umfeld der Kassenärztlichen Vereinigung

    ▶ Fortbildungsveranstaltungen

Wenn Sie keinen der obigen Punkte ansprechen, werden Sie nur wenige Ärzte als Kunden gewinnen – egal, wie viel Geld Sie in Ihre Marketingaktivitäten stecken. Erwähnt werden soll, dass es auch Ärzte gibt, die von der Pharma-Industrie in erster Linie direkte oder indirekte finanzielle Zuwendungen ohne entsprechende Gegenleistung erwarten, obwohl der Pharma-Kodex genau dies der Pharma-Industrie verbietet und die Musterberufsordnung für die deutschen Ärztinnen und Ärzte, herausgegeben von den Ärztekammern, dies ebenfalls verbietet.

In Zukunft wird der Arzt als klassische Zielgruppe der Pharma-Kommunikation an Gewicht verlieren. Kostenträger, Politik, Institute und Einkaufsgemeinschaften werden an Gewicht gewinnen.

Apotheken

Es gibt rund 21 000 Apotheken in Deutschland, davon etwa 16 000 Einzelapotheken, der Rest sind Filialapotheken. Jeder Apotheker darf drei zusätzliche Filialen haben. In Deutschland sind – anders als beispielsweise in Großbritannien – Apothekenketten verboten.

Der Umsatz einer Einzelapotheke beträgt etwa 1,6 Million Euro, das Betriebsergebnis etwa 0,1 Million Euro (etwa 7 Prozent vom Umsatz). Bei Filialapotheken sind die Zahlen etwas niedriger. Jede Apotheke beschäftigt durchschnittlich 4,8 Mitarbeiter. Bis zum Jahre 2003 konnten Apotheken sehr viel mit dem Verkauf von teuren Arzneimitteln verdienen. Seit dem 1.1.2004 ist dies stark eingeschränkt worden. Das aktuelle Apothekerhonorar ist eine Art „Kombi-Modell": Es besteht aus einem prozentualen Aufschlag von drei Prozent (auf den Apothekeneinkaufspreis) zuzüglich eines festen, vom Preis des Arzneimittels unabhängigen Honorars von 8,10 Euro (von dem allerdings wieder Rabatte zugunsten der gesetzlichen Krankenkasse abgehen).

Der Apotheker hat bei verschreibungsfreien Präparaten (*Over-The-Counter* (OTC)-Produkten) einen großen Einfluss auf das, was letztendlich verkauft wird. Auf der anderen Seite hat er nur einen sehr begrenzten Einfluss bei Medikamenten, bei denen der pharmazeutische Unternehmer mit den Krankenkassen einen Rabattvertrag geschlossen hat. Hier ist er zum Erfüllungsgehilfen der Krankenkassen geworden und ist gezwungen, nur Produkte bestimmter Firmen an bestimmte Versicherte abzugeben. Gleichzeitig sind für ihn Verwaltung, Logistik und Vorratshaltung aufwändiger, komplexer und somit teurer geworden. Zusätzlich sind die Gespräche mit Patienten, denen er Erklärungen geben muss, länger geworden – ohne dass er für seine Mühen finanziell kompensiert wird.

Die Apotheker müssen sich dem intensiveren Wettbewerb stellen, sowohl mit konkurrierenden Apotheken als auch mit den zukünftig wichtiger werdenden Versandhaus-Apotheken, Rezeptabgabestellen im Drogeriemarkt und dem Internet-Versand. Es werden zunehmend Kooperationen unterschiedlicher Art (teilweise vom Großhandel) initiiert, die aber leider meist nicht die erhoffte Resonanz beim einzelnen Apotheker finden.

Wünsche des Apothekers

Natürlich möchte auch der Apotheker wirtschaftlich erfolgreicher sein. Hier eine Übersicht über konkrete Punkte, die sich teilweise überschneiden oder wechselseitig bedingen:

▶ Gute Bezugskonditionen und günstige Preise beim Einkauf
▶ Günstige Retourenregelungen
▶ Unterstützung am Point-of-Sale
▶ Kunden, die in die Apotheke kommen und nach Produkten fragen

Wie Apotheken Kunden binden können

Einige Apotheken geben sich bei der Kundenbindung sehr viel Mühe:

▶ Ausflüge mit älteren Patienten zu Weihnachtsmärkten in Bussen
▶ Besuche bei pharmazeutischen Herstellern
▶ „Persönliche VIP-Kundenkarte"
▶ Privilegien für treue Kunden: „Taler" sammeln
▶ Barzahlungsrabatt auf Körperpflege- und Kosmetikartikel

Falls die Apotheken zu Ihren wichtigen Kunden zählen, sind Hilfestellungen bei den gerade erwähnten Strategien und Aktionen überlegenswert.

Verkaufsförderung (VKF) in der Apotheke

Bei der Verkaufsförderung werden Händler oder Kunden am Verkaufsort dazu motiviert, mehr zu verkaufen oder zu kaufen („Point-of-Sale-Promotion", „POS Promotion", „Sales Promotion"). Innerhalb der rechtlich vorgegebenen Grenzen für verschreibungsfreie Präparate (Over-The-Counter (OTC)-Produkte) können in Frage kommen:

- Verkaufsaufsteller für den Handverkaufs-Tisch (HV-Tisch als Kundenmagnet)
- Displaymaterial oder Dekoration für Schaufenster
- Spezielle Events
- Sonderangebote
- Handzettel, Beilagen, Warenproben und ähnliches
- Coupons, Treuerabatte, usw.

Fragen Sie den Apothekenaußendienst Ihrer Firma, was die Apotheker gerade wollen.

Training des Apotheken-Personals

Einige Firmen organisieren erfolgreich Workshops für pharmazeutisch-technische Assistentinnen und Assistenten (PTAs), um deren Beratungskompetenz und Verkaufsgeschick zu erhöhen. Dies lohnt sich jedoch eher nur für umsatzstarke Apotheken.

Wünsche des Patienten und DTC-Marketing

Hier eine Übersicht über das, was die meisten Patienten wünschen:
- Schnell wirkende Medikamente
- Gut verträgliche Medikamente
- Einfach anwendbare Medikamente
- Geringe Kosten (keine Zuzahlung)
- Sofort erhältliche Medikamente

Weiterhin sind Patienten für produktneutrale Informationen über allgemeine Möglichkeiten von Diagnose und Therapie einer Krankheit dankbar – in Form von Patientenbroschüren oder Webseiten (siehe entsprechende Kapitel). Für Produktmanager ist dies eine Chance zur direkten Patientenansprache (Direct-to-Consumer-Marketing oder DTC-Marketing), die im Falle von verschreibungspflichtigen Medikamenten keine Produktwerbung enthalten darf.

Produktmanager sollten auch abklären, ob es saisonale Schwerpunkte für die Indikation gibt. Hier zwei Beispiele:

▶ Anti-Allergika im Frühjahr, wenn die Pollen fliegen
▶ Erkältungs- und Grippe-Mittel im Winter

Firmen präzisieren ihre Zielgruppen im Laufe der Zeit – auch innerhalb der Nichtfachkreise. Ein Beispiel ist die Vermarktung der Medikamente gegen erektile Dysfunktion (Viagra® von Pfizer, Cialis® von Lilly und Levitra® von Bayer). Nachdem die Marketingaktivitäten (neben den ärztlichen Zielgruppen) fast ausschließlich auf den Mann fokussiert waren, merkte man, dass es sinnvoll ist, auch die Aspekte der Partnerin und der Paarbeziehung mit einzubeziehen. So startete beispielsweise Lilly eine große, öffentlichkeitswirksame Kampagne mit dem Motto „Helden der Liebe". Einer der emotionalen Sprüche in der Außenwerbung war „Weil die Seele nie vergisst, wie sich Nähe anfühlt".

Wünsche der Experten und Meinungsbildner

Hier eine Übersicht über das, was viele Experten und Meinungsbildner wollen:

▶ Unterstützung für wissenschaftliche Vorhaben, beispielsweise klinische Studien
▶ Neue Daten, vorzugsweise interessante Studienergebnisse
▶ Aktivitäten, die ihnen helfen, dass ihnen die Aufmerksamkeit und Anerkennung zukommt, die ihnen gebührt

Wünsche der Kostenträger

Mit dem Ziel einer besseren Versorgung der Patienten werden von den Krankenkassen verschiedene Aktivitäten initiiert. So werden unter anderem Hausarztverträge abgeschlossen und Compliance-Programme aufgelegt. Aus Sicht der Pharma-Industrie steht bei den Krankenkassen neben der Versorgung der Versicherten vor allem das Sparen im Vordergrund.

Zielgruppen, Selektion und Targeting

Bei verschreibungspflichtigen, patentgeschützten Medikamenten trifft der Arzt im Rahmen seiner Therapiehoheit auch die Entscheidung für oder gegen den Produktumsatz.

Bei verschreibungsfreien Medikamenten sind vor allem Apotheker und Patient maßgebend. Bei vielen verschreibungspflichtigen Generika sind inzwischen die Manager der gesetzlichen Krankenkasse im Rahmen der Rabattverträge die wichtigsten Entscheider für den Umsatz geworden.

Bei Tierarzneimitteln ist es meist der niedergelassene Tierarzt, der auch das Dispensierrecht hat und die Medikamente direkt an den Tierhalter verkaufen kann.

Eine der wichtigsten Elemente in der Entwicklung einer Marketingstrategie ist die Wahl der richtigen Zielgruppe. Die zwei häufigsten Fehler bei der Wahl der Zielgruppe sind:

▶ Adressatenkreis zu groß gewählt („Spray and pray")
▶ Nicht die richtige Zielgruppe gewählt („Focusing on the wrong target group")

Folgende Fragen sollten Sie gut beantworten können:

▶ Welches sind Ihre Zielgruppen oder potenziellen Kunden?
▶ Haben Sie mit den Mitgliedern dieser Zielgruppe persönliche Gespräche geführt?
▶ Welchen Bedarf haben Sie dabei festgestellt?

- Haben Sie eine Datenbank, in denen die Kontaktdaten der Mitglieder dieser Zielgruppe gespeichert und aktualisiert werden (selbstverständlich unter Beachtung aller datenschutzrechtlichen Punkte)?
- Wissen Sie, wer innerhalb Ihrer Zielgruppe die wichtigsten Kunden sind?

Suchen Sie stets das direkte Gespräch mit Ihren Kunden, um für Ihr Produkt die Fragen angemessen zu beantworten.

Übersicht zur Positionierung

Die Positionierung ist der geplante oder der tatsächliche Platz eines Produktes in der Wahrnehmung der Kunden – präziser gesagt in der Interpretation und Bewertung von wahrgenommenen Sinnesreizen auf Kundenseite. Die Positionierung ist also der Platz in der Gedankenwelt des Kunden und beinhaltet die Produkteigenschaften, wie sie von den Kunden (Patienten, Arzt, etc) subjektiv empfunden werden. Sie ist machtvoll, da Wahrnehmung immer „richtig" ist und sie somit das Kundenverhalten entscheidend beeinflusst.

Mit der Positionierung wird man die Marke prägen. In diesem Zusammenhang werden verwandte Begriffe gebraucht wie Markenkern, Markenguthaben, Markenpersönlichkeit („Product Personality"), Markenidentität („Brand Identity"), „Crystallized Brand Promise" und „Brand Benefit Edge". Diese Begriffe werden von Markenexperten und Werbeagenturen teilweise unterschiedlich und überlappend definiert. Hier besitzt keine Autorität die Deutungshoheit. Gemeinsam ist allen der Anspruch, „ganzheitliche Markenmodelle zu entwickeln, in denen alle Dimensionen strategisch mit einbezogen werden, so dass das Markenversprechen gegenüber dem Kunden eingelöst wird". Für Details sei auf die entsprechende Fachliteratur verwiesen.

Im Unterschied zu manchen Konsumgütern muss die Positionierung im Pharma-Bereich mit Quellen belegbar sein, beispielsweise durch Studienergebnisse, Experten-Aussagen, Marktdaten oder anderen nachvollziehbaren Daten.

Dimensionen der Positionierung

Im Pharmabereich hat die Positionierung typischerweise fünf Dimensionen, nämlich den Eindruck von

▶ Wirksamkeit
▶ Verträglichkeit
▶ Benutzer-Freundlichkeit
▶ Preis
▶ Zielgruppe

„Perceptual Mapping" als Hilfe zur Positionierung

Perceptual Mapping

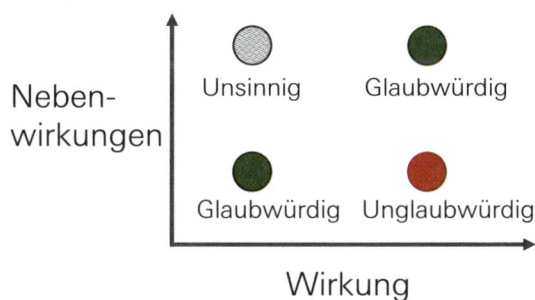

„Perceptual Mapping" oder „Perceptual maps" oder „Positioning maps" können bei der Entwicklung einer Positionierung helfen. Der Punkt „hohe Nebenwirkung, niedrige Wirkung" ist natürlich uninteressant. Hier ein Wort der Vorsicht: Viele Werbeagenturen kommen mit dem Vorschlag, das zu bewerbende Medikament als hochwirksam und extrem gut verträglich darzustellen – diese wenig glaubwürdige Option entspricht in der Abbildung dem Punkt rechts unten. Diese Vorstellung ist nicht mit dem Wissen vereinbar, das Ärzte und Apotheker während ihres Studiums gelernt haben, nämlich: Was keine Nebenwirkung hat, hat wahrscheinlich auch keine Hauptwirkung. Jedes Medikament hat ein bestimmtes Risiko-Nutzen-Verhältnis und dies muss angemessen dargestellt werden.

Grundlagen einer prägnanten Botschaft

Dem Marketingverantwortlichen liegen umfangreiche Unterlagen vor: Zahlen, Tabellen, Diagramme und Texte in Form von Studienergebnissen, Marktdaten und Zulassung. Die Kunst besteht darin, auf dieser Basis eine klare Botschaft zu entwickeln, die das Risiko-Nutzen-Verhältnis des Medikamentes angemessen wiedergibt und es gleichzeitig von den Mitbewerbern abgrenzt. Die Fähigkeit, den wissenschaftlichen Daten Sinn und Bedeutung zu geben, wird im Englischen auch als „Making science make sense" bezeichnet.

KISS

Halte es klar, kurz und anschaulich.

Rat des brillanten römischen Redners Cicero

Die Empfehlung „KISS" steht wahlweise für „Keep it short and simple", „Keep ist short and sweet", „Keep it short, stupid" oder „Keep it super short". Sie erinnert uns daran, dass es mit der Botschaft schnell gehen muss. Der Leser will den Überblick. Eines der größten Geschenke für jeden Arzt, Apotheker oder Patienten ist mehr Zeit.

Der deutsche Schriftsteller Bertolt Brecht ermahnte Autoren, ihre Texte von Ballast, Floskeln und Füllwörtern zu befreien. Vermeiden Sie daher den häufig begangenen Fehler, zu viele Informationen in eine Seite hineinzupacken. Bringen Sie die Dinge auf den Punkt. Schreiben Sie klar, eindeutig, einleuchtend, eingängig und nachvollziehbar. Denn: Texte sind am effektivsten, wenn sie leicht verständlich sind.

Die drei „H"s: Was soll Ihr Adressat wissen, fühlen, machen?

Die folgende Abbildung illustriert, was beim Entwickeln eines Kommunikationskonzeptes bedacht werden soll, konkret was der Empfänger

▶ rational-intellektuell wissen soll,

▶ welche Gefühle er mit der Botschaft verbinden soll,

▶ was er konkret als nächsten Schritt machen soll.

Der Adressat soll ...

	Wissen	**H**ead
	Fühlen	**H**eart
	Machen	**H**ip pocket

Zur Erinnerung sind die englischen drei „H"s hilfreich: „Head" für Kopf, „Heart" für Herz und „Hip pocket" für Hüfttasche, in der die Brieftasche mit dem Geld steckt.

Aspekte einer prägnanten Botschaft

Wenn Sie eine Spur im Bewusstsein des Kunden hinterlassen möchten, brauchen Sie eine klare, prägnante und überzeugende Botschaft („Message", „Claim"), in der die Positionierung ihren Niederschlag findet. Dabei hilft es, sich an fünf Punkte zu erinnern, die in den folgenden Kapiteln näher dargestellt werden:

▶ Aufmerksamkeit: **Interesse** für Inhalt wecken

▶ Nutzen: Datenbasierte **Lösung** aufzeigen

- Einzigartigkeit: **Überlegenheit** sichtbar machen
- Beleg: Mit **Quelle** untermauern
- Gewünschte Aktion: Zu **Handlung** motivieren

Unsere sensorische Umwelt: „Information-Overload"

Wir alle werden Tag für Tag von einem Trommelfeuer aus mehr als 20 000 Printmedien, mehr als 300 Hörfunk- und Fernseh-Sendern und dem Internet förmlich bombardiert. Diese Datenflut verschwimmt für uns manchmal zu einem gigantischen Rauschen.

Wenn wir stets alle Details bewusst wahrnehmen würden, wäre unser geistiges System so überlastet, dass es – symbolisch gesehen – nur zu einem schwachen Glühen in den Augenlichtern reichte. Also machen die überforderten Kunden häufig die Schotten dicht und sind geistig nur halb da. Unsere Zielgruppen können nur einem Bruchteil der auf sie einströmenden Information wirkliche Beachtung schenken – und Ihre Botschaft sollte dabei sein.

Die überragende Rolle der Aufmerksamkeit

„Aufmerksamkeit ist ein Gradmesser für Relevanz."

Google-Gründer Sergey Brin und Larry Page

Jemandem Aufmerksamkeit schenken heißt, jemandem wertvolle Lebenszeit zu schenken. Insofern ist Aufmerksamkeit flüchtiger als Äther und wertvoller als Gold.

Der Buchtitel „Zeit: Der Stoff, aus dem das Leben ist" von Stefan Klein und der englische Begriff „Attention Economy" verdeutlichen, dass es eine knappe Ware ist. Bei den Einschaltquoten im Fernsehen spricht man von der „Quote" – und wenn die bei einem Moderator schlecht ist, wird er rasch abgesetzt. Dies führt zu einer „Häppchen-Kultur", in der die Medien, allen voran Fernsehen und Radio versuchen, durch schnell wechselnde Bilder und akustische Elemente ("Soundbites") die Aufmerksamkeit des Konsumenten zu binden. Dieser reagiert mit einer sehr kurzen Aufmerksamkeitsspanne – man denke nur an das rasche Wechseln der Kanäle mittels Fernbedienung ("Zappen"), was besonders bei Männern beliebt ist.

Der erste Schritt: Aufmerksamkeit und Interesse wecken

Die Zeit eines Lidschlages entscheidet über Top oder Flop. Ihr Auftritt muss so sein, dass er die persönliche Firewall Ihres Gegenübers durchdringt und bewusst wahrgenommen wird. Werbeleute reden gerne von "Stopping Power". Da "nicht bemerkenswert" heute praktisch "unsichtbar" bedeutet, ist Ihr erster Schritt stets: Aufmerksamkeit und Interesse für den Inhalt Ihrer Botschaft gewinnen.

Wenn Sie es nicht schaffen, dass ein Funke überspringt, werden Ihre Worte nicht gelesen, Ihre Anzeigen nicht betrachtet, Ihre Bilder nicht gesehen. Ihre Botschaft ist im allgemeinen Hintergrundrauschen der Reize untergegangen. Ihr Ruf verhallt ungehört und Sie verbleiben auf der Null-Linie. Der Kampf um die Aufmerksamkeit wird somit zum entscheidenden Nadelöhr auf dem Weg zum Kunden.

Wege, um Aufmerksamkeit zu gewinnen

Eine Nachricht ist umso interessanter,
▶ je spektakulärer, erstaunlicher oder überraschender,
▶ je örtlich näher,
▶ je zeitlich näher,
▶ je visuell attraktiver,
▶ je nutzbringender sie für den Empfänger ist.

Diese Optionen werden in den folgenden Kapiteln erläutert.

Aufmerksamkeit gewinnen durch spektakuläre oder erstaunliche Anlässe

„Was gibt's Neues?" Typische Eingangsfrage des Arztes beim Besuch eines Außendienstmitarbeiters, wobei Neues aus Sicht des Arztes gemeint ist.

Die meisten Menschen wissen, wer der erste Mann auf dem Mond war, nämlich Neil Armstrong. Nur wenige kennen den Namen des zweiten Mannes auf dem Mond (Hinweis: Es war Buzz Aldrin).

Prüfen Sie, inwieweit die Ihnen vorliegende Studie eine besondere und vielleicht die erste Studie ihrer Art ist. Sie mag vielleicht nicht die erste Studie in dieser Indikation sein, aber vielleicht die **erste** randomisierte Studie oder vielleicht die **erste** randomisierte doppelblinde Studie oder vielleicht die **erste** randomisierte doppelblinde Studie mit einer aktiven Kontrolle? Stellen Sie kreative Fragen, um herauszufinden, worin das Design Ihrer Studie sich von anderen Studien unterscheidet.

Hier einige Beispiele:

▶ Schering konnte für ihr Hormonersatzpräparat Angeliq® wahrheitsgemäß schreiben:

„Die erste niedrigdosierte kontinuierlich kombinierte Hormonersatztherapie mit Drosperinon von Schering."

▶ Servier schrieb zu ihrem ACE-Hemmer Coversum®:

„Die größte Morbiditäts-/Mortalitätsstudie zur Langzeit-ACE-Hemmung in der Sekundärprävention der stabilen KHK."

Aufmerksamkeit gewinnen durch örtliche Nähe

Wir alle interessieren uns besonders für Aussagen, deren Quelle in unserer nahen Umgebung ist. Dies bedeutet beispielsweise, dass bei Veranstaltungen Meinungsbildner aus den jeweiligen Regionen kommen sollen, beispielsweise für Bayern aus München und für das

Rheinland aus Köln. Wenn Sie eine Veranstaltung organisieren, ist es sinnvoll, neben der thematischen auch die geographische Ausgewogenheit der Experten zu berücksichtigen.

Aufmerksamkeit gewinnen durch zeitliche Nähe

Finden Sie einen aktuellen Anlass für Ihre Botschaft. Sie wecken das Interesse des Lesers, wenn Sie in der Einleitung bei Fachanzeigen, Artikeln und Foldern Eingangsformulierungen oder Textbausteine wie die folgenden verwenden:

▶ „Wie in der aktuellen Ausgabe der Fachzeitschrift berichtet, …

▶ „Bei der diesjährigen Tagung der Fachgesellschaft wurden die Ergebnisse …"

▶ „Beim gerade stattgefunden Kongress wurde betont, dass …"

Aufmerksamkeit gewinnen durch eine Zahl

Machen Sie präzise Angaben: Wesentlich interessanter als der Titel „Schlussfolgerungen der Studie" ist beispielsweise „Die drei Schlussfolgerungen der Studie" und noch aufmerksamkeitsstärker ist „Die 3 Schlussfolgerungen der Studie" (obwohl eigentlich die „3" als „drei" ausgeschrieben werden müsste).

Aufmerksamkeit gewinnen durch visuelle Elemente

„Das Auge liebt die Menschen mehr als die Dinge.“

Es gibt optische Elemente, die das Auge des Betrachters sicher erhaschen, sogenannte Hingucker oder Blickfänger („Eye-catcher"). Diese Elemente sind in der nachfolgenden Abbildung dargestellt. Bilder, die Augen oder Gesichter oder Körper von menschlichen Wesen zeigen, fesseln unsere Aufmerksamkeit mehr als Bilder, die Tiere oder Sachen zeigen. Natürlich variiert die Rangfolge bei unterschiedlichen Zielgruppen. So rangieren Bilder von Tieren bei Tierärzten im Allgemeinen wesentlich höher als bei Humanmedizinern. Motorradliebhaber werden stärker von Bildern von PS-starken Motorrädern angezogen als Autofahrer. Text rangiert in der Aufmerksamkeitsskala stets ganz unten, das heißt, er wird am wenigsten beachtet. Man könnte auch sagen, er ist am langweiligsten.

Aufmerksamkeits-Stärke

Nutzen: Datenbasierte Lösung aufzeigen

Der Kunde will keine Produkte, sondern Lösungen für seine Probleme.

Die unausgesprochenen Fragen, die sich die meisten Menschen, inklusive Ihrer Kunden, von morgens bis abends stellen, sind folgende:

▶ „Was bringt mir das?"

▶ „Was habe ich davon?"

▶ „Inwiefern profitiere ich davon?"

▶ „Welchen Nutzen ziehe ich daraus?"

▶ „Welche Vorteile bietet mir das?"

Auf diese Fragen müssen Sie mit Ihrem Produkt eine gute Antwort haben – eine Antwort, die den Nutzen so offensichtlich macht, dass Ihr Kunde mit der Nase darauf stößt.

Falls Sie keine gute Antwort auf die obigen Fragen haben, sollten Sie so lange darüber nachdenken, bis sie eine gefunden haben. Eine gute Antwort ist der große Wirkungsbeschleuniger für Ihr Marketing. Der Maßstab für die Bewertung Ihrer Antwort aus Kundensicht ist nicht die Bedeutung für das Weltkulturerbe der Menschheit, sondern ganz einfach der Grad des Nutzens für die Kunden.

Bitte verschonen Sie Ihre Zielgruppe mit irrelevanten Informationen – wie beispielsweise die selbstbeweihräuchernden Aussagen, die sich oft in Broschüren oder auf Webseiten finden: „XYZ ist eine tolle Firma mit wunderbaren Menschen. Unsere Ziele sind rein. Unsere Produkte sind fantastisch und unser Service ist legendär". Erstens interessiert es Ihre Zielgruppe nicht und zweitens glaubt sie es sowieso nicht.

Nutzen bedeutet Relevanz für die jeweilige Zielgruppe: Der Bedarf und damit der gewünschte Nutzen sind von Zielgruppe zu Zielgruppe unterschiedlich. Mehr dazu finden Sie in den Kapiteln „Wünsche des Arztes", „Wünsche des Apothekers", etc.

Einzigartigkeit (USP): Überlegenheit sichtbar machen

*Warum soll der Kunde gerade Ihr Produkt
verschreiben, empfehlen oder kaufen?*

Haben Sie Daten, welche die Überlegenheit Ihres Produktes sichtbar machen, mit anderen Worten, haben Sie ein Alleinstellungsmerkmal (Unique Selling Proposition, USP)? Dieser USP ist das unverwechselbare Leistungsversprechen, welches Ihr Produkt eindeutig von den Konkurrenten abhebt. Um als Wettbewerbsvorteil zu funktionieren, muss das Leistungsversprechen

▶ leicht verständlich, also sofort begreifbar sein,

▶ für den Kunden relevant sein, also einen Kundennutzen beinhalten.

Die Basis dafür sind natürlich Studienergebnisse bzw. die Zulassung. Sie bestimmen das Spielfeld. Die Kunst besteht primär **nicht** darin, die Mitbewerber auf ihrem eigenen Feld zu überrunden, sondern vielmehr das Feld zu wählen, auf dem man keine Mitbewerber hat. Suchen Sie eine Kategorie, in der Sie der einzige sind – so wie der Business-Coach Joe Calloway sein Buch genannt hat: „Becoming a Category of One: How Extraordinary Companies Transcend Commodity and Defy Comparison".

Wenn Sie Ihr Produkt dort positionieren, wo viele ähnliche Produkte sind, fallen Sie leicht in die Gruppe „Besondere Kennzeichen: Keine" wie folgende Beispiele illustrieren:

▶ Kernbotschaft für ein blutdrucksenkendes Medikament: „Unser Produkt ABC senkt effektiv den Blutdruck". Da Hundert andere Medikamente dies auch können, ist dies kein Unterscheidungsmerkmal.

▶ Kernbotschaft für Produkt ABC: „Produkt ABC hat eine hohe Qualität". Bei zugelassenen, chemisch definierten Substanzen gehen Arzt und Apotheker heute einfach davon aus. Bei komplexen Produkten, beispielsweise Blutpräparaten und Impfstoffen, kann dies aber sehr wohl ein Unterscheidungsmerkmal darstellen.

Hier einige positive Beispiele:

- Novartis warb für Estradot® (ein transdermales Pflaster für die Hormonersatztherapie bei Frauen in den Wechseljahren) mit dem Spruch „Das kleinste Pflaster der Welt".

- Novartis warb für Diovan® (ein blutdrucksenkendes Medikament) „Das erste und einzige Sartan zugelassen für Hypertonie, Herzinsuffizienz und akuten Herzinfarkt". Die Tatsache, dass einige konkurrierende Produkte die Zulassung für diabetische Nephropathie hatten, blieb wohlweislich unerwähnt.

- Grünenthal warb für Transtec® (ein transdermales Pflaster für die Schmerztherapie) mit dem Spruch „Das einzige Pflaster mit festen Wechsel-Tagen".

- Stada warb für seine Produkte mit dem Spruch „Der einzige deutsche Generika-Hersteller unter den Top-10-Generikaherstellern in Deutschland".

- GlaxoSmithKline warb für Cervarix® (ein Impfstoff) mit dem Spruch „Der einzige HPV-Impfstoff, für den Schutz über mehr als 6 Jahre belegt ist".

Hinweis: Das Konzept kann man von Produkten auch auf Personen übertragen. Die folgenden Fragen helfen Ihnen, ein markantes Profil zu finden, indem Sie auf der Basis Ihrer individuellen Stärken, Fähigkeiten und Begeisterungen Ihren persönlichen USP finden und so Ihre Person in das rechte Licht zu rücken:

- Worin unterscheiden Sie sich von anderen?
- Was macht Sie einzigartig?
- Was können Sie besonders gut?

Beleg: Mit Quellen untermauern oder durch Beispiel illustrieren

Warum sollte der Kunde Ihnen glauben?

Um glaubwürdig zu sein, müssen Sie die vorangegangenen Punkte durch eine vertrauenswürdige Quelle belegen und / oder durch Beispiele veranschaulichen.

Hierzu eignen sich beispielsweise:

- Zulassung
- Übersichtsartikel
- Studienergebnisse
- Experten-Aussagen
- Marktzahlen
- Behandlungsrichtlinien
- Fallbeispiele
- Wirkmechanismus oder galenische Formulierung

Im Folgenden werden die Punkte näher erläutert:

- **Zulassung**

  Lesen sie genau die Gebrauchs- und Fachinformation. Manchmal finden sich gut verwendbare Textpassagen.

- **Übersichtsartikel**

  Eine wissenschaftliche Publikationen in einer renommierten Zeitschrift („Peer Reviewed Journal") ist hilfreich. Sie finden im Teil „Externe Kommunikationskanäle" ein separates Kapitel dazu.

- **Studienergebnisse**

  Am besten sind randomisierte klinische Studien, die den hohen heutigen Ansprüchen genügen. Manchmal sind auch Studien hilfreich, in denen Patientenpräferenzen abgefragt werden. Diese Studien haben natürlich nicht den gleichen wissenschaftlichen Anspruch, können aber die Alltagssituation des Patienten beleuchten helfen.

  Hier zwei Beispiele:

  - Organon warb für NuvaRing® (ein Kontrazeptivum) mit dem Spruch „96 Prozent der Patienten sind zufrieden oder sehr zufrieden"
  - Einem bestimmten Vergleichstest der Potenzpillen war zu entnehmen, dass Männer in 46 Prozent der Fälle das Mittel Cialis® bevorzugen (eine höhere Rate als bei den Konkurrenten).

  Wissenschaftliche Daten klar, prägnant und ausgewogen so aufzubereiten und darzustellen, dass sie das Nutzen-Risiko-Verhältnis von Medikamenten überzeugend vermitteln, ist eine Kunst.

Mehr dazu im Buch „Successfully Marketing Clinical Results: Winning in the Healthcare Business".

▶ **Experten-Aussagen**

Wenn ein Experte etwas Positives über Ihr Produkt sagt, ist das wesentlich glaubwürdiger, als wenn Ihre Firma es sagt. Fragen Sie den Experten, ob Sie dessen Aussage richtig zitieren und ob Sie sie verwenden dürfen. Wenige Dinge verärgern Meinungsbildner mehr, als wenn sie den Eindruck gewinnen, dass ein Produktmanager ungefragt und unabgesprochen ihre Aussagen verwendet.

▶ **Marktzahlen**

Stellen Sie Ihrer Marktforschungs-Abteilung oder Ihrer Agentur die richtigen Fragen. So erhalten Sie auch Zahlen, die Sie gut verwenden können. Hier einige Beispiele:

▶ NovoNordisk verwendete folgende Aussage für ihr orales Kontrazeptivum Activelle®: „5,5 Millionen Frauenjahre"

▶ Schering verwendete folgende Aussage für ihr orales Kontrazeptivum: „Yasmin Pille Nr. 1 weltweit*" (*IMS, Umsatz, 2005)

▶ Sanofi-Aventis / BMS verwendeten folgende Aussage für ihren Thrombosehemmer Clopidogrel (Plavix®): „Mehr als 70 Millionen behandelte Patienten weltweit"

Denken Sie daran: Je mehr Menschen etwas tun, umso größer ist der Nachahmungseffekt.

▶ **Behandlungsrichtlinien**

Es gibt zu jeder Indikation Behandlungsrichtlinien und Empfehlungen von Fachgesellschaften. Suchen Sie diese Dokumente im Internet – auf deutscher, deutschsprachiger, europäischer, nordamerikanischer oder internationaler Ebene.

Einen guten Einstieg inklusive vieler Literaturstellen finden Sie auf der Webseite der Arbeitsgemeinschaft der Wissenschaftlichen Medizinischen Fachgesellschaften (AWMF online). Wenn Sie relevante Dokumente gefunden haben, suchen Sie nach Ihrer Substanz oder Substanzgruppe und lesen Sie die betreffenden Textstellen. Vielleicht werden Sie fündig und finden gut zitierbare Passagen zugunsten Ihrer Substanz – welche allemal glaubwürdiger sind als werblich klingende Statements von Seiten Ihrer Firma.

▶ **Fallbeispiele**

Die wissenschaftliche Aussagekraft von klinischen Fallbeispielen ist natürlich sehr begrenzt – sie können aber helfen, bestimmte Aspekte der Behandlung prägnant und eindringlich zu illustrieren. Das Motto lautet „wirkliche Probleme, wirkliche Lösungen".

Hier zwei Beispiele:

▶ Die Firma Roche illustrierte in seiner Broschüre für Restex® die Indikation „Restless Legs" durch das Bild eines Mannes, der auf der Bettkante saß und offenbar keinen Schlaf finden konnte mit der sinngemäßen Aussage „Jetzt sind die Schmerzen ganz schlimm, es ist fast unerträglich. Es ist so unnatürlich, so furchtbar ..."

▶ Die Firma Novartis lässt in Anzeigen und Webseiten für Aclasta® (ein Mittel gegen Osteoporose) die Patienten ihre eigenen Röntgenbilder hochhalten. So werden die Menschen sichtbar, die hinter der Krankheit stehen.

▶ **Wirkmechanismus oder galenische Formulierung**

Ein innovativer biochemischer oder zellulärer Wirkmechanismus oder eine neue pharmazeutische Darreichungsform können eventuell nachvollziehbar begründen und erklären, warum das neue Produkt besser ist („The Reason Why"). Dies setzt voraus, dass Sie es schaffen, dies kurz, knapp und klar auszudrücken.

Hier zwei Beispiele aus dem Markt:

▶ Geringes Volumen der Spritze aufgrund der hohen Konzentration des Wirkstoffes

▶ Einmal tägliche Gabe durch innovative Darreichungsform mit 24-stündiger Wirkdauer

Bitte ergänzen Sie den folgenden Satz: Das Besondere an meinem Produkt kann ich dokumentieren anhand von ...

Gewünschte Aktion: Zu konkreter Handlung motivieren

Was soll die angesprochene Person als nächstes konkret tun?

Lesen Sie Ihre eigenen Dokumente und stellen Sie sich selber die Frage: Ist dem Leser die Antwort auf die obige Frage klar ersichtlich? Bei meiner Beratungstätigkeit stellte ich fest, dass das unmittelbar gewünschte Ergebnis vieler Marketingaktivitäten oft unklar im Nebel verschwommen bleibt. Auf meine Fragen erhielt ich manchmal erstaunliche Aussagen wie „Mit dem Mailing wollten wir nur auf unsere neue Telefonnummer hinweisen" oder „Das Faltblatt soll einfach darauf hinweisen, dass es jetzt diese Gruppe gibt".

Sie im Marketing wollen nie einfach über etwas informieren oder mal auf etwas hinweisen, sondern Sie möchten stets einen Handlungsimpuls bei der angesprochenen Zielgruppe auslösen – mit anderen Worten, Sie möchten, dass Ihr Gegenüber unmittelbar in Aktion tritt und den nächsten Schritt tut („Ask for Action"). Im Konsumgüterbereich ist es ein probates Mittel, durch Erwähnen eines Datums (Beispiel: „Angebot gilt bis zum 1. Februar 2011") beim Leser ein Gefühl der Dringlichkeit zu erzeugen. Im Pharmabereich sollte man mit dieser Option eher zurückhaltend sein.

Hier die Bandbreite, was an gewünschten Aktionen möglich ist:

▶ Ein Formular ausfüllen und zufaxen.

▶ Einen Coupon ausfüllen und per Post schicken.

▶ Eine E-Mail an eine bestimmte E-Mail-Adresse senden.

▶ Eine bestimmte Telefonnummer anrufen.

▶ Auf eine bestimmte Webseite gehen.

▶ Eine bestimmte Veranstaltung besuchen.

▶ Das betreffende Produkt in der Apotheke kaufen (als Patient).

▶ Zum Arzt gehen (als Patient; Beispiel: Mittel gegen erektile Dysfunktion).

▶ Das Produkt empfehlen (als Arzt oder Apotheker; Beispiel: OTC-Präparate).

▶ Das Produkt verordnen (als Arzt).

Hier einige konkrete Beispiele für gewünschte Aktionen:

▶ BayerSchering warb gegenüber den Frauenärzten für Mirena® (eine Intrauterinspirale) mit dem Spruch „Ja zum Wechsel: Empfehlen Sie die einzigartige Hormonspirale".

▶ Stada warb für Fentanyl Stada® mit dem Spruch „Patienten-Zufriedenheit verordnen".

▶ Firmen, die Mittel zur Behandlung der erektilen Dysfunktion vermarkten, sind besonders kreativ bei Aktivitäten, die Betroffene zu Handelnden machen:

Die Firma Eli Lilly (Präparat: Levitra®) sucht die „Helden der Liebe" und die Firma Pfizer (Präparat: Viagra®) schreibt „Lass Liebe sprechen – wir suchen Deutschlands schönste Liebeserklärung".

Bitte ergänzen Sie den folgenden Satz: Ich möchte die angesprochene Zielgruppe zu folgender Handlung motivieren: ...

Teil E
Ausdrucksoptionen der Kommunikation

Eine Marke aufbauen und pflegen

Ein Produkt wird in einer Fabrik produziert.
Eine Marke wird im Kopf des Kunden geschaffen.

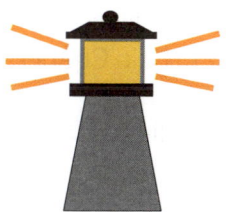

So, wie es eine Weile braucht, einen Leuchtturm aufzubauen, braucht es eine Weile, um eine gut sichtbare Marke aufzubauen. Weiterhin brauchen Leuchtturm und Marke permanent Zufuhr von Ressourcen, um weithin strahlen zu können (siehe obige Abbildung).

Die Kraft einer starken Marke hilft, alle Kommunikationsaktivitäten stimmig auszurichten – ähnlich wie ein Magnet durch die Wirkung des Magnetfeldes vorhandene Eisenspäne in eine bestimmte Richtung bringt („alignment"; siehe obige Abbildung).

„Branding" bedeutet die Übertragung von Merkmalen auf ein Produkt, so dass es eine Identität erhält. Es hilft, eine unverwechselbare Marke schaffen, die für etwas steht.

Sie möchten, dass Ihre Kunden bestimmte Gefühle und Werte mit Ihrer Marke verbinden. Sie möchten, dass Ihre Kunden mit Ihrer Marke Vertrauen und Zuversicht assoziieren. Für den potenziellen Kunden ist dies vorteilhaft, da er nicht so lange nachzudenken braucht und intuitiv schneller eine Entscheidung zugunsten eines bestimmten Produktes treffen kann.

Natürlich ist das Erfüllen von Kundenwünschen wichtiger als jedes Branding. Agenturkreative rücken manchmal statt des Kunden die Marke so sehr in den Mittelpunkt, dass Diskussionen über Sinn und Zweck des Produktes mit der Agentur notwendig werden.

Auf der anderen Seite erkennen manche im Unternehmen, beispielsweise Controller oder medizinisch bzw. naturwissenschaftlich orientierte Manager nicht sofort die Chancen, die in Aufbau und Pflege einer starken Marke stecken. Eine erfolgreiche Markenführung erfordert die Integration unterschiedlicher Ausdrucksformen und Kommunikationskanäle über einen längeren Zeitraum und beim Markenverantwortlichen ein hohes Maß an Schnittstellen-Management.

Einschränkend ist zu bemerken, dass die Marke bei verschreibungspflichtigen Medikamenten langfristig nicht die herausragende Rolle spielt, die sie bei verschreibungsfreien Medikamenten, Nahrungsergänzungsmitteln und Konsumgütern innehat. Wenn nach Patentablauf die Produktwahl vom Kostenträger (meist die gesetzliche Krankenkasse) getroffen wird (meist in Form einer generischen Version), wird auch die Existenz einer „starken Marke" bei den Verordnern die Entscheidung kaum beeinflussen. Wenn es einem Unternehmen jedoch im Rahmen der gesetzlichen Möglichkeiten gelingt, beim Patienten ein vertrauenswürdiges Image aufzubauen, wird ein Teil dieser Patienten bereit sein, zukünftig Zuzahlungen zu leisten, um ihr bewährtes Präparat weiter zu bekommen.

Übersicht zu Ausdrucksoptionen

Was kommt Ihnen in den Sinn, wenn Sie an Ihre Marke denken?

Schön, wenn Sie ein klar umrissenes Bild Ihrer Marke im Kopf haben. Fragen Sie mehrere Kunden, welches Bild sie von Ihrer Marke haben. Idealerweise stimmen die Bilder gut überein und Sie haben es geschafft, eine klare, stimmige Marke zu prägen.

Wenn die wahrgenommenen Bilder nicht übereinstimmen oder Ihre Kunden nur ein diffuses, vages und verschwommenes Bild Ihrer Marke haben, haben Sie viel Raum zur Optimierung.

Ihnen bietet sich ein breites Ausdrucksspektrum, um die menschlichen Sinne möglichst umfassend anzusprechen und so Ihre Marke besser erlebbar zu machen. Die folgende Tabelle listet diese Ausdrucksformen auf und dient gleichzeitig als Übersicht für die kommenden Kapitel. Weitere Hinweise zu formalen, optischen und inhaltlichen Aspekten von Texten finden Sie im Kapitel „Checkliste für Dokumente".

Ausdrucksform	Erläuterung bzw. Beispiel
Wertvolles Warenzeichen	Markennamen verwenden
Treffendes, positives Vokabular	Nutzenversprechende Worte wählen
Klare Kernaussage	Wesentliches in einem Satz sagen
Gewinnender Text in Stichpunkten	Mit Bullet Points überzeugen
Relevante Ziffer	Wichtigste Zahl identifizieren
Einprägsame Merkmale	Zeichen, Buchstabe, Silbe erwägen
Lesefreundliches Schriftbild	Passende Typographie aussuchen
Wirkungsvolles Layout	Erprobte Seitenarchitektur wählen
Eindeutige Farbwahl	Markenfarbe verwenden
Verständliche Tabellen	Zeilen, Spalten, Reihenfolge optimieren
Einleuchtende Schaubilder	Diagramme meisterhaft aufbereiten
Professionelle Bilder	Mit stimmigem Motiv visualisieren
Direkt Erlebbares	Passenden Gegenstand finden

Markennamen finden

Als operativer Produktmanager finden Sie üblicherweise bereits einen Markennamen vor. Wenn Sie als strategischer Produktmanager einen neuen Markennamen finden sollen, beauftragen Sie am besten eine dafür spezialisierte Agentur. Worte, die beispielsweise in einer Sprache unverfänglich sind, können in einem anderen Land erotische, vulgäre oder alberne Assoziationen beim Hörer oder Leser hervorrufen – durch Nebenbedeutungen oder ähnliche Aussprachen. Ein besonderer Fallstrick liegt in der spanischen Sprache. So können beispielsweise bestimmte Worte im „spanischen" Spanisch völlig unverfänglich sein, während sie in manchen lateinamerikanischen Ländern Lachen oder Befremden auslösen können. Um derartige Fehler zu vermeiden, sollten Sie Profis beauftragen und damit mindestens zwei Jahre vor Markteinführung, besser noch früher, anfangen.

Im Rahmen der globalen Kommunikation durch Reisen, Internet und internationale Kongresse wird ein global einheitlicher Name immer wichtiger. Versuchen Sie daher, einen gefundenen und in allen Sprachen abgeklärten Markennamen auch gegen Widerstände in einzelnen nationalen Niederlassungen durchzusetzen.

Weiterhin sollten Sie die Stelle im Alphabet berücksichtigen. Hier ein Beispiel: Auf den ersten Blick erscheinen die folgenden vier Markennamen etwa ähnlich gut.

▶ OMEP®
▶ Omeprazol Heumann®
▶ Omeprazol STADA®
▶ Omeprazol-ratiopharm®.

Der beste davon für Deutschland ist der von Hexal genannte Name OMEP®, da er erstens kurz ist und zweitens in Standardwerken wie „Gelbe Liste", „Rote Liste" und der Praxis-Software aufgrund der Reihenfolge im Alphabet ganz oben erscheint und damit als erster wahrgenommen wird.

Wertvolles Warenzeichen: Den Markennamen verwenden

Das eingetragene Warenzeichen schützt den Auftritt Ihrer Marke wie das Logo und den Markennamen. Im Rahmen des rechtlich Möglichen sollten Sie stets den Markennamen erwähnen – und den Namen der Mitbewerber so selten wie möglich. Wenn Sie die Ergebnisse einer Studie mit Ihrem Produkt mitteilen, sollten Sie die andere Substanz möglichst nicht „Referenzsubstanz" oder gar „Goldstandard" nennen, da diese Begriffe implizit die andere Substanz aufwerten würden. Geben Sie der anderen Substanz neutraler wirkende Begriffe wie beispielsweise „Kontrolle", „Standardtherapie", „konventionelle Therapie" oder „Vergleichssubstanz".

Den Studiennamen ergänzen

Überlegen Sie, ob Sie das Akronym der klinischen Studie, in dem Ihr Produkt untersucht wurde, für bestimmte Zwecke um den Markennamen ergänzen können. So hat beispielsweise die Firma Merck & Co die „Scandinavian Simvastatin Survival Study" in einigen Unterlagen einfach in die „Zocor Survival Study" umgetauft. Die Firma Bayer hat die „INSIGHT Study" oft die „Adalat INSIGHT Study" genannt.

Die Macht der Worte

> „Sprich, damit ich Dich sehe."
>
> Sokrates

Worte sind irgendwie wundersame Wesen: Erst formen wir die Worte und dann formen die Worte uns. Worte werden zu Handlungen, Handlungen zu Gewohnheiten und Gewohnheiten bestimmen die Persönlichkeit.

Das Wort – geschrieben oder gesprochen – hat eine enorme Macht. Worte stiften Sinn und geben Orientierung. Oft bestimmen Worte, wie sich Menschen fühlen und wie sie handeln. Worte können uns ermuntern und ermutigen oder sie können uns entmutigen und niederschmettern. Worte können als Werkzeuge oder als Waffe funktionieren. Wählen Sie daher Ihre Worte sorgfältig. Dies erfordert Übung. Üben Sie – jeden Tag, denn der Sprachschatz ist einer der größten Schätze, die man heben kann.

Treffendes, vorzugsweise positives Vokabular wählen

Die deutsche Sprache umfasst etwa 500 000 Wörter. Der Durchschnittsbürger versteht etwa 50 000 davon. Ein durchschnittlich gebildeter Mensch benutzt davon aktiv etwa 12 000 Wörter. Aus den etwa 50 000 gut verständlichen Worten wählen Sie (ähnlich wie ein Meisterkoch) die passenden Zutaten für Ihre Texte – nämlich die treffenden Worte.

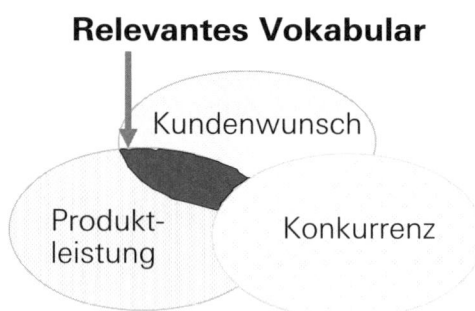

Relevantes Vokabular

Für viele Produkte wurde das Markenvokabular nie festgelegt und bleibt somit nebulös. Hier ein Vorschlag: Laden Sie die für das Produkt Zuständigen aus Marketing, Vertrieb und Medizin zu einer Besprechung ein. Jeder schreibt die aus seiner Sicht zehn wichtigsten Worte auf eine Karte. Ein Moderator gruppiert diese Karte auf mehreren Pinwänden. Das resultierende Meinungsbild ist Grundlage für ein

Brainstorming. Ziel ist es, gemeinsam die zehn bis zwölf Worte zu finden, welche die drei Kriterien des relevanten Vokabulars erfüllen, die in der Abbildung illustriert sind: Sie müssen erstens die Produktleistung reflektieren (Basis sind Zulassung und Studienergebnisse), sie müssen zweitens einen Kundenwunsch erfüllen und sie müssen drittens anders sein als die bereits von der Konkurrenz benutzten Worte.

Ihre Begriffe

Ihre sprachliche Identität

Definieren Sie die relevanten Begriffe für Ihre Marke, also das Markenvokabular ("Branding vocabulary"). Es ist die Grundlage für die Kernbotschaft und gibt Ihrer Marke eine sprachliche Identität oder verbale Essenz – ähnlich einem unverwechselbaren Fingerabdruck (siehe Abbildung). Dieses Markenvokabular sollten Sie und Ihre Agenturen dann konsequent in allen Medien nutzen, um bei der Vermittlung Ihrer Botschaft stets ins Schwarze zu treffen.

Die Macht einzelner Worte ist groß. Machen Sie einen „Semantik-Check", damit Sie sich nicht im Irrgarten der Worte verlaufen und dabei selbst verbal demontieren. Hier einige Hinweise zur Wortwahl:

▶ Gehen Sie vorsichtig mit „Stacheldrahtworten" und „Wortfallen" um, also Worten, denen man eine negative Bedeutung zuordnen kann. Beispiele sind: „problematisch", „schwierig", „kompliziert", „fraglich", „irrtümlich", „fehlerhaft", „diabolisch", „ruinieren". (Frage: Wie fühlen Sie sich, nachdem Sie diese Worte gelesen haben?)

▶ Passen Sie bei Worten auf, die mit der Vorsilbe „ver" beginnen – wie beispielsweise „verlocken", „verblühen", „verwelken" oder „verderben", da sie oft mit zweifelhaften oder negativen Bedeutungen assoziiert werden.

▶ Wählen Sie statt Substantiven besser Verben. Substantive werden auch als „Substantivmonster" bezeichnen, während Verben ein Gefühl von Aktion und Dynamik vermitteln. Beispiel: „Es fand sich eine Verbesserung der Blutzuckerwerte in der Examplex-Gruppe" wird in Kurzform zu „Examplex verbessert die Blutzuckerwerte".

Stimmt das Internet mit Ihrer Auffassung zur Wortwahl überein? Hier gibt es einen ganz einfachen Test: Tippen Sie drei oder vier Worte in wechselnden Kombinationen in eine Suchmaschine wie Google ein und prüfen Sie, ob diese Eingaben den Leser zu den Seiten führen, die Sie oder Ihre Firma mitverantworten. Wenn Sie das tun, haben Sie sehr gute Arbeit geleistet. Wenn nicht, möchten Sie dies vielleicht im Rahmen von SEO (Search Engine Optimization) verbessern. Beispiel: Bei einem Mittel gegen Osteoporose sollten bei der Laienansprache auch Worte wie „Knochenschwund" und „Knochenentkalkung" erscheinen. Weitere Tipps finden Sie unter anderen im Buchkapitel „21 Tipps für eine erfolgreiche Internet-Präsenz".

Beispiele für Markenvokabulare

In den folgenden Beispielen ist Substantin eine fiktive Substanz und Examplex die entsprechende fiktive Marke.

▶ **Chemisch definiertes Arzneimittel**

Examplex®	Lösung
Substantin	zeitsparend
Indikation ABC	schneller
effektiv	Vorteil
einfach	physiologisch

▶ Spezielles Arzneimittel

Examplex®	Gesundheit
natürlich	liegt am Herzen
wirksam	regulieren
Hilfe	fördern
gesund werden	helfen
Einklang	ausgleichend
Mensch	stabilisierend
Natur	ganzheitlich
Pflanzenreich	Wohlbefinden

▶ Pflanzliches Schnupfenmittel

Examplex®	Pflanzen
für die Nase	befreit
löst	Kopf
Schnupfen	Heilkraft
öffnet	

▶ Medizinprodukt

Examplex®	Kompatibilität
einfach	Liefersicherheit
sicher	Qualität
zuverlässig	Produkt-Training
zeitsparend	Service
haltbar	Beratung
flexibel	

Sie erkennen, dass der Markenname jeweils an erster Stelle steht. Finden Sie gemeinsam mit Ihrem Team das für Ihre Marke treffende Vokabular!

Nützliche Sprachwerkzeuge finden Sie auf folgenden Webseiten:

Website	Erläuterung
www.markenlexikon.com	Slogans, Strategien
www.slogans.de	Werbesprüche
www.openthesaurus.de	Synonyme
de.wikipedia.org	Definitionen
www.clichesite.com	Englische Clichés
www.wordlab.com	Naming resources

Klare Kernaussage entwickeln

Im folgenden, vereinfachten Beispiel umfasst das Markenvokabular Worte wie „Examplex", „Asthma", „Atmen", „frei". Die Kernbotschaft sollte idealerweise genau diese Worte enthalten, wie hier „Durch Examplex freies Atmen bei Asthma".

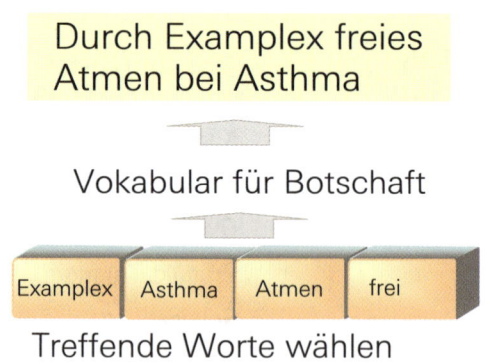

In Ihrer Kernaussage oder Kernbotschaft bringen Sie das Wesentliche in einem Satz. Die Kernaussage besteht aus dem definierten Markenvokabular. Verzichten Sie dabei auf Kunstworte, Wortakrobatik, Imponiergefasel und abgedroschene Phrasen.

Wie Sie mit Stil und Grammatik Dynamik vermitteln

Die folgende Abbildung zeigt, wie Sie sprachliche Optionen wie Sprachstil und Grammatik so einsetzen können, dass Sie Ihre Botschaft lebendiger vermitteln.

Stil und Grammatik

Warum Sie „beweisen" durch andere Worte ersetzen sollten

Das Wort „beweisen" sollten Sie in Aussagen über Ihre Produkte vermeiden. Dinge wirklich beweisen kann man beispielsweise in der Mathematik oder in der Logik. In der klinischen Medizin beruhen Aussagen meist auf Schlussfolgerungen (aus klinischen Studien), die mit einer gewissen Irrtumswahrscheinlichkeit behaftet sind. Im Allgemeinen soll diese weniger als 5 Prozent betragen (Signifikanzniveau mit einem p-Wert unter 0,05). In der obigen Abbildung finden Sie Alternativen in deutscher und englischer Sprache. Wählen Sie den Begriff, der für Ihre Situation am besten passt.

Drei Text-Analyse-Instrumente

Wie effektiv können Sie texten?

Text-Analyse

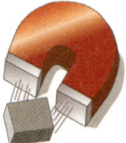

- Kunden-Orientierung
- Direktheits-Grad
- Nutzen-Sichtbarkeit

Nachfolgend finden Sie drei Text-Analyse-Instrumente, mit denen Sie den Grad von Kunden-Orientierung, Direktheit und Nutzen-Sichtbarkeit jeder Unterlage schnell, einfach und nachvollziehbar abschätzen können. Je besser Ihre Texte dabei abschneiden, umso anziehender und überzeugender werden sie auf den Leser wirken.

Nehmen Sie einen beliebigen Text und wenden die drei Instrumente an:

Kunden-Orientierung

Fokussiert auf den Adressaten?

$$\frac{\text{Sie}_{\ oder}\ \text{Ihr}\ _{oder}\ \text{Kundenname}}{\text{Wir}_{\ oder}\ \text{Unser}\ _{oder}\ \text{Firmenname}}$$

Je höher, umso besser

Kunden-Orientierung

Zählen Sie, wie oft „Sie", „Ihr, „Name des Kunden" vorkommen. Dann teilen Sie dies durch die Summe von „Wir", „Unser, „Name Ihrer Firma" im Text. Der Quotient sollte größer als 1 sein. Wenn die Zahl unter 1 ist, suggerieren Ihre Texte dem Leser, dass Sie mehr an sich als an ihm interessiert sind. Ein Beispiel einer firmenorientierten Aussage ist „Wir sind stolz auf unser neues Produkt". Ein Beispiel einer kundenorientierten Aussage ist „Sie erfahren die neuen Trends".

Direktheit

Bejahende und positive Aussagen?

$$\frac{\text{Direkte Aussagen}}{\text{Alle Aussagen}}$$

Je höher, umso besser

Direktheits-Grad

Zählen Sie, wie häufig bejahende und positive Aussagen vorkommen und wie häufig die indirekten Aussagen und Verneinungen sind. Dividieren Sie die erste Summe durch die zweite Summe. Je höher die resultierende Zahl, umso besser.

Beispiele für indirekte Aussagen sind Textpassagen, die „nicht", „kein", „niemals", „außer" und ähnliche Wörter sowie verneinende Anfangs- oder Endsilben enthalten – wie beispielsweise in „desinteressiert", „kostenlos", „widerspruchsfrei", „unmittelbar", etc.

Nutzen-Sichtbarkeit

Nutzen	Leben
Wert	Unterstützung
Vorteil	Ergebnis
...	...
Gesamtzahl der Wörter	

Je höher, umso besser

Nutzen-Sichtbarkeit

Definieren Sie, welche Wörter für Ihre Kunden sprachlich direkt einen Nutzen, Wert oder Vorteil vermitteln. Beispiele sind „Nutzen", „Wert", „Vorteil, „Leben", „Unterstützung", „Ergebnis". Da diese Wörter zielgruppenspezifisch sind, ergänzen Sie die Gruppe der Worte entsprechend. Zählen Sie, wie häufig diese Wörter vorkommen und dividieren Sie die Summe durch die Gesamtzahl der Wörter im Text. Je höher die resultierende Zahl, umso besser.

Weitere Vorschläge finden Sie im Kapitel „Macht der Sprache: Lexikon der effektiven Formulierungen".

Gute Überschriften schreiben

Üben Sie sich in der Kunst, wirksame Überschriften zu entwickeln, also Überschriften, die neugierig machen, einen Vorteil versprechen oder einen positiven Effekt oder Nutzen ankündigen. Überschriften, die keines davon zustande bringen, nennt man auch „blinde Überschriften". Oft ist es vorteilhaft, als das erste Wort der Überschrift den

Substanz- oder Markennamen zu nehmen. Beispiel: Der Titel des Artikels im New England Journal of Medicine zur ONTARGET-Studie fing an mit „Telmisartan, Ramipril, or Both". Verwenden Sie dabei auch Worte, die den Nutzen für den Leser sichtbar machen (siehe vorangegangenes Kapitel), so dass sein Interesse geweckt wird, weiter zu lesen.

Zwischen-Überschriften einfügen

Lernen Sie von den Redakteuren bei Zeitungen und Zeitschriften, die routinemäßig aussagekräftige Zwischen-Überschriften in ihre Artikel einfügen – mit dem Vorteil, dass sie den Leser neugierig machen und ihn dichter an den Text heranführen. Weiterhin bietet Ihnen eine Zwischen-Überschrift die Gelegenheit, wesentliche Dinge, die nicht mehr in die reguläre Überschrift passten, hier bequem unterzubringen.

Wie Sie in Ihren Texten einen Spannungsbogen aufbauen

Geben Sie Ihren Texten eine innere Logik, so dass ein Spannungsbogen entsteht.

Drei probate rhetorische Optionen, für die einige Beispiele folgen, sind:

Frage	↔	Antwort
Problem	↔	Lösung
Früher	↔	Heute

▶ **Frage ↔ Antwort**

„Sind gute Arzneimittel bald unbezahlbar?" ↔ „Wir haben was dagegen." (Hexal)

▶ „Schmerzen?" ↔ „Da gibt's doch was von ratiopharm!"

- ▸ „Wussten Sie schon wie viele Frauen beim Langzyklus als Dauerlösung bleiben?" ↔ „87 Prozent der Frauen" (Valette® von Jenapharm / BayerSchering)

- ▸ „Wäre es nicht schön, wenn Sie Erektionsstörungen 24 Stunden vergessen könnten?" ↔ „Mehr Zeit für den richtigen Moment." (Cialis® von Lilly. Hinweis: Der Spruch wird unter anderen wegen des Eindrucks eines vermittelten „Heilversprechens" nicht mehr verwendet.)

- ▸ **Problem ↔ Lösung**

  - ▸ Diabetes ist den ganzen Tag lang da. ↔ Jetzt gibt es ein Insulin, welches genau so lange wirkt – mit nur einer Injektion.

- ▸ **Früher ↔ Heute**

  - ▸ Bis vor kurzem gab es keine effektive Behandlung von Knochenmetastasen. ↔ Nun können Biphosphonate den Knochen stärken.

Gewinnender Text in Stichpunkten: Mit Bullet Points überzeugen

Ein durchgängig geschriebener Fließtext ohne Gliederung wirkt leicht langweilig. Aufzählungspunkte bzw. Stichpunkte („Bullet Points") ziehen die Aufmerksamkeit und das Interesse des Lesers stärker an und haben daher eine höhere Lesequote. Basierend auf den Responseraten von Mailings hier einige Tipps:

- ▸ Statt einer geraden besser ein ungerade Zahl von Bullet Points verwenden.

- ▸ Die optimale Zahl der Bullet Points scheint drei zu sein (manche sagen fünf).

- ▸ Als Bullet-Point-Symbole sind die „einfachen runden Mittelpunkte" gut geeignet.

- ▸ Vermeiden Sie auffällige Symbole, wie Miniaturlogos Ihres Produktes, „Smileys", Vielecke und dergleichen, die vom Inhalt ablenken.

Zur Frage der besten Zahl von Aufgliederungspunkten ist eine Studie aufschlussreich, die Robert Cialdini in seinem Buch „Influence: The Psychology of Persuasion" beschreibt. Hier wurden Testpersonen zwei Versionen einer gedruckten Anzeige für das gleiche Produkt vorgelegt. Die Version, die sparsam nur die wichtigsten positiven Eigenschaften beschrieb, war überzeugender als die Version, die sehr viele positive Eigenschaften auflistete.

Zwischenfazit: Die aufmerksamkeitsstärksten Stellen für das, was Sie mitteilen wollen, sind: Überschrift, Zwischenüberschrift, Bullet Points und der Platz unterhalb von visuellen Elementen.

Relevante Ziffer: Wichtigste Zahl identifizieren

Bestimmte Marken haben es unter anderem auch durch den Aufbau einer „numerischen Identität" geschafft, sich von den Mitbewerbern zu differenzieren.

Hier einige Beispiele außerhalb der Pharma-Branche, wie Zahlen helfen können, um sich einzigartig darzustellen:

Kategorie	Firma / Produkt	Zahl
Sportwagen	Porsche	911
Duftwasser	Kölnisch Wasser	4711
Französisches Parfüm	Chanel	N°5

Und hier einige Beispiele aus der Pharma-Branche:

▶ Das Team um Zovirax® (Aciclovir) hat durch konsequente Kommunikation der Zahl „75 Prozent" den Grad der Wirksamkeit bei der Reduktion von Herpes-Rezidiven in das Gedächtnis der Zielgruppe „eingebrannt".

▶ Das Team um Capoten® (Captopril) hat die Zahl „20 Prozent" konsequent in Verbindung mit der Reduktion kardiovaskulärer Morbidität in der „SAVE Study" kommuniziert.

▶ Das Team um Dilatrend® (Carvedilol) hat bei der Behandlung der Herzinsuffizienz konsequent die Botschaft „Dilatrend-Patienten leben im Mittel 1,4 Jahre länger" kommuniziert.

Hinweise:

▶ Bestimmte Zahlen sollten vermieden werden, da sie in manchen Regionen der Welt mit Unglück assoziiert werden, beispielsweise die „13" in vielen westlichen Ländern, die „4" in China und die „17" in manchen arabischen Ländern.

▶ Die Herausforderung besteht darin, in den vielen vorhandenen Daten diejenige Zahl zu finden, die sowohl die Vorteile Ihres Produktes vermittelt als auch für die Zielgruppe relevant ist. Meist sind dies die Ergebnisse für den primären Endpunkt einer wichtigen klinischen Studie. Besprechen Sie dies mit Ihren Kollegen aus dem medizinisch-wissenschaftlichen Bereich und der klinischen Entwicklung.

Frage: Wie lautet die Zahl, die Sie an Ihre Zielgruppe kommunizieren möchten?

Einprägsame Merkmale: Buchstabe oder Silbe erwägen

Manchen Firmen ist es gelungen, einen bestimmten Buchstaben (meist den Anfangsbuchstaben des Unternehmens), eine bestimmte Buchstabenkombination oder eine bestimmte Silbe stellvertretend für Ihre Unternehmensmarke bei den Verbrauchern zu platzieren. Hier einige Beispiele:

Unternehmen	Buchstabe(n)
Zürich Versicherung	Z
Deutsche Telekom	T
British Telekom	BT
Mc Donald's	Mc

Hier einige Beispiele für Produkte:

Unternehmen	Buchstabe(n)		Produkt(e)
Apple	i		ipod®, iphone®
Nestlé	Nes		Nescafé®, Nespresso®
BayerScheringPharma	V	(rot)	Valette® (Kontrazeptivum)
BayerScheringPharma	Q	(braun)	Qlaira® (Kontrazeptivum)
Pfizer	V	(blau)	Viagra®

Frage: Können Sie sich vorstellen, einen entsprechenden Buchstaben oder eine entsprechende Silbe in bestimmten Fällen stellvertretend für Ihre Marke zu verwenden? Meist bietet sich der erste Buchstabe des Markennamens an – am besten in der Markenfarbe. Wenn Sie dieses Element im Sinne einer markenprägenden Kommunikation konsequent in all Ihren Aktivitäten über mehrere Jahre verwenden, wird der Kunde bei Erblicken dieses charakteristischen Merkmales automatisch an Ihre Marke denken.

Stimmiges Schriftbild: Passende Typographie wählen

Die Schrift ist der graphische Ausdruck der Sprache. Eine Schriftart (englisch: typeface) ist das visuelle Abbild einer Schrift und bezeichnet die zusammengehörige Menge der gemeinsamen Schriftzeichen. Die Umsetzung einer Schriftart in eine druckbare Form nennt man „**Font**".

Das Schriftbild ist das Kleid der Sprache. Normalerweise sollte die Schriftart für Ihre Marke in den Markenrichtlinien („Branding Guidelines") festgelegt sein. Wenn es keine derartigen Vorgaben gibt, so überlegen Sie gemeinsam mit Ihrer Agentur, welches von den etwa 10 000 existierenden Schriftarten am stimmigsten für Ihre Marke ist, welche also am meisten in Harmonie mit Ihrer Botschaft steht.

Man unterscheidet Schriften mit Serifen und serifenlose Schriften. Als **Serife** *(Füßchen,* auch *Schraffe)* bezeichnet man die feinen Linien, die einen Buchstabenstrich am Ende, quer zu seiner Grundrichtung, abschließen. Eine bekannte Serifen-Schrift ist „Times", bekannte serifenlose Schriften sind beispielsweise „Arial" oder „Microsoft Sans Serif".

Die „Times" hat Vorzüge im Print-Bereich, wo es als eine der am leichtesten lesbaren Schriftarten gilt. Serifenhaltige Schriften haben aber auf Bildschirmen den Nachteil, dass die Serifen nicht so präzise dargestellt werden wie auf bedrucktem Papier und zum Flimmern neigen. Da heute der Online-Bereich immer mehr an Bedeutung gewinnt, erfreuen sich serifenlose Schriften zunehmender Beliebtheit.

Hier ein Tipp: Wenn Sie die Wirkung eines Artikels, Sonderdrucks oder Buches erhöhen wollen, schreiben Sie mit Ihrer eigenen Handschrift eine kurze Notiz darauf. Erwähnen Sie darin den Namen des Empfängers und unterschreiben Sie mit Ihrem Vor- und Zunamen. Der Empfänger wird dieses personalisierte Dokument ungleich höher einschätzen als vergleichbare „neutrale" Dokumente.

Lesefreundliches Schriftbild: Auf ausreichende Schriftgröße achten

„Wenn Ihr Text schlecht lesbar ist, könnte er genauso gut unsichtbar sein."

Wählen Sie eine angemessene Schriftgröße. Für Fließtexte in regulären, gedruckten Unterlagen nehmen Sie am besten eine 12-Punkt-Schrift und für Ihre Powerpoint-Charts eine 30-Punkt oder größere Schrift.

Sorgen Sie für ausreichend Farbkontrast zwischen Schrift und Hintergrund. Dunkle Schriften auf dunklem Hintergrund mögen zwar kreativ sein, aber aufgrund ihrer schlechten Lesbarkeit werden sie kaum gelesen. Vermeiden Sie in Fließtexten die „Negativschriften", also beispielsweise weiße Buchstaben auf schwarzem Hintergrund, die besonders gerne von englischen Agenturen verwendet werden.

All diese Empfehlungen klingen selbstverständlich und einleuchtend, werden aber in der Praxis leider häufig missachtet. Die bessere Lesbarkeit von Texten ist eine der vielen kleinen Schrauben, an denen erfahrene Produktmanager einfach, schnell und kostenneutral drehen können, um ihre gedruckte Botschaft effektiver zu vermitteln.

Wirkungsvolles Layout: Erprobte Seitenarchitektur wählen

Das Layout ist eine Stilvorlage und dient als „Seitenarchitektur" für die Anordnung von Text und Bild. Sie beinhaltet Vorgaben für die Größe, die Platzierung und die Abstände der sprachlichen und visuellen Elemente. Sie dient quasi als „Behälter" für den einzubringenden Inhalt. Ein gutes Layout als Designelement kann zu einem originellen Erscheinungsbild beitragen, was wiederum den Wiedererkennungswert der Marke steigern kann.

Hier einige Tipps zu einem wirkungsvollen Layout:

▶ Falls Sie Worte hervorheben möchten, sollten Sie dies **nicht** durch S p e r r e n, Ändern der Schriftgröße, eine andere Schriftfamilie oder durch <u>Unterstreichen</u> tun (alles „Lesebremsen"), sondern vorzugsweise durch **Fettdruck**.

▶ In bestimmten Unterlagen kann das farbige Hinterlegen („Higlighting") einzelner Wörter sehr wirksam sein – es wirkt aber leicht plakativ und billig.

▶ Um den Text übersichtlicher und lesefreundlicher zu machen, sollten Sie nach drei, vier und fünf Zeilen eine Leerzeile einfügen und so den Text in Absätze aufteilen.

▶ Innerhalb von gewissen Grenzen gilt für das Layout:

  ▶ Je breiter die Textspalte, desto weniger Leser.

  ▶ Je enger die Textspalte, umso mehr Leser.
  (Zeilen von Textspalten in Zeitungen enthalten oft nur je 26 Zeichen)

  ▶ Teilen Sie lange Textzeilen besser in zwei Textspalten auf.

  ▶ Erwägen Sie bei Webseiten sogar drei Textspalten
  (siehe beispielsweise www.web.de).

▶ Beachten Sie, dass in westlichen Ländern von links nach rechts und von oben nach unten gelesen wird. Um die Wahrscheinlichkeit zu erhöhen, dass auch den optisch schwachen Elementen wie Text Aufmerksamkeit geschenkt wird, ist folgendes Layout empfehlenswert:

▶ Platzieren Sie optisch starke Elemente wie Bilder vorzugsweise im linken Teil der Seite oder im oberen Teil der Seite.

▶ Platzieren Sie optisch schwache Elemente wie Texte vorzugsweise im rechten Teil der Seite oder im unteren Teil der Seite.

	Hochgestellt	Quergestellt
Konsumgüter	Garantie-erklärung	Garantieerklärung
Pharma-Produkte	Schluss-folgerungen	Schlussfolgerungen

▶ Interessanterweise vermitteln im Vergleich zu hochgestellten Textblöcken (mittlere Spalte der Tabelle) quergestellte Textblöcke (rechte Spalte der Tabelle) unterschwellig mehr Vertrauen.

Den wertvollen Platz unterhalb der Abbildung effektiv nutzen

Neben der Überschrift gehört der Platz unterhalb eines visuellen Elementes zu den kostbarsten, weil am ehesten gelesenen Textstellen. Daher sollte hier Ihre wichtigste Botschaft passend zur Abbildung ihren Platz finden. Beispielhaft finden Sie zwei Versionen einer Grafik: Die linke Version enthält eine nur wenig aussagekräftige Beschreibung, während in der rechten Version der wertvolle Platz zum Vermitteln der Botschaft gut genutzt wird.

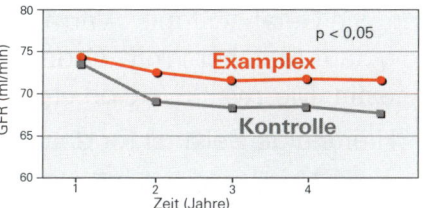

Glomeruläre Filtrations-Rate	Glomeruläre Filtrations-Rate
Abb. 3: Gemessene GFR-Werte in den zwei Therapiegruppen	Examplex hilft, die Nierenfunktion zu erhalten.

Platz unterhalb der Grafik zum Vermitteln der Botschaft suboptimal genutzt.	Platz unterhalb der Grafik zum Vermitteln der Botschaft gut genutzt.

Eindeutige Farbwahl: Markenfarbe verwenden

Farben sind in unserer Welt stark präsent. Sie haben eine starke Symbolkraft und helfen, Identitäten zu prägen und zu stärken. Wenn Ihr Marketing bisher eher farblos war, überlegen Sie vielleicht, wie Sie mit Farbe mehr Leben geben. Hier einige Beispiele aus unserer Umgangssprache:

▶ Man kann gelb werden vor Neid, dem anderen nicht grün sein, sich schwarz ärgern, vom Biergenuss blau werden und den roten Faden verlieren.

▶ Bräute tragen traditionell Weiß und Nonnen Schwarz.

▶ Gelb steht für die Deutsche Post.

▶ „Big Blue" steht für IBM.

▶ Erdfarbenes Braun steht für das Logistikunternehmen UPS.

Unabhängig von Ihrer Markenfarbe sollten Sie ein Element niemals in rot zeigen, sondern vorzugsweise in pastellfarbenen, hellgrauen oder grünen Farbtönen: Den „Bestell-Button" oder „Order-Button", auf den der Betrachter im Internet klicken soll, um eine Nachricht abzusenden oder um etwas zu bestellen.

Wenn man hier die Farbe rot wählen würde, so signalisierte dies dem Betrachter Zurückhaltung, weil sein Unterbewusstsein es mit Dingen wie Gefahr, Stopp, Alarm, rote Ampel assoziiert. Man hat „Order now" auf rötlichem mit „Order now" auf pastellfarbenen Hintergrund getestet: Die zweite Version ergab 27 Prozent mehr Bestellungen.

Hier einige Beispiel für das Nutzen der Farbe im Pharmabereich:

▶ AstraZeneca hat die Farbe lila konsequent mit ihrem Protonen-Pumpen-Inhibitor Nexium® (Esomeprazol) in Verbindung gebracht. Die Seite www.purplepill.com für Laien in den USA ist ganz in diesem lila Farbton gehalten und in den USA ist sogar die Kapsel lila.

▶ Pfizer hat die Viagra®-Tabletten blau gefärbt und in der Laienpresse ist manchmal von den „blauen Pillen für den Mann" die Rede. Jeder männliche Leser weiß, welches Produkt damit gemeint ist.

Produktdaten in Abbildungen stets in der richtigen Farbe zeigen

Produktsäule
Stets in der Markenfarbe

| Violett | Grün | Blau | Rot |

Vergleichssäule
Placebo oder Konkurrenz

Grau

In Grafiken wie Säulen-, Balken- und Kuchen-Diagrammen sollte das Element, welches die eigenen Produktdaten darstellt, stets in der Markenfarbe gezeigt werden. Die Vergleichsdaten (Placebo oder Mitbewerber) sollten dagegen in einer unauffälligeren Weise dargestellt werden, um die Aufmerksamkeit nicht von den Daten des eigenen Produktes abzulenken. Eine gute Wahl ist stets ein heller oder mittlerer Grauton, wenn der Hintergrund weiß ist (siehe Abbildung).

Verständliche Tabellen: Zeilen, Spalten, Reihenfolge optimieren

Tabellen-Version **A**

Verbessert	Gleich	Verschlechtert
50%	48%	2%

Tabellen-Version **B**

Geringer	Gleich	Verbessert
2%	48%	50%

| Geringer 2% | Gleich 48% | Verbessert 50% |

| Tabellen | Grafik |

Die obige Abbildung zeigt mehrere Darstellungen der gleichen Studienergebnisse: Examplex beeinflusst die Merkfähigkeit („Recall") wie folgt: Bei 50 Prozent der Patienten eine Verbesserung, bei 48 Prozent der Patienten keine Änderung und bei 2 Prozent der Patienten eine Verschlechterung. Die Tabellen-Version **A** ist ungünstig, da sie dem kleinsten Wert (2 Prozent) unverhältnismäßig viel Raum und eine aufmerksamkeitsstarke Position zubilligt. Die Tabellen-Version **B** gibt dem größten Wert (50 Prozent) zu Recht auch den größten Raum in Form der breitesten Spalte. Die Grafik rechts stellt die Daten noch anschaulicher dar.

Hinweise: Zahlen und Visualisierungskonzepte der vorausgegangen und folgenden Beispiele basieren auf tatsächlichen Gegebenheiten. Aus didaktischen Gründen werden Achsenbeschriftungen und weitere Aspekte der Diagramme nicht dargestellt.

Einleuchtende Schaubilder:
Diagramme meisterhaft aufbereiten

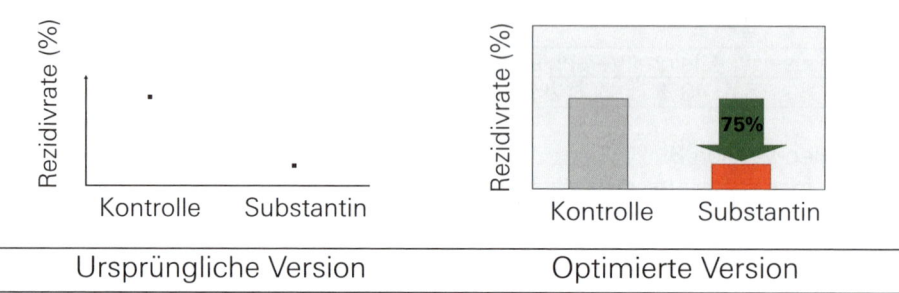

| Ursprüngliche Version | Optimierte Version |

Wie kann man die linke Diagramm-Version so darstellen, dass die Studienergebnisse (Substantin senkt die Rezidivrate bei Infektionen um 75 Prozent) schneller erkennbar werden? Man ersetzt die zwei kleinen schwarzen Punkte durch leichter sichtbare Säulen. Man symbolisiert die Richtung der Änderung durch Einfügen eines Pfeils nach unten. Man verdeutlicht das Ausmaß der Änderung durch die Zahl „75 Prozent" innerhalb des Pfeils. So ergibt sich die rechte Diagramm-Version.

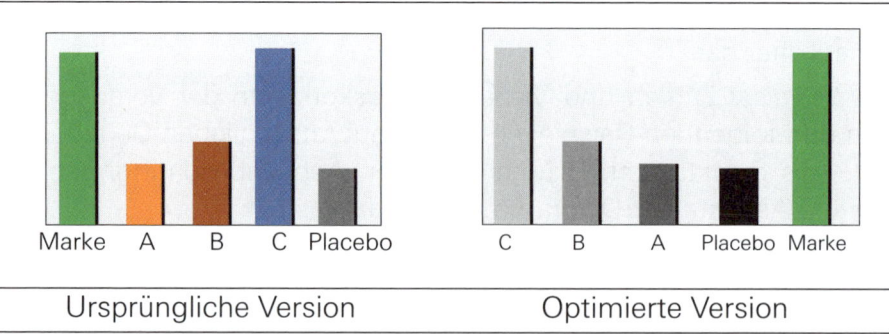

| Ursprüngliche Version | Optimierte Version |

Die obige Abbildung zeigt zwei Diagramm-Versionen der gleichen Daten, wobei grün und braun die Markenfarben des eigenen Produktes sind. Die ursprüngliche linke Version zeigt ungeschickterweise einen der Mitbewerber, nämlich B, in einer der beiden Markenfarben und platziert das Placebo an einer prominenten Stelle. Die optimierte rechte Version vermittelt in Farbe und Platzierung den Stellenwert der eigenen Marke aussagekräftiger.

Professionelle Bilder: Mit stimmigem Motiv visualisieren

Bilder machen Dinge lebendig und helfen, Ihre Botschaft schnell und nachhaltig im Gehirn des Adressaten zu verankern. Sorgen Sie dafür, dass Ihre Agentur das richtige Motiv wählt. Hier wird häufig gesündigt und so die Effektivität auf dem Altar der Kreativität geopfert.

Je dichter Sie an der Erlebnis- und Bilderwelt der Zielgruppe sind, umso glaubwürdiger und vertrauenswürdiger werden Sie wahrgenommen. Viele Kreative missachten den Satz „Wenn Pharma-Werbung wie klassische Werbung aussieht, ist sie für Fachkreise prinzipiell wenig glaubwürdig". Als Arzt, Leser und Berater kann ich die originellen, aber unangemessenen Motive kaum noch zählen. Besonderer Beliebtheit scheinen sich zu erfreuen: Wasserfälle, Flugzeuge, Düsenmotoren, Rennwagen, Schiffe, Blumen, Bergsteiger, Boxer, Filmregisseure, Kapitäne etc. Zumindest das Motiv des Eiffelturms als „Meisterleistung in Eisen" hat einen Bezug für das orale Eisenpräparat, für das es werben soll.

Fragen Sie Ihre Zielgruppe und den Außendienst, bevor Sie sich für ein Motiv entscheiden. Wenn Sie ein passendes Motiv gefunden haben, sollten Sie erwägen, einen professionellen Fotografen zu beauftragen, der ein Foto genau nach Ihren Vorgaben macht. Dabei sollte im Bild die Markenfarbe vorkommen, beispielsweise als Hintergrund. Von vielen Betrachtern werden aktuelle Fotos als zeitgemäßer und überzeugender wahrgenommen als künstlerisch verfremdete Abbildungen.

Für ein gutes Foto können Sie je nach Anspruch und Aufwand zwischen 2 000 und 20 000 Euro („Fotoshooting") ausgeben. Da das Foto über viele Jahre in vielen Medien genutzt wird, ist das Geld meist gut investiert.

Besser als Schwarz-Weiß-Bilder sind Bilder in Farbe – angeblich erinnert man sich an sie doppelt so gut. Vermeiden Sie alte Gemälde, alte Zeichnungen und alte Gebäude. Sie vermarkten schließlich keine Antiquitäten oder alte Weine, sondern moderne Arzneimittel.

Direkt Erlebbares: Passenden Gegenstand finden

Die Wahrnehmungswelt jenseits der visuellen und verbalen Ebene ist das Reich des Tast-, Riech- und Geschmacksinns. Hier werden Botschaften nicht über Bilder und Worte, sondern direkter transportiert – über sinnliche Erfahrungen. Der Mensch begreift und erfasst etwas besser, wenn er selber „be-greifen", also anfassen kann.

Erwägen Sie Optionen, auch haptisch, also über den Tastsinn, zu kommunizieren und so Ihre Marke und Botschaft begreifbarer, fühlbarer und somit direkt erlebbarer zu gestalten. Erwägen Sie praxisrelevante Gegenstände, die Sie als „Streuartikel" oder „Give-aways" verschenken können. Prüfen Sie vorher genau, ob diese Gegenstände wirklich zu Ihrer Marke, zur Indikation und zur Facharztgruppe passen.

Hier eine Liste immer wieder gern gewählter Gegenstände: Kugelschreiber, Filzschreiber, Klebezettel / Haftnotizblöcke, Ultraschall-Gel, Einmaltücher, Mundspatel, Schlüsselbänder, Kaffeetassen, Süßigkeiten, etc. Bevor Sie etwas in Auftrag geben, sollten Sie dies stets mit dem Außendienst absprechen und den Pharma-Kodex sowie ähnliche Regelwerke beachten.

In anderen Branchen wird die „multi-sensorielle" Ansprache zum Schaffen eines emotionalen, einprägsamen und unverwechselbaren Kundenerlebnisses und damit zur Stärkung der Marke genutzt. Hier einige Beispiele:

▶ In der Automobilbranche ist bei Luxusmodellen neben dem Klang der satt schließenden Autotüren auch der Geruch der feinen Ledersitze wichtig.

▶ Die Fluggesellschaft Singapore Airlines benutzt in ihren Flugzeugen ihren eigenen, charakteristischen Duft „Stefan Florida Waters". Die feucht-heißen Gesichtstücher für die Passagiere sind mit diesem Duft imprägniert und die Stewardessen tragen diese Duftnote als Parfüm.

Mehr dazu in den folgenden Büchern mit viel sagenden Titeln:

▶ B. Joseph Pine und James H. Gilmore: "The Experience Economy: Work Is Theater and Every Business a Stage"

▶ Bernd H. Schmitt: Experiential Marketing: "How to Get Customers to Sense, Feel, Think, Act, Relate To Your Company and Brands"

▶ Michael Wolf: Entertainment Economy: "How Mega-Media Forces Are Transforming Our Lives"

Alle Ausdrucksoptionen genutzt?

Wie gut ist das Potenzial aller Komponenten auf der Basis von Studienergebnissen und Zulassung ausgeschöpft?

Ausdrucksform	Grad, zu dem diese Option genutzt wird
	0 % 100 %
Wertvolles Warenzeichen	├───────────────┤
Treffendes, positives Vokabular	├───────────────┤
Klare Kernaussage	├───────────────┤
Gewinnender Text in Stichpunkten	├───────────────┤
Relevante Ziffer	├───────────────┤
Einprägsame Merkmale	├───────────────┤
Lesefreundliches Schriftbild	├───────────────┤
Wirkungsvolles Layout	├───────────────┤
Eindeutige Farbwahl	├───────────────┤
Verständliche Tabellen	├───────────────┤
Einleuchtende Schaubilder	├───────────────┤
Professionelle Bilder	├───────────────┤
Direkt Erlebbares	├───────────────┤

Die obige Tabelle stammt aus dem Kapitel „Übersicht zu Ausdrucksoptionen" – allerdings finden Sie statt der Spalte „Erläuterung" nun die Spalte „Grad, zu dem diese Option genutzt" wird. Bitte kopieren Sie Tabelle und markieren jeweils durch einen vertikalen Strich, wie gut Sie die jeweilige Option bereits genutzt haben. Auf der Skala bedeutet „0" „nicht genutzt" und „100 Prozent" „hervorragend genutzt".

Wo sind Ihre Markierungen? Wenn Ihre Striche stets rechts nahe bei „100 Prozent" liegen, haben Sie bereits das gesamte Spektrum abgedeckt, um im Rahmen einer stimmigen Kommunikation Ihre Marke zu prägen. Wenn Ihre Markierungen bei einigen Punkten mehr links liegen, haben Sie vielleicht noch Pfeile im Köcher, die Sie nutzen möchten.

Der Dirigent

Es gibt eine Person, die dafür verantwortlich ist, dass alle Ausdrucksmöglichkeiten zusammen ein harmonisches Konzert ergeben: Die für das Marketing des Produktes verantwortliche Person („Produktmanager", „Brand Manager"). Sie macht die Gesamtkomposition lebendig, so dass sie beim Adressaten vital, stimmig und überzeugend ankommt. Wenn man die Steuerungsfunktion eines Kapitäns an jemanden anderes delegiert, beispielsweise an eine oder mehrere Agenturen, braucht man sich über überraschende Kursabweichungen nicht zu wundern. Es gibt allerdings auch Fälle, in denen die Produktmanager so schnell wechseln, dass das Marken-Know-how bei einer Person einer externen Agentur beheimatet ist – gut für die Agentur und risikoreich für das Unternehmen. Schaffen Sie besser Ihr eigenes Meisterstück.

Schnellschüsse vermeiden

In manchen Firmen gibt es Schnellschüsse, die sich äußern in Sätzen wie „Wir schalten mal eine Anzeige" oder „Wir wollen mal ein Mailing machen", ohne dass die in den vorangegangenen Kapiteln erwähnten Schritte angemessen beachtet wurden. Dies sind teure Alibi-Aktionen, die von blindem Aktionismus zeugen und letztendlich nur Geld verbrennen. Man kann zwar sagen, dass man etwas getan hat, aber die Aktivität verdampft wie ein Tropfen auf einer heißen Herdplatte.

Marketingprofis, die etwas bewirken wollen, sprich eine spürbare und nachhaltige Wirkung erzielen wollen, entwickeln zuerst die Strategie, legen dann die Ausdrucksformen fest, optimieren durch Testen und vermitteln dann die Botschaft im Rahmen einer integrierten Kommunikation über die richtigen Kanäle an die richtige Zielgruppe.

Teil F
Optimieren durch Testen

Übersicht: Feedback einholen und überarbeiten

„Fail faster, succeed sooner."
David Kelly, Gründer von IDEO Product Design

Optimieren durch Testen

Sie entwerfen eine vorläufige Version. Sie fragen Personen in Ihrem Umfeld um ihre Meinung, um Feedback einzuholen. Die richtigen Fragen lauten nicht „Wie gefällt es Ihnen?", sondern

▶ „Wie würde das wahrscheinlich bei anderen ankommen?"

▶ „Was können wir verbessern?"

▶ „Was würden Sie anders machen?"

Dann kommt der Teil, der für viele Marketingleute und Verkäufer am schwierigsten ist, nämlich einfach still und wertschätzend zuzuhören. Also fragen Sie und hören Sie zu – ohne den Zwang zu fühlen, etwas erklären oder sich in irgendeiner Weise rechtfertigen zu müssen.

Dann überarbeiten Sie Ihren Entwurf, indem Sie die Elemente an das erhaltene Feedback anpassen. Danach beginnen Sie den Zyklus wieder von vorne. So lernen Sie schrittweise dazu.

Diese wichtige Phase des Optimierens durch Testen wird häufig übergangen oder zu kurz gehalten. So lautet das Motto in vielen Firmen „Planen, Planen, Planen", was leicht dazu führt, dass man im eigenen Saft schmort und betriebsblind wird. Das Motto „Planen, Feedback einholen und verbessern" ist zielführender. Dabei passen Sie die Terminologie am besten an die Begrifflichkeiten Ihrer Firma an. Hier eine Auswahl: „Prototyp", „Pilotprojekt", „Testphase" oder „Fine-tuning". Die richtige Wahl des Begriffes kann die interne Akzeptanz enorm erhöhen.

Sie experimentieren dabei spielerisch mit verschiedenen Elementen, probieren Ihre Entwürfe aus und schauen, wie sie ankommen. („Learning by Trial and Error"). Nur durch offenes, ehrliches Feedback kann man besser werden. Jedes Mal, wenn wir es versäumen, um Feedback zu bitten, versäumen wir eine Chance, besser zu werden.

Joanne Rowling, Autorin der sensationell erfolgreichen Harry-Potter-Bücher, sagte bei ihrer Rede an der Harvard-Universität sinngemäß „Jeder erleidet irgendwann einmal Rückschläge. Es ist unmöglich, im Leben ohne sie auszukommen – es sei denn, man lebt extrem vorsichtig und vermeidet sie von vornherein. Aber dann ist das ganze Leben umsonst – und automatisch ein einziger Fehlschlag."

Ed Koch, der Ex-Bürgermeister von New York, fragte seine Umgebung regelmäßig „How am I doing?", um direktes, offenes Feedback von den Wählern zu bekommen.

Testen Sie Dinge dort, wo es unauffällig ist. Improvisieren Sie, wo die Dinge wenig sichtbar sind und wo Sie keine schlafenden Hunde wecken.

Zwei Versionen gegeneinander testen

Versuchen Sie, bei Mailings und umgrenzten Aktivitäten stets zwei Versionen gegeneinander zu testen. Prinzipiell können Sie zwei Versionen entweder zeitgleich („parallel") oder aus zwei Zeitepisoden („sequenziell") testen. Parallel verlaufende Tests sind aussagekräftiger. Bei Testergebnissen aus zwei verschiedenen Zeitepisoden werden Kritiker – durchaus zu Recht – vorwerfen, dass die Resultate nicht vergleichbar sind – beispielsweise mit Begründungen wie: „Schulferien", „war gerade nach einem Kongress", „war kurz nach der Kampagne eines Mitbewerbers".

Bei größeren Projekten besteht die Herausforderung oft darin, die Erlaubnis für das Testen zu erhalten. Oft brauchen Sie mehrere Gespräche mit Ihrem Chef oder sogar eine Präsentation vor einer Gruppe, bis Sie dies machen dürfen. In manchen Fällen ist in langwierigen und mühsamen Prozessen eine Einigung zu Dokumenten oder Aktivitäten erzielt worden – und jetzt sind die Leute vielleicht verärgert, weil Sie schon wieder eine Änderung vorschlagen. In manchen Unternehmen ist die Fehlerkultur so gering ausgeprägt, dass solche Tests nur schwer durchführbar sind. Vielleicht erwägen Sie sogar eine spezielle Präsentation durch einen Outsider, dem oft mehr geglaubt wird als Ihnen.

Um intern auf der sicheren Seite zu sein: Wählen Sie zwei Versionen, für die Sie selber verantwortlich sind oder wählen Sie Versionen, deren Verantwortung bei Personen lag, die das Unternehmen bereits verlassen haben. Nehmen Sie keine Version, die das „Baby" von jemandem innerhalb der Firma ist. Vermeiden Sie auf jeden Fall, einen Kollegen oder Vorgesetzten bloßzustellen oder ihnen auf die Füße zu treten.

Um mehr interne Unterstützung zu erhalten, können Sie auch folgendes Vorgehen wählen: Entwickeln Sie drei Versionen und fragen Sie das Komitee, welche zwei Versionen davon getestet werden sollen. Wichtig ist, dass Sie keinen persönlichen Favoriten bekannt geben. Motto „Alle erscheinen auf den ersten Blick gut, wir können aus praktischen Gründen nur zwei Versionen testen. Welche zwei bevorzugen Sie?"

Version A gegen Version B: Von Google Ads lernen

Die Direktmarketingleute halten sich an das Motto „am besten testen". Früher dauerte es oft mehrere Wochen bis Monate, bis man die Ergebnisse erhielt und man wusste, welche Version besser war. Heute im Zeitalter des Internet ist dies in wenigen Tagen möglich. Mittels Pay-per-Click-Anzeigen auf Google (Google Ads) kann man einfach und preiswert Version A gegen Version B testen. Je nachdem wie attraktiv Wortwahl und Formulierung in der Anzeige sind, klicken mehr oder weniger Besucher auf eine Version. Man kann dann die Anklickraten (Click Through Rates oder CTR) vergleichen und weiß, welche Version effektiver ist. Falls Sie dies für ein verschreibungsfreies Medikament erwägen, kontaktieren Sie am besten eine darauf spezialisierte Agentur.

Anmerkung: Sie sollten zur Überprüfung der korrekten Abwicklung einer Aussendung (print oder elektronisch) stets Ihre eigene (Privat)-Adresse zur Kontrolle in die Adressdatei mit eingeben.

Drei Fragen an Ihre Werbeagentur bezüglich des Testens

Hier drei Fragen, die Ihnen helfen, Ihre Agentur zu fordern und zu fördern und um festzustellen, ob Ihre Agentur die Entwürfe tatsächlich getestet hat:

▶ Haben Sie den Entwurf getestet?

▶ Bei wem?

▶ Was haben Sie daraufhin verbessert?

Zweckmäßigerweise gestalten Sie ihre Aufträge mit Agenturen von vornherein so, dass eine solche Testphase gleich mit eingeschlossen ist.

Teil G
Internes Marketing-Programm

Übersicht zu Maßnahmen des internen Marketing-Programms

Internes Marketing-Programm

- Schlüsselpersonen-Betreuung
- Präsentationen bei Komitees
- Publikationen in Firmen-Blättern
- Interne Interviews
- Intranet-Auftritt
- Kommunikations-Plattform
- Außendienst
- Zentrale und Niederlassung
- Regelmäßige Information

Um Ihre Botschaft über die externen Kommunikationskanäle zu vermitteln, brauchen Sie Freiräume und Ressourcen in Form von Geld und Mitarbeitern. Um diese Dinge von den Entscheidungsträgern im Unternehmen genehmigt zu bekommen, müssen Sie Ihre Strategie und Ihr Projekt überzeugend intern vermarkten und verkaufen. Hier einige Hinweise, wie Sie das effektiv machen können.

Schlüsselpersonen-Betreuung

Üblicherweise wissen Sie ziemlich genau, wer die wirklichen Entscheider und Beeinflusser im Unternehmen sind. Fragen Sie die Beeinflusser vor wichtigen offiziellen Besprechungen um ihre Meinung. Sprechen Sie ab und zu mit ihnen und halten Sie sie informell auf dem Laufenden.

Präsentation

Spitzen-Darbietung

There is always a bit of show business in every business

Präsentationen bei Komitees

Eine Seminarteilnehmerin bemerkte „Ich finde es unfair, dass die Leute, die am besten präsentieren, oft das größte Budget erhalten". Guy Kawasaki würde darauf wahrscheinlich antworten „Lernen Sie, noch besser zu präsentieren". Er gab für effektive Präsentationen die 10/20/30-Regel als Ratschlag – 10 Charts, 20 Minuten Präsentation und 30 Punkt-Schriftgröße. Das lehrreiche Video auf Youtube illustriert diese Empfehlung auf unterhaltsame Weise.

Das Wesentliche Ihres Vortrages ist natürlich der Inhalt. Aber jeder, der eine Präsentation gibt, ist in gewisser Weise auch ein darstellender Künstler, der auf der Bühne vor Publikum eine Rolle spielt und dabei eine Top-Darbietung gibt. Sie haben sich sehr gut vorbereitet und Sie stellen Ihr Projekt professionell dar. Sie kennen ja den Spruch „There is a bit of show business in every business". Also denken Sie vor einer Präsentation „Vorhang auf – heute gebe ich die beste Vorstellung meines Lebens".

Präsentationen vor Entscheidern (Vorstand, Senior Management) unterliegen anderen Regeln als Präsentationen auf der Arbeitsebene. Hier einige Hinweise:

▶ Sprechen Sie vorher kurz persönlich mit den wichtigsten Entscheidungsträgern oder Beeinflussern und bauen Sie deren Ideen und Vorschläge mit ein.

▶ Halten Sie Ihren Vortrag kurz, klar und übersichtlich.

▶ Bereiten Sie sich gut vor: Üben, üben, üben!

▶ Bieten Sie mehrere Handlungsoptionen an.

▶ Empfehlen Sie eine Handlungsoption, basierend auf den Nutzen-Risiko-Bewertungen der einzelnen Handlungsoptionen.

▶ Schlagen Sie den nächsten Schritt vor.

Publikationen in Firmen-Blättern

Die meisten Firmen haben eine unternehmensinterne Zeitung, Broschüre oder Newsletter. Finden Sie heraus, wer der Verantwortliche ist, rufen Sie ihn an und fragen ihn, ob er an einem kurzen, aktuellen Beitrag über Ihr faszinierendes Projekt interessiert ist, welchen Sie ihm fix und fertig per E-Mail schicken könnten. Normalerweise ist die Antwort „ja". Sie erhöhen so die Sichtbarkeit und die wahrgenommene Relevanz Ihres Projektes.

Interne Interviews

Für ein wichtiges Projekt kann es hilfreich sein, einmal ein kurzes Interview mit einer Person aus der oberen Hierarchie-Ebene zu führen, also einem Mitglied des Vorstand oder der Geschäftsleitung. Stellen Sie die richtigen Fragen, wie beispielsweise: „Was bedeutet das Projekt ABC für das Unternehmen?", „Warum ist aus Ihrer Sicht das Projekt ABC so wichtig?", „Was sind die Erfolgsfaktoren für das Projekt ABC?" Notieren Sie die Antworten. Suchen Sie sich die besten drei der gegebenen Antworten aus und senden diese als Zitate an die interviewte Person mit der Bitte um Erlaubnis, sie intern verwenden zu dürfen.

Noch besser ist es, ein kurzes Video-Interview zu führen. Suchen Sie sich auch hier die besten Passagen aus und stellen daraus einen kurzen (30 bis 40 Sekunden) Videoclip zusammen, den Sie sich freigeben lassen. Speichern Sie den Videoclip auf Ihrem Laptop. Bevor Sie bei Meetings mit Ihrer eigentlichen Projektpräsentation beginnen, zeigen Sie den Anwesenden zur Einstimmung die Aussagen von Vorstand oder Geschäftsleitung. Diese Worte aus dem richtigen Mund helfen, manchen Skeptiker verstummen zu lassen und gewährleisten bei unsicheren Personen Ihrem Projekt leichter die Zustimmung. Sie werden sich wundern, wie ein kurzes Video Ihnen den Weg freimachen kann.

Intranet-Auftritt

Sorgen Sie dafür, dass Ihr Projekt auf der firmeninternen Website erwähnt wird. Der Verantwortliche ist normalerweise dankbar für jeden Beitrag. Sie können ja denselben Inhalt schicken, den Sie schon für die firmeninterne Publikation eingeschickt haben.

Kommunikationsplattform

Die Kommunikationsplattform ist ein „lebendes Dokument" und eine Art Sammelbehälter mit allen relevanten Kommunikationselementen, die Sie intern über ihr Projekt verbreiten dürfen. Dazu gehören beispielsweise Markenrichtlinien, Marktforschung, wissenschaftliche Publikationen, Kongressberichte, Gebrauchs- und Fachinformation. In der Plattform ist die jeweils aktuelle Version der Dokumente abgespeichert. Ein weiterer Vorteil für Sie: Bei Anfragen brauchen Sie nicht mühsam Ihr eigenes Archiv zu durchsuchen, sondern Sie verweisen den Fragenden einfach auf diese Online-Ressource, wo er alles finden kann. Ob Sie den Marketingplan hier einstellen möchten, entscheiden Sie selber.

Zusammenarbeit mit medizinisch-wissenschaftlichen Abteilungen

Bemühen Sie sich um eine gute Beziehung zu der für den medizinisch-wissenschaftlichen Bereich Ihres Produktes verantwortlichen Person (Medical Advisor, Medical Marketing Manager, medizinischer Fachreferent). Beziehen Sie diese Person frühzeitig in Ihre Marketingüberlegungen ein. Laden Sie sie zu den Treffen mit Ihrer Werbeagentur ein. Diese Personen haben mehr Sachverstand über die medizinischen Fakten und die Wahrnehmung Ihres Produktes in der Fachwelt als die Produktmanager und helfen dem Marketing, die richtige Richtung einzuschlagen.

Da diese Personen oft auch die Funktion des Informationsbeauftragten innehaben oder dem Informationsbeauftragten zuarbeiten, erleichtert die frühe Einbindung und Wertschätzung dieser Personen die schnelle Freigabe erstellter Marketingmaterialen (siehe Kapitel „Der Informationsbeauftragte").

Außendienst

Halten Sie gute Kontakte zu den Regionalleitern und den Mitarbeitern im Außendienst. Die Mitarbeiter, die vor Ort Apotheken und Arztpraxen besuchen, gehören zu den bestinformierten Personen. Nutzen Sie diese Quelle im Interesse des Unternehmens.

Ideal ist eine vertrauensvolle, von verständigem Wohlwollen getragene Zusammenarbeit. Dies habe ich als Berater von kleinen und großen erfolgreichen Firmen erlebt. Im schroffen Gegensatz dazu habe ich auch einige Firmen kennengelernt, in denen die angebliche Kooperation eher ein Spannungsfeld voll von versteckten Feindseligkeiten war. Im Hintergrund standen oft ein Vertriebsleiter und ein Marketingleiter, die sich „die Butter auf dem Brot" nicht gönnten – und eine schwache Geschäftsleitung, die ihren Führungsaufgaben nicht nachkam.

Der wünschenswerte Produktmanager aus Sicht des Außendienstes

Wie wünscht sich der Außendienst den perfekten Produktmanager?

Hier eine Zusammenfassung der in meinen Seminaren erhaltenen Antworten:

► Kooperiert eng mit dem Außendienst.

► Bezieht den Außendienst in die Erarbeitung von Werbematerialen ein.

► Erstellt orientierende Gesprächsleitfäden sowie Fragen-und-Antwort-Listen (FAQs).

► Arbeitet kundenorientiert und produktbezogen.

► Hat Außendienst-Erfahrung, die regelmäßig aufgefrischt wird, beispielsweise durch eigene Besuche von Ärzten oder durch Begleitung des Außendienstes („Doppelbesuche", „Joint Calls", „Bordsteinkonferenzen").

Den Außendienst informieren und motivieren

Die immerwährende Aufgabe des Produktmanagers ist, den Außendienst zu informieren, zu motivieren und vielleicht sogar zu begeistern. Hier eine wahre Geschichte: Ein Produktmanager präsentiert die neuen Ergebnisse, die Unterlagenentwürfe und den Gesprächsleitfaden für das Produkt Examplex – alles in hervorragender Qualität. Die Außendienstmitarbeiter klatschen Beifall. Leider werden sie nichts davon umsetzen, da ihre flexiblen Gehaltsanteile von den Umsätzen eines ganz anderen Produktes abhängen.

Resultierender Tipp für Produktmanager: Finden Sie heraus, wie die Entgeltsysteme für den Außendienst aussehen, speziell welche finanziellen Anreize für welche Produkte bestehen. Wenn Ihr Produkt nicht ausreichend Ansporn bietet („inzentiviert" ist), sind Sie benachteiligt – egal wie gut Ihre Marketingaktivitäten sind.

In diesem Falle sollten Sie gemeinsam mit Marketingleiter, Außendienstleiter und Geschäftsleitung eine Lösung finden, die auch für Ihr Produkt einen ausreichenden Anreiz bietet.

Wenn Sie wissen möchten, wie das Leben eines Pharma-Referenten in den USA wirklich aussieht, finden Sie die Erlebnisse im Buch von Jane Williams „Insider's Guide to the World of Pharmaceutical Sales" beschrieben.

Zentrale und Niederlassung

Die Firmenzentrale, wahlweise auch als „Stammhaus", „Mutterhaus" oder „Headquarters" bezeichnet bzw. je nach Firmensitz „Basel", „London", „Berlin" oder „New York" genannt, entwickelt die langfristige Strategie. Die Landesorganisationen, wahlweise auch „Länder", „Operating Societies" oder „nationale Niederlassungen" genannt, werden dann die Strategie vor Ort anpassen und umsetzen.

Meist besteht ein Spannungsfeld zwischen den beiden Parteien. Wenn große Firmen auch noch Zwischenebenen – wie beispielsweise eine Europazentrale in London, Zürich oder Paris – einziehen, wird die Lage zunehmend unübersichtlich, da jede Einheit darauf bedacht ist, die eigene Macht zu mehren.

In einem Unternehmen, das ich beriet, gab es sogar eine Osteuropa-Zentrale, die eigentlich weder strategisch noch operativ tätig sein durfte. Die Mitarbeiter waren hauptsächlich Mittler und Postversandstelle zwischen der Europazentrale und den einzelnen osteuropäischen Länderorganisationen – wenn sie nicht gerade für die Existenzberechtigung ihrer Abteilung kämpften.

Wenn Sie in der **Zentrale** arbeiten, lauten Ihre typischen Fragen an die Niederlassungen:

▶ „Was plant Ihr, um die Strategie zu realisieren?

▶ „Welche Meilensteine habt Ihr?"

▶ „Was braucht Ihr vor Ort noch an Unterstützung?"

Wenn Sie in der **Niederlassung** arbeiten, ist das Motto für Ihre Fragen an die Zentrale: „Welche Unterstützung könnt Ihr mir geben?"

Hier einige Beispiele:

▶ Richtlinien für die Markenführung

▶ Publikationen

▶ internationale Veranstaltungen

▶ Unterstützung der Meinungsbildner

▶ Vorschläge für Internetpräsenz

Seien Sie kreativ in den Dingen, die Sie beantragen oder einfordern! Egal, ob Sie in der Zentrale oder in der Niederlassung arbeiten: Halten Sie regelmäßigen Kontakt und sorgen Sie für einen intensiven Erfahrungsaustausch: Per E-Mail, durch Telefonate, durch persönliche Reisen in das Land Ihres Counterparts und durch gemeinsame Workshops.

Regelmäßige Information

Sorgen Sie für einen regelmäßigen Informationsfluss zu allen internen Stakeholdern. Ein kurzer monatlicher Newsletter über die Fortschritte bei Ihrem Produkt ist hilfreich und sorgt dafür, dass Ihr Produkt auf „den Radarschirmen" bleibt. Hinweis: „Kurz" bedeutet eine Lesezeit von weniger als einer Minute.

Teil H
Externe Kommunika-
tionskanäle

Übersicht über externe Kommunikationskanäle

Hier finden Sie einen Überblick über die Kommunikationswege zu den Kunden im Markt. Sie helfen Ihnen, einen Dialog mit Ihren Kunden zu beginnen und zu pflegen.

Weg	Beispiel
Experten	Fachbeirat, Fachgesellschaften
Veranstaltungen	Vorträge, Workshops, Kongresse
Wissenschaftliche Publikationen	Originalartikel, Übersichtsartikel
Persönliche Kontakte	Schlüsselpersonen, Networking
Marktforschung	Fragebogen, Interviews, Workshops
Elektronische Medien	Webseiten, Online-Videos
Presse- und Öffentlichkeitsarbeit	Journalisten, Medien
Werbung	Anzeigen, Broschüren
Vertrieb	Außendienstmitarbeiter
Direkt-Marketing	Print- und elektronische Mailings, Callcenter
Weitere Optionen	Continuing Medical Education (CME), klinische Studien, Praxispersonal, Selbsthilfegruppen, Sponsoring, einfallsreiche Aktionen

Wahl der Kommunikationskanäle

Eine häufig gestellte Frage ist: „Welches ist der effektivste Weg, um meine Zielgruppe zu erreichen". Die Antwort: Wählen Sie die Kanäle, die ihre Zielgruppe bevorzugt, also die Kanäle, die bereits jetzt oder wahrscheinlich in Zukunft genutzt werden. Dies bedeutet, dass die Kanäle von Zielgruppe zu Zielgruppe unterschiedlich sein können. In der Werbebranche spricht man von „kritischer Analyse der Mediennutzung der jeweiligen Zielgruppe und eine dementsprechende Medienauswahl mit käuferschaftsbezogener Mediaplanung".

Bieten Sie Ihrer Zielgruppe alle Optionen an: Postalische Adresse, Fax, Telefon, E-Mail, Website. Wenn der Arzt wichtig genug für einen Außendienstbesuch ist, ist ein Feld „Ich möchte vom Außendienst persönlich informiert werden" sinnvoll.

Wenn Sie eine Telefonnummer angeben, sollten Sie den Fachkreisen einen kostenlosen Anruf ermöglichen, also eine 0800-Servicenummer. Begriffe wie „Gratis-Hotline", „Hotline zum Nulltarif", „Service-Telefon" haben sich bewährt. Lassen Sie dort ab und zu anrufen, um herauszufinden, wie die telefonische Betreuung tatsächlich funktioniert.

Hier einige Beispiele für unterschiedliche Mediennutzung: Niedergelassene Ärzte hassen Faxe, während Apotheker daran gewohnt sind. Manche Allgemeinärzte möchten – neben der persönlichen Ansprache – vorwiegend über Printmedien angesprochen werden. Von Spezialisten wie Onkologen, Nephrologen und Transplantationsmedizinern höre ich oft den Ausspruch „Schicken Sie mir um Himmels willen kein Papier, sondern senden Sie mir alles elektronisch". Am besten fragen Sie Ihre Kunden selber, auf welchen Wegen sie bevorzugt angesprochen werden möchten.

Der Trend in der Kommunikation geht eindeutig von Print weg in Richtung online. Ein Beispiel ist der Konkurs des früher erfolgreichen Versandhauses Quelle, für den es vielfältige Gründe gibt. Ein Grund war, dass Quelle viel Geld in den Druck von Katalogen investierte, während der erfolgreiche Versandhändler Amazon alle Geschäfte online erledigt und noch nie einen Katalog gedruckt hat.

Experten: Fachbeirat, Fachgesellschaften

Bei Umfragen in der Bevölkerung rangiert die Glaubwürdigkeit der Pharma-Industrie leider oft auf den hinteren Plätzen. Produktbezogene Aussagen von Personen außerhalb der Pharma-Industrie erscheinen von vorneherein glaubwürdiger als Aussagen von Angehörigen von Pharmafirmen.

Wenn Sie jemanden überzeugen wollen, ist es sinnvoll, das Wort „überzeugen" in seine Bestandteile zu zerlegen, nämlich jemanden über Zeugen, das heißt mittels Zeugenaussagen zu einer bestimmten Auffassung zu bringen. Diese Zeugen sollten zuverlässige, neutrale Dritte sein, die den Sachverhalt bezeugen können. Die jeweiligen klinischen Studien erfordern ein hohes Maß an Sachkenntnis, welches oft nur wenige Experten aufbringen. Diese Experten wiederum sind oft in irgendeiner Weise in das Studienumfeld involviert, so dass es gar nicht so einfach ist, wirklich unabhängige Experten zu finden.

Pyramide der Meinungsbildner

Meinungsbildner-Pyramide

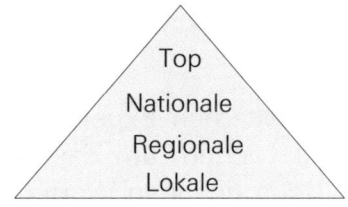

Reihenfolge berücksichtigen!

Die obige Abbildung illustriert die richtige Reihenfolge bei der Ansprache der Meinungsbildner. Sie fangen an der Pyramidenspitze mit wenigen internationalen Top-Meinungsbildnern an. Dann informieren Sie die nationalen, dann die regionalen und zum Schluss die lokalen Meinungsbildner. Dies illustriert die obige Meinungsbildnerpyramide.

Beraterverträge zwischen Experten und Pharmafirmen werden von der Laienpresse manchmal in grellen Farben beleuchtet. So wurde unter der Überschrift „Top Psychiatrist Didn't Report Drug Makers' Pay" berichtet, dass einer der einflussreichen Psychiater in den USA mehr als 2,8 Millionen US-Dollar in „consulting arrangements with drug makers" erhielt und dabei unter anderem vergaß, seinen Dienstherren, nämlich die Emory University, über einen ansehnlichen Teil davon zu informieren. (Quellen: New York Times und Fierce Pharma, 2008)

Merck & Co veröffentlichte zwischenzeitlich die namentliche Liste von Zuwendungen an Experten und Referenten in den USA. So wurden beispielsweise im III. Quartal 2009 an einen bestimmten Arzt in San Diego, California 22 692 US-Dollar und an einen anderen Arzt in New York 21 500 US-Dollar gezahlt.

Was bedeutet das für Sie?

▶ Sorgen Sie für Transparenz und speichern Sie alle Zahlungsströme an einem zentralen Ort, so dass Sie personenbezogen wissen, wie viel Ihr Unternehmen einem Experten insgesamt gezahlt hat.

▶ Sorgen Sie dafür, dass Sie alle Regeln und Richtlinien kennen und einhalten.

▶ Verteilen Sie Ihr Investment auf viele Personen, so dass keine Einzelperson unverhältnismäßig viel Geld erhält.

Advisory Boards

Eine Kooperation mit externen Experten und Meinungsbildnern (Key Opinion Leader) ist wichtig, um das Risiko-Nutzen-Verhältnis von Medikamenten mit den richtigen Worten und Bildern im Markt sichtbar zu machen und so das wirkliche Potential von neuen Therapieprinzipien zu realisieren. Dies kann geschehen in Form von Advisory Boards, Expertenrunden, Konsensus-Meetings oder Round Tables. Sie finden hierzu Hinweise und Empfehlungen, die besonders in der Pre- und unmittelbaren Post-Launch-Phase hilfreich sind.

▶ **1) Sorgfältige Auswahl**
Stimmen Sie die Auswahlkriterien der Experten innerhalb von Medizin und Marketing ab. Wenn Sie einen Experten-Workshop in größerer Runde vorschalten, können Sie die Kandidaten in Aktion zu sehen und leichter die Experten identifizieren, die ein authentisches Interesse an Ihren Studien und Produkten haben.

▶ **2) Limitierte Personenzahl**
Nehmen Sie maximal etwa vier bis acht Experten in Ihren privilegierten Zirkel auf. Dies erhöht das Prestige, Mitglied zu sein und reduziert das Risiko von „Fensterreden". Ein übersichtlicher Personenkreis, in dem man sich kennt, erleichtert den ehrlichen und offenen Austausch von Ideen und Meinungen.

▶ **3) Vertrauensbildende Maßnahmen**
Sie ermuntern die Experten, auch Einwände, Bedenken und kritische Meinungen offen zu äußern. Statt Ja-Sagern wollen Sie ja Sparringspartner und kompetente Ratgeber, die sich nicht davor scheuen, Ihnen mögliche Fallstricke aufzuzeigen. So können Sie die Vor- und Nachteile Ihrer strategischen Optionen und Pläne besser abwägen.

▶ **4) Vorbereitung von Meetings**
Bereiten Sie die Treffen inhaltlich und organisatorisch sorgfältig vor. Alle Eingeladen sollten sich als VIPs fühlen. Verschicken Sie die Agenda mit Fragestellungen im Voraus. Gewährleisten Sie eine straffe Moderation durch einen Ihnen wohlgesinnten älteren Experten mit Moderatorqualitäten.

▶ **5) Neue Ideen**
Stellen Sie strategische Fragen und hören Sie zu. Ermutigen Sie die Experten in Brainstorming Sessions, ihre kreativen Anregungen einzubringen. Ihre Advisory Board Meetings sind hervorragende Gelegenheiten, um neue Trends zu erfahren, andere Sichtweisen zu entwickeln und unkonventionelle Lösungsansätze zu diskutieren.

▶ **6) Kontaktpersonen**
Legen Sie fest, welche Personen als Gatekeeper persönlichen Kontakt zu den Experten aufnehmen dürfen, beispielsweise Medical

Advisor, Medical Scientific Liaison Manager und Produktmanager. So stärken Sie die Qualität und Kontinuität der Beziehungen.

▶ **7) Rechtliche Aspekte**
Machen Sie einen schriftlichen Vertrag, damit beide Seiten wissen, wofür sie Verantwortung tragen. Eine britische Pharma-Firma lässt sich inzwischen von den kooperierenden Experten unterschreiben, dass diese mit Bekanntgabe ihres Namens und erhaltenen Honorars einverstanden sind.

▶ **8) Honorare**
Selbstverständlich zahlen Sie nur für erbrachte Leistungen. Halten Sie die Honorare zwischen den Mitgliedern des Advisory Boards stimmig. Notieren Sie, welche Beträge die Experten erhalten und erfassen Sie abteilungsübergreifend und personenbezogen die Summen, welche die Experten insgesamt von Ihrer Firma erhalten.

▶ **9) Nachbereitung von Meetings**
Notieren Sie die Ergebnisse Ihrer Advisory Board Meetings auf wenigen Seiten. Danken Sie den Mitgliedern für ihre wertvollen Beiträge und halten Sie sie über die Fortschritte bei der Realisierung ihrer Ideen und Vorschläge auf dem Laufenden – beispielsweise mit einer Email, die Sie innerhalb von wenigen Tagen nach der jeweiligen Veranstaltung verschicken.

▶ **10) Exit-Strategie**
Begrenzen Sie von Anfang die Existenzdauer des geplanten Advisory Board. So können Sie sich nach ein oder zwei Jahren elegant und gesichtswahrend von Leuten trennen, die sich als unpassend erweisen.

▶ **11) Nachwuchs**
Halten Sie auf Kongressen Ausschau nach Referenten, welche die jetzigen Experten vielleicht einmal ersetzen können („Young Lions" oder „Rising Stars"). Wenn Sie bei Ihrer Suche fündig werden, laden Sie diese potentiellen Experten zu einem Kaffee oder Abendessen ein. So können Sie unverbindlich und informell deren zukünftige Relevanz für Ihre Firma abschätzen.

► 12) Netzwerken

Nutzen Sie jede Gelegenheit, Ihre persönlichen Beziehungen zu den Experten zu pflegen. Delegieren Sie diese Aufgabe niemals an eine externe Agentur. Schließlich werden Sie als Sprachrohr und Aushängeschild Ihrer Firma wahrgenommen – und diese Chance sollten Sie persönlich auch nutzen.

Veranstaltungen: Vorträge, Workshops, Kongresse

Veranstaltungen sind hervorragende Möglichkeiten, um menschliche Beziehungen zu pflegen und den Puls am Markt zu haben. Manche Ärzte, die im hektischen Praxisalltag keine Zeit für Gespräche mit Pharma-Referenten haben, sind hier offen für informelle Gespräche. Hier ein Wort der Vorsicht: Es gibt pharmafachfremde Eventagenturen, die nicht verstehen, dass Sie im Produktmanagement von Arzneimitteln und nicht im Entertainment-Business sind und Ihre primäre Aufgabe eine andere ist, als das Publikum zu unterhalten. Sie sind weder ein Gastspiele gebender Zirkus noch ein von Stadt zu Stadt ziehendes Wandertheater.

Kodex der pharmazeutischen Unternehmen beachten

Beachten Sie die Verhaltensregeln: Der Bundesverband der Pharmazeutischen Industrie (BPI) hat den „AKG" (Arzneimittel und Kooperation im Gesundheitswesen); der Verband Forschender Arzneimittelhersteller (VFA) hat den „FSA-Kodex" (Freiwillige Selbstkontrolle für die Arzneimittelindustrie). Der letztere hat von einer Pharmafirma einmal wegen einer „stark vergnügungslastigen Veranstaltung im Spreewald" eine Zahlung von 50 000 Euro erwirkt.

Was macht eine gelungene Veranstaltung aus?

Wann bezeichnen Fachkreise eine Veranstaltung als gelungen? Es spielen natürlich viele Faktoren eine Rolle. Wenn Sie beispielsweise die folgenden drei auswählen: „Nettes Ambiente", „Gutes Essen" und „Super-Referent", so ist basierend auf meiner Erfahrung der „Super-Referent" meist der ausschlaggebende Faktor. Wenn Sie einen Vortragenden haben, der ein aktuelles Thema sowohl einsichtsreich als auch spannend und kurzweilig beleuchtet, können Sie auch Bier und belegte Brötchen servieren. Wenn Sie hingegen einen schlechten Referenten haben, können Sie das auch mit gutem Essen und netten Ambiente („Wining and Dining") nicht wieder ausgleichen.

Wenn Sie einen wirklich interaktiven Workshop planen, sind 6 bis 12 Personen meist eine gute Zahl von Teilnehmern. Machen Sie nach Möglichkeit keine Workshops mit mehr als zwanzig Personen. Sie können die Zwiegespräche nicht unterbinden und Sie verlieren leicht die Kontrolle über die Diskussion. Wenn Sie mehr Personen einladen möchten, organisieren Sie entweder mehrere Workshops oder gleich eine Tagung.

Große Kongresse versus regionale Workshops

Auf die Frage „Was bringt mehr Return-on-Investment (ROI): Kleinere, regionale Workshops oder große, nationale oder internationale Kongresse?" lautet die Antwort: Das hängt von vielen Faktoren ab, insbesondere in welcher Phase des Lebenszyklus sich das Produkt befindet.

Für ein neues Produkt kann es angeraten sein, Experten und ausgewählte Verordner zu einem großen Kongress einzuladen. Für ein Produkt, dessen Patent in zwei Jahren ausläuft, ist dies wenig angebracht. Hier sind regionale Workshops mit Ärzten in unterschiedlichen Städten sinnvoller. Der zuständige Außendienstmitarbeiter sollte dabei vor Ort mit dabei sein.

Damit Ihre Kongresse besser gelingen, finden Sie hier drei Checklisten. Weitere Listen kann man für die eigentliche Durchführung erstellen. Am besten nutzen Sie das Know-how eines erfahrenen internen oder externen Event-Managements („Veranstaltungs-Management", „Congress Service", „Event Service"). Dabei sollten Sie keineswegs alles den veranstaltenden Dienstleistern überlassen. Sie haben das Ruder in der Hand und steuern im Hintergrund, damit Inhalte und Inszenierung stimmen.

Kongresse: Checkliste für die Vorbereitung

▶ Ziele festlegen
▶ Zeitpunkt frühzeitig festlegen
▶ Budget zur Verfügung stellen
▶ Beiträge zur Main Session unterstützen?
▶ Satelliten-Symposium organisieren?
▶ Experten-Workshops vorher oder nachher?
▶ Presse-Aktivitäten
▶ Stand bei Ausstellung: Material und professionelle Betreuung
▶ Hotel-Kapazitäten reservieren
▶ Aktuelle Themen mit interessanten Inhalten
▶ Wahl von rhetorisch versierten Referenten
▶ Zielgruppe: Die richtigen Leute einladen
▶ Aktionsplan erstellen und Verantwortliche benennen
▶ Verantwortliche für Organisation und Technik
▶ Kaffeepausen / Tagungsgetränke / Imbiss
▶ Räumlichkeiten
▶ Ein Laptop für alle Charts
▶ Backup-Gerät für Laptop und Beamer

- Wer begrüßt die Gäste?
- Wie gewährleiste ich die menschlichen Kontakte?

Einige Anmerkungen und Tipps:
- Wenn Sie die falschen Leute einladen, ist Ihr ROI stets niedrig.
- Wenn Sie bei Kongressen Geld sparen müssen: Investieren Sie eher in eine Präsenz im Hauptteil („Main Scientific Program"), in Arbeitsgruppen („Working Groups") oder in „Advisory Board Meetings" als in aufwändige Satellitensymposien. Ideal sind natürlich beide Optionen.

Die Zauberworte für Events: „Frühzeitig planen, rechtzeitig handeln"

Hier eine wahre Geschichte zu einem missglückten Satelliten-Symposium:

Eine Firma entschloss sich erst circa 9 Monate vor einem großen, internationalen Kongress dazu, ein Satelliten-Symposium durchzuführen. Leider waren zu diesem Zeitpunkt alle attraktiven „Slots", also Zeiten und Orte bereits vergeben. Das Programm fand dann zu einem ungünstigen Zeitpunkt in einer der hinteren, schwer zugänglichen Hallen statt. Trotz eines hochkarätigen Programms kamen nur wenige Teilnehmer – das Investment hätte man sich sparen können.

Veranstaltung: Checkliste für die Einladung

- Überschrift (Nutzenversprechender Titel)
- Programm: Zeit, Ort, Themen, Referenten
- Falls zertifizierte Fortbildung: Wie viele Punkte
- Kursdokumentation
- Kaffeepausen / Tagungsgetränke / Imbiss

- Teilnahmegebühr
- Ansprechpartner
- Anreise: Anfahrtskizze, Vorschläge für Flug …
- Formular für Antwort

Veranstaltung: Einladungen effektiver gestalten

Hier einige Tipps, wie Sie Einladungsschreiben für die Empfänger attraktiver machen:

▶ Angemessene Absenderangaben wählen

Wenn Grünenthal die Gynäkologen einlädt, ist es nicht das Unternehmen „Grünenthal", sondern die „Grünenthal Akademie Gynäkologie", manchmal noch in Verbindung mit dem „Berufsverband der Frauenärzte". Erwägen Sie, den Absender in Ihrem Einladungsschreiben an die Fachrichtung der eingeladenen Teilnehmer anzupassen oder zu ergänzen. Sie können so die Lesequote Ihres Einladungsschreibens erhöhen.

▶ Eine attraktive Überschrift schreiben

Nutzen Sie die Erkenntnisse aus dem Direktmarketing (siehe entsprechendes Kapitel in diesem Buch). Die Überschrift in Ihrem Brief sollte beispielsweise nicht beginnen mit „Informations-Veranstaltung" oder „Einladung", sondern „Ihre persönliche Einladung".

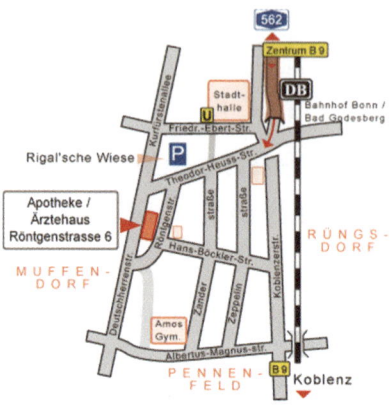

Wenn Sie Veranstaltungen häufig in denselben Orten haben, lohnt es sich, einen graphischen Designer zu beauftragen, eine gute Anfahrtskizze anzufertigen. Diese Skizze gestaltet man vorzugsweise in einem Schrifttyp und einer Farbe, die an Ihre Marke erinnert. Platzieren Sie diese Anfahrtskizze direkt in das Einladungsschreiben, so dass es mit allen Daten zu Titel, Ort, Datum, Uhrzeit Ihrer Veranstaltung verbunden ist.

Hinweis: Einer meiner Klienten hatte einen Teil der üblichen Stadtkarten einfach kopiert und hatte darauf hin eine rechtliche Auseinandersetzung mit dem Verlag wegen Verletzung des Copyrights. Dieses Problem umgehen Sie, wenn Sie eine eigene Skizze anfertigen lassen.

Veranstaltung: Nachbereitung

Um den ROI Ihrer Veranstaltung zu erhöhen, ist ein Follow-up sinnvoll. Leider wird er in vielen Unternehmen schlichtweg vergessen. Hierzu einige Punkte:

▶ Wer koordiniert den Follow-up?

▶ Durch Außendienst, Brief, E-Mail, Internet, etc.

- Welche Unterlagen eignen sich?
- Aktualisieren der Datenbank im Sinne von Customer Relationship Management
- Schätzen des Return-on-Investment
- Schlussfolgerungen für künftige Aktivitäten

Wissenschaftliche Publikationen: Originalartikel, Übersichtsartikel

„Veröffentliche, veröffentliche, veröffentliche!"

Sorgen Sie dafür, dass neue Daten von Studien so genutzt werden, dass sich idealerweise ein regelmäßiger Fluss von wissenschaftlichen Veröffentlichungen ergibt. In den Zentralen der großen Firmen gibt es oft eine Person („Publication Manager") oder sogar eine Gruppe („Publication Team"), die sich speziell um die Publikations-Strategie einer oder mehrer Produkte kümmert.

Sie gibt Hilfestellungen, schlägt Übersichtsartikel vor, erinnert säumige Autoren, kooperiert mit Medical Writern und koordiniert alle Aktivitäten. Diesen wichtigen Funktionen wird oft die gebührende Anerkennung versagt, da manche Produktmanager nicht ahnen, wie viel Arbeit hinter einer guten Publikation steckt. Sie als Produktmanager sollten diese Personen in jeder Weise unterstützen und dabei auch Hilfe bei der verbalen Formulierung der „Zusammenfassung" oder der „Schlussfolgerungen" des Manuskriptes anbieten. Achten Sie dabei darauf, dass die wissenschaftlichen Sachverhalte an einer Stelle des Manuskriptes in kurzen, prägnanten, bejahenden Sätzen zum Ausdruck kommen. Für Sie ergeben sich daraus leicht zitierbare und daher gut verwendbare Aussagen für Ihre Folder, Broschüren und weiteren Dokumente.

Es gibt auch Firmen, die eine eigene Zeitschrift gründen. Die Hexal AG ist beispielsweise als Herausgeber der Zeitschrift „Menopause & Contraception" in Erscheinung getreten, wobei ein erfahrener Experte die wissenschaftliche Leitung übernahm.

Sobald Sie wissen, dass ein Manuskript in einer renommierten Zeitschrift akzeptiert wurde, sollten Sie den Verlag kontaktieren und über die Konditionen für eine ausreichende Zahl von Sonderdrucken verhandeln – vorzugsweise mit dem jeweiligen Titelblatt des Journals auf der ersten Seite. *Hinweis:* Wenn Sie einfach den Originalartikel hundert oder tausendmal kopieren, stellt dieses eine Verletzung des Copyrights dar, was Sie teuer zu stehen kommen kann.

Verteilen Sie die Sonderdrucke schnell und großzügig – sie werden durch Lagerung nicht besser, sondern nur unattraktiver. Geben Sie die Sonderdrucke an den Außendienst, geben Sie sie am Stand von Kongressen ab und stellen Sie sie bei Workshops den Teilnehmern zur Verfügung.

Tipp: Legen Sie den Sonderdruck in eine hochwertige, transparente Prospekthülle, auf die Ihr Produktlogo gedruckt ist, so dass die Verbindung zwischen der untersuchten Substanz und Ihrer Marke offensichtlich ist. Wenn Ihre Einkaufsabteilung meint, an der Prospekthülle sparen zu können, sollten Sie dennoch auf einer hochwertigen und damit teuren Version bestehen. Wenn die Ärzte den Sonderdruck wegwerfen, nutzen sie die schöne Prospekthülle meist für ihre eigenen Unterlagen immer wieder. Jedes Mal, wenn sie diese in die Hand nehmen, erblicken sie das Logo Ihres Produktes. Hier sollten Sie daher nicht sparen.

Wer schickt den Sonderdruck an Ihre Ärzte?

Schicken Sie wichtige Publikationen als Sonderdruck an die Ärzte in Ihrer Datenbank. Statt Ihr Geld in ein weiteres Mailing (das meist als Werbung interpretiert wird) zu investieren, wählen Sie den wissenschaftlichen Weg: Fragen Sie den Leiter der klinischen Prüfung („Principal Investigator") bzw. den wichtigsten Autor, ob er bereit ist, den Begleitbrief zur Aussendung des Sonderdrucks zu schreiben bzw. zu unterschreiben. Der Text ist selbstverständlich neutral gehalten und erwähnt nur die Substanz, nicht jedoch den Markennamen. Der Text eines solchen Begleitbriefes könnte beispielsweise wie folgt lauten:

- Online-Musterbestellmöglichkeiten
- Face-to-Face-Kommunikation per Webkamera und Breitbandanschluss
- Live „electronic detailing" mit einem „tablet personal computer" oder einem „electronic book reader"

Firmen investieren zunehmend in diese Optionen. Um erfolgreich zu sein, braucht man neben technischen Elementen (Content-Management-Systeme, Portal-Vorlagen-Standards, etc) vor allem motivierte Mitarbeiter und Dienstleister mit speziellem Know-how – und die Kooperation des Außendienstes, der sich möglicherweise dadurch kontrolliert fühlt. Bei Interesse kontaktieren Sie eine darin erfahrene Agentur.

Direct-To-Consumer-(DTC)-Marketing

Die Laien darf man produktbezogen nur für verschreibungsfreie Medikamente ansprechen. In Deutschland (im Gegensatz zu den USA) ist dies für verschreibungspflichtige Medikamente nicht erlaubt. Man darf aber die Laien allgemein über Diagnostik und Therapiemöglichkeiten einer Krankheit informieren („Disease Awareness Sites").

Wichtig ist, dass ein ausgewogenes Bild gemalt wird, das unter anderem auch Prävention und nicht-medikamentöse Behandlungsmöglichkeiten (wie beispielsweise gesunde Lebensweise) enthält. Als Kommunikationskanäle haben Firmen verschiedene Optionen erfolgreich realisiert. Beispiele sind Beileger in Packung, Patienten-Ratgeber-Broschüren, elektronischer Newsletter, Mailings per Post, Telefon-Hotline und Webseiten.

Webseiten für Laien

Hier einige Beispiele:

- Die Seiten www.ms-gateway.com und www.ms-gateway.de von BayerHealthcare geben praktische Informationen zu Diagnose und Behandlungsmöglichkeiten von Multipler Sklerose für Kranke, Familienangehörige und Freunde. Der Name des verschreibungspflichtigen Produktes Betaferon® bzw. Betaseron® (weltweiter Umsatz circa 1 Milliarde Euro) wird nicht erwähnt. Auch andere Firmen haben in dieser Indikation entsprechende Seiten online.

▶ Die Seite www.aktivgegenmigraene.de von MSD gibt Migräne-Patienten praktische Ratschläge und beantwortet viele Fragen. Der Name des verschreibungspflichtigen Produktes Maxalt® wird nicht erwähnt.

▶ Die Seite www.luft-zum-leben.de von GlaxoSmithKline gibt Asthma-Patienten Tipps zum richtigen Inhalieren mit Pulverinhalatoren.

▶ Die professionell gestaltete Seite www.helden-der-liebe.de von Lilly (Motto „Aus Liebe zur Liebe") bietet als Patienten-Service eine Facharztsuche: „So finden Sie den Arzt Ihres Vertrauens. Schnell und komfortabel: Mit unserer Suche finden Sie einen Facharzt für Erektionsstörungen in Ihrer Nähe." Der Name des verschreibungspflichtigen Produktes Cialis® wird nicht erwähnt.

In der folgenden Tabelle finden Sie weitere ausgewählte „Disease Awareness Sites" und ähnliche Websites, die den Nicht-Fachkreisen ermöglichen, ihr Wissen über spezielle Krankheiten schnell und gratis zu aktualisieren:

Disease Awareness Site	Sponsernde Firma
www.lebenohneschmerz.de	Medtronic
www.schmerz.de	Hexal
www.kopfschmerz.de	Boehringer Ingelheim
www.femaleaffairs.de	Essex Pharma
www.ed-magazin.de	Eli Lilly
www.crohnscorner.ch	Essex

Ein Beispiel für „Health 2.0" oder „Medizin zum Mitmachen" ist die Seite www.patientslikeme.com als Basis für eine „Online-Community", in der Patienten Leidensgenossen mit der gleichen Krankheit finden können. Das Motto lautet: „Do you have a life-changing condition? Learn from the real-world experiences of other patients like you". Diese Online-Community und die Pharmafirma UCB haben eine strategische Partnerschaft mit folgendem Ziel vereinbart: „To create an online, open epilepsy community that captures real-world experiences of people living with epilepsy in the U.S."

Falls Sie derartige Online-Aktivitäten planen, so schauen Sie sich die genannten Webseiten an, damit Sie Ihre Agentur nicht dafür bezahlen, „das Rad neu zu erfinden".

Hier einige Fragen an Sie als Leser: Viele Firmen kennen die Verwender ihrer Produkte nicht. Wie viele Ihrer Endkunden kennen Sie namentlich? Möchten Sie die kennenlernen? Wenn ja, was tun Sie, um das zu erreichen? Wäre es eine Option, dass der Betrachter seine E-Mail-Adresse auf der Webseite eingibt, um beispielsweise einen dreimonatlichen Newsletter zu erhalten?

Wie Sie Ihre Webseite bekannt machen

Sorgen Sie dafür, dass die Adresse der Webseite („URL"), die Ihre Zielgruppe besuchen soll, überall prominent erscheint: Auf Broschüren, Anzeigen, Einladungskarten, Briefen, Mailings, E-Mail-Signatur, usw. Das kostet Sie keinen Euro mehr und generiert Traffic zu Ihrer Webseite, wird aber leider oft vergessen. Vielleicht wollen Sie ja die zwanghafteste Person in Ihrer Umgebung bitten, die Angabe der Webadresse in allen Dokumenten zu kontrollieren, bevor Sie etwas freigeben.

Achten Sie auf mobilfähige Inhalte

In Deutschland gibt es mehr als 100 Millionen Mobilfunkanschlüsse. Das Mobiltelefon übertrifft so die Verbreitung jeglicher anderer Informationskanäle. Die mobilen Endgeräte (Smartphones, Blackberries, iPhone, etc.) erfordern „mobilfähige Inhalte", da sie technische Restriktionen bei der Darstellung von E-Mails und Webseiten haben.

Besonders zu beachten sind beispielsweise Format, Anzahl der darstellbaren Zeichen, Lesbarkeit der Inhalte, usw. Hier einige Tipps:

- Die ersten zwei bis drei Sätze sollten bereits die wichtigsten Informationen enthalten, da auf dem ersten Blick im Display oft nur die ersten 20 bis 25 Wörter erscheinen.

- Verzichten Sie auf Fotos, Grafiken oder gar Videos, da die Übertragung der notwendigen Daten sehr viel Zeit benötigt.

- Verzichten Sie auf komplizierte Formulare.

- Gestalten Sie Navigationselemente ausreichend groß.

- Geben Sie den Link zu einer Webseite, auf welcher der Empfänger den Text in einer lesefreundlichen Version sehen kann oder als Dokument downloaden kann.

- Senden Sie den Newsletter als Test an Ihr eigenes mobiles Endgerät. So entdecken Sie, ob Sie Text und Format optimieren sollten, bevor Sie den Newsletter an den großen Verteiler schicken.

Schlechte und gute E-Mail-Signaturen

Die E-Mail-Signatur ist der Block von Zeichen, den Ihr E-Mail-Programm automatisch am Ende jeder E-Mail einfügt und die Kontaktaufnahme erleichtert. Der geschäftliche Schriftverkehr unterliegt rechtlichen Normen, der gewisse Pflichtangaben vorsieht, wie beispielsweise den Firmennamen inklusive Geschäftsform wie im Handelsregister eingetragen, die postalische Anschrift und weitere Angaben, die Ihnen Ihre Firma vorschreibt.

Die wichtigsten Angaben sollten Sie nicht nur in einer schönen Grafik unterbringen, sondern auch als Zeichen im Text des E-Mails. Dies bietet zwei Vorteile: Erstens erleichtern Sie den Kunden, die Ihre E-Mail auf einem mobilen Endgerät empfangen, das Lesen Ihrer Absenderdaten (Siehe Kapitel „Achten Sie auf mobilfähige Inhalte"). Zweitens erleichtern Sie den Kunden, die Ihre Absenderdaten in ihre jeweiligen Adressdateien durch „Copy and Paste" einfügen möchten, das Erfassen der Daten.

Weiterhin können Sie neben der üblichen Unternehmenswebsite freiwillig weitere Angaben hinzufügen, die jede Ihrer E-Mails zu einem preiswerten Marketinginstrument machen:

- ▶ Ihre Produktwebseite (www.examplex.de)
- ▶ Eine „Disease Awareness Seite" (siehe Kapitel „Webseiten für Laien")
- ▶ Eine „Tagline", also einen kurzen Slogan, der Ihre Botschaft in einem kurzen, leicht merkbaren Satz verdichtet hat.

Online-Marketing und Internet-Strategien

Hintergrund

Der Wandel von Print, von Tonträgern und vom Einzelhandel zu online ist in vollem Gange – im Englischen spricht man auch vom „Trend to Digital Media". Wie immer bei neuen Entwicklungen wird es dabei Gewinner und Verlierer geben. Wollen Sie dabei nur Beobachter bleiben oder möchten Sie die faszinierenden Chancen des Web für sich nutzen?

Beim Handel sind die traditionellen Einzel- und Zwischenhändler die Verlierer und die Internet-Handelskonzerne die Gewinner. Ein Beispiel für ein Unternehmen, das es kalt erwischt hat, ist das früher erfolgreiche Versandhaus Quelle. Es hatte die Zeichen der Zeit nicht erkannt und auf alten Geschäftsmodellen beharrt. Im Markt machen jetzt Online-Händler wie Ebay und Amazon die Geschäfte – mit hervorragenden Umsätzen.

Jüngste Beispiele für den Wandel von Print zu Online sind Manuskripte, die an den großen Verlagen vorbei zuerst zum Download auf der eigenen Webseite der Autoren angeboten wurden und danach als Print-on-Demand und e-Book auf den Webseiten von kleinen, unscheinbaren Buchverlagen preiswert im Internet vermarktet werden. Man spricht hier auch von „Liquid Literature" oder „viraler Literatur". Im Erfolgsfall werden die großen Buchverlage erst danach darauf aufmerksam.

Bei Gesundheitsfragen ist das Internet inzwischen (nach Freunden und Familie) die zweitwichtigste Informationsquelle bei Gesundheitsfragen geworden.

Etwa zwei Drittel der Deutschen haben in den letzten Monaten verschreibungsfreie Medikamente über das Internet bestellt. Erste Anlaufstelle für die Online-Informationssuche sind für 77% der User Suchmaschinen wie Google. Das höchste Vertrauen genießen von anderen Nutzern erstellte Inhalte, sogenannter User-Generated-Content. (Quelle: Digital Influence Index 2012, Fleishman-Hillard und Harris Interaktiv. In: PM-Report 6/12)

Die Gesamt-Kommunikations-Strategie von Pharma- und Medizinprodukte-Firmen enthält heute daher stets auch eine digitale Komponente, die mit den anderen Komponenten eng verzahnt ist.

Test Ihrer Online-Präsenz

Hier drei einfache Teste, um abzuschätzen, wie gut Ihre Firma im Online-Bereich aufgestellt ist:

▶ 1) Stellen Sie sich vor, Sie wären Arzt oder Apotheker und wollen mehr über das betreffende Produkt erfahren. Geben Sie den Produktnamen bei Google ein.

▶ 2) Stellen Sie sich vor, Sie wären Patient oder Familienangehöriger und wollten mehr über die betreffende Indikation oder Krankheit erfahren. Tippen Sie bei Google die entsprechenden Worte ein.

Schauen Sie nun jeweils, wer auf der Suchresultatseite ganz oben steht: Sind es Diskussionsforen, Dienstleister, Zeitschriften oder sogar Mitbewerber, welche die Deutungshoheit über Ihre Produkte und Indikationen haben?

▶ 3) Gehen Sie auf Ihre Firmen-Webseite und versuchen Sie, (gegebenenfalls im Doc-Check geschützten Fachkreis-Bereich) mehr über den Stellenwert Ihres Produktes in den aktuellen Therapieempfehlungen zu erfahren.

Wie leicht gelingen Ihnen die obigen drei Aufgaben?

Für den Fall, dass sie zu verbesserungswürdigen Ergebnissen kommen: Vielleicht möchten Sie die nächsten Seiten nutzen, um zu erfahren, wie Sie die faszinierenden Möglichkeiten der digitalen Welt für sich nutzen können.

Vielleicht möchten Sie die Ergebnisse auf die drei Fragen auch live, also direkt online Ihrem Chef oder der Geschäftsleitung präsentieren. Sie könnten sich so das Mandat holen, die Online-Strategie Ihrer Firma zu optimieren. Ihre Produkte, Ihre Kunden und Sie werden davon profitieren. Dieses Projekt hat den Vorteil, dass Sie relativ leicht Fortschritte erzielen und Ihre Erfolge transparent und messbar nachweisen können.

Falls Sie wenig Zeit haben und in der Kürze konkrete Vorschläge haben möchten, wie Sie Ihre Online-Aktivitäten verbessern und auf höhere Leistung bringen können, finden Sie hier eine 10-Punkte-Liste. Aus meiner Erfahrung scheitern viele Pharma-Firmen schon an der Realisierung dieser grundlegenden 10 Punkte. Wenn Sie in die Tiefe gehen möchten, finden Sie in den nachfolgenden Kapiteln und den aufgeführten Webseiten detailliertere Vorschläge, Anleitungen und Hinweise.

Die 10-Punkte-Liste zur Verbesserung Ihrer Online-Präsenz

▶ **1) Ihre Webseite erscheint nicht unter den ersten zehn Suchergebnissen für die relevanten Stichworte**

Tipp: Optimieren Sie Ihre Webseiten hinsichtlich des Erscheinens in den Suchmaschinen. Hinweise zu Search Engine Optimization finden Sie in diesem Buches als auch auf www.seo-pharma.de

▶ **2) Der Text auf den Webseiten ist für den Nutzer langweilig, da er firmenzentriert ist**

Tipp: Schreiben Sie einen kundenorientierten Text, der sich lebendig und spannend liest und der dem Leser einen klaren Nutzen bringt.

▶ **3) Sie wissen nicht, ob Ihre Webseite überhaupt betrachtet oder gelesen wird**

Tipp: Bieten Sie ein interessantes Dokument, beispielsweise aktuelle Therapieempfehlungen oder eine Patientenbroschüre, als PDF an und messen Sie die Downloadraten.

▶ **4) Die Webseite enthält bunte Bilder, die aber keine Botschaft an den Betrachter vermitteln**

Tipp: Beauftragen Sie einen Fotografen, neue ausdrucksstarke Bilder zu machen, die im Einklang mit Ihrer verbalen Botschaft stehen. Bringen Sie Ihre verbale Botschaft auch unterhalb des Bildes, so dass der Betrachter weiß, wie er das Bild interpretieren soll.

▶ **5) Es dauert lange, bis sich die Webseite auf dem Bildschirm aufbaut**

Tipp: Entfernen Sie aufwändige Animationen und ersetzen Sie hochauflösende durch geringauflösende und damit weniger Speicherplatz benötigende Bilder.

▶ **6) Die Webseite stellt sich auf mobilen Endgeräten wie Smartphones und iPhones suboptimal dar**

Tipp: Beauftragen Sie Ihre Webagentur, die Webseite für mobile Endgeräte so zu gestalten, dass sie sich auch auf den kleinen Bildschirmen gut darstellt. Tipps zur Mobilfähigkeit finden Sie in diesem Buch und auf www.pharmaonlinemarketing.com

▶ **7) Sie sind sich im Unklaren, ob Sie in die Social-Media-Kanäle Twitter und Facebook investieren sollen**

Empfehlung: In die Kanäle Twitter und Facebook dürfen Sie in Europa bei verschreibungspflichtigen Arzneimitteln sowieso nicht investieren. Auch bei verschreibungsfreien Arzneimitteln und Medizin-Produkten sollten Sie vorsichtig sein. Die rechtlichen Aspekte sind oft heikel und die Effektivität oft unklar. Mehr dazu in weiteren Kapiteln und auf www.social-media-pharma-marketing.de

▶ **8) Ihre Mitbewerber sind mit Videos auf der Video-Plattform YouTube präsent, während Ihre Firma durch Abwesenheit glänzt**

Tipp: Bringen Sie Videos mit allgemeinen Hinweisen (Diagnose, gesunde Lebensführung, unterstützende Maßnahmen) zur relevanten Indikation, so dass sich Patienten und Familienangehörige informieren können.

▶ **9) Ihre Mitbewerber bieten auf ihren Webseiten Newsletter an und Ihre Firma nicht**

Tipp: Starten Sie einen Newsletter, den man gratis abonnieren kann. Sie haben so einen kurzen Draht zu Ihren Kunden. Hinweise dazu finden Sie in diesem Buch und auf www.effektive-newsletter.de

- 10) Online- und Offline-Aktivitäten könnten besser miteinander verzahnt werden

  Tipp: Alles, was Sie in der wirklichen Welt tun, sollte seinen Niederschlag auch im Web finden gemäß dem Motto „Webify it". Ernennen Sie in Ihrem Team eine Person, die regelmäßig dafür sorgt, dass alle relevanten Inhalte („Content") auch auf Ihrer Webseite erscheinen.

Search Engine Optimization (SEO)

Tipps für die Suchmaschinen-Optimierung im Internet: Wie Sie einen Google-Spitzenplatz erreichen

„A higher ranking on search engines means better visibility and more leads"

Relevanz der Sichtbarkeit im Internet

Eine hohes Ranking in Suchmaschinen bedeutet für Ihre Firma und Ihre Produkte mehr Aufmerksamkeit, mehr potentielle Kunden und damit einen klaren Wettbewerbsvorteil.

Zunehmend informieren sich Ärzte und Patienten digital im Internet über Krankheiten und Therapiemöglichkeiten. Allein in Deutschland bekommt Google jede Sekunde über 100 gesundheitsbezogene Anfragen. Gesundheit rangiert bei YouTube an fünfter Stelle der am häufigsten gesuchten Kategorien und es wird von 35% der Gesundheitsberufe genutzt (Quelle PM-Report 9/12, basierend auf eyeforpharma, Pharma Marketing Research und Web 2.0).

Manche Verbraucher machen sich so zu selbsternannten Experten für Krankheiten, die sie oder die Menschen in ihrem Umfeld betreffen – grenzüberschreitend und unabhängig von nationalen Regelungen.

Webseiten, die bei den Suchmaschinen-Ergebnissen ganz oben erscheinen, haben die meisten relevanten Besucher und so einen Vorsprung gegenüber den Mitbewerbern. Um das zu erreichen, gibt es die „Search Engine Optimization" (SEO), auf Deutsch auch „Suchmaschinen-Optimierung" (SUMO) und auf Französisch „référencement naturel" oder „référencement organique" genannt.

Hier dazu eine Fallstudie aus der umkämpften Reiseveranstalter-Branche: Wer bei Google die Begriffe „Ferienhäuser" und „Italien" eintippt, bekommt als erstes Ergebnis „www.tui-ferienhaus.de" angezeigt. „Das ist für uns schon die halbe Miete", so Karin Scharnhusen, „die User klicken unsere Seite an und sehen unsere Angebote". (Quelle: Financial Times Deutschland, 11. Mai 2012). Um künftig auch bei anderen Begriffen wie etwa „Ferienwohnungen" auf einem virtuellen Logenplatz zu landen, arbeitet der Reiseveranstalter mittels Search Engine Optimization daran, seine Sichtbarkeit in den Suchmaschinen weiter zu optimieren.

Google als beherrschender Suchmaschinen-Betreiber

Die zunehmende Bedeutung von Suchmaschinen zeigt sich auch in den sprudelnden Gewinnen des größten Suchmaschinen-Betreibers Google. Der Internet-Gigant Microsoft hingegen hat die Bedeutung von Suchmaschinen erst spät erkannt. Im vierten Geschäftsquartal 2012 hatte Microsoft den ersten Verlust als börsennotiertes Unternehmen (etwa 400 Millionen Dollar) – nach Jahren von kontinuierlichen Milliardengewinnen. Dieser Verlust beruhte hauptsächlich auf dem verunglückten Zukauf der Online-Werbefirma Aquantive. Google's Suchmaschine Bing hat trotz der Kooperation mit Yahoo einen schweren Stand gegenüber dem Marktführer Google.

Pfeiler des Online-Marketing

Eine Online-Marketing-Strategie steht nicht für sich alleine, sondern sollte stets integraler Teil einer übergeordneten Marketing- und Business-Strategie sein. SEO, also Search Engine Optimization, ist einer der wichtigen Säulen für ein erfolgreiches Online-Marketing. Eine andere wichtige Säule ist die Optimierung der Benutzerfreundlichkeit («Usability»). In diesem Zusammenhang spricht man von einem guten «User Experience» (UX) für den Nutzer.

Ziel der Optimierung der Internetpräsenz ist letztendlich, dass der Nutzer das macht, wozu Sie ihn auffordern, was sich in hohen Konversionsraten (Conversion Rates) äußert.

Search Engine Strategies (SES): Basis

„Effektive SEO --> bessere Online-Sichtbarkeit
--> mehr Besucher"

Bei allen Hinweisen zur SEO sollte man stets daran denken, dass die Webseiten vor allem für Menschen gedacht sind und die Nutzer die Webseiten für lesenswert halten sollen. Diese Strategie und das Einhalten der „search engine rules and policies" nennt man auch „White Hat SEO", was bedeutet, dass man ethisch und regelkonform arbeitet.

Im Gegensatz zum regelkonformen Vorgehen steht das absolut nicht-empfehlenswerte „Black Hat SEO", welches mit Tricks arbeitet wie „white text", „Link farming" oder „hidden meta fields". Meist werden diese Tricks von den Suchmaschinen wie Google erkannt und mit einem schlechten Ranking in den Ergebnislisten bestraft.

Für den oberflächlichen Betrachter sehen viele Empfehlungen der Search Engine Optimization (SEO) auf den ersten Blick einfach aus. SEO ist aber eine Mischung aus Kunst, Handwerk und Wissenschaft. Man braucht Talent, Erfahrung und professionelles Know-how, um SEO wirklich zu meistern. Die Verbesserung des Rankings einer Webpräsenz erfordert einen ganzheitlichen Ansatz, der neben einem sicheren Gefühl für die passenden Onpage- und Offpage-Optimierungsprozesse auch das richtige Timing umfasst.

SEO und SEA

Search Engine Advertising (SEA), manchmal auch Search Engine Marketing (SEM) genannt, sind die bezahlten, also gesponserten Anzeigen bei Google, die im rosafarbig hinterlegten „Paid Listing" Bereich erscheinen, der mit dem Begriff „Anzeige" gekennzeichnet ist. Hier zahlen die sponsernden Unternehmen für jeden getätigten Click, daher auch Pay Per Click (PPC) genannt.

Search Engine Optimization (SEO) verbessert das Ranking in den natürlichen Ergebnissen der Suchmaschinen, daher auch organische Resultate oder „Organic Listing" genannt. Hier kann man sich einen Spitzenplatz nicht kaufen, sondern nur durch Maßnahmen der Suchmaschinenoptimierung erarbeiten.

Vorzüge von SEO

Welches sind die Vorteile von Search Engine Optimization (SEO) gegenüber Search Engine Advertising (SEA)?

Schauen wir, wo die Besucher einer Webseite typischerweise herkommen: Die meisten Besucher kommen von den natürlichen, also den organischen Ergebnissen der Suchmaschinen. Relativ wenige Besucher kommen von gesponserten Online-Anzeigen wie Google Adwords, auf die sie geklickt haben. Auf der digitalen Marketing-Konferenz „adtech 2012" in London wurden die Zahlen einer Studie vorgetragen, welche die überragende Bedeutung der organischen («natürlichen») Suchresultate verdeutlicht: So stammten 94% der Besucher einer Webseite von den natürlichen Suchergebnissen, während nur 6% von den bezahlten Suchergebnissen kamen.

Ungeachtet dieser Zahlen werden Ihnen viele Agenturen am liebsten ausschließlich Google-Adwords-Kampagnen (also die typische Form der SEA) verkaufen. Diese sind relativ einfach steuerbar und anspruchslos durchführbar – aber sie bringen weniger Traffic auf die Zielwebseiten als SEO, welche die natürlichen Suchergebnisse verbessert.

Um im Konsumgüterbereich die Zahl der Transaktionen zu erhöhen, ist eine Kombination von SEO und SEA sinnvoll, auch «integrated SEO and PPC strategy» genannt, wobei PPC für Pay-Per-Click steht.

Pharma-spezifische Aspekte

Es gibt eine ganze Reihe von Werkzeugen wie beispielsweise GoogleAnalystics, Google Keyword Tools, Google Webmaster Central und andere Tools, die für SEO hilfreich sein können.

Einschränkend ist zu bemerken, dass aufgrund der speziellen Begrifflichkeiten, niedrigen Besucherzahlen und rigiden rechtlichen Restriktionen diese Tools im Pharma-Bereich längst nicht so aussagekräftig sind wie in anderen Branchen, beispielsweise der Konsumgüter-Branche.

E-Commerce, also das direkte Verkaufen von Produkten an den Endverbraucher via Webseiten, ist in europäischen Ländern für verschreibungspflichtige Arzneimittel klassischerweise verboten. Der legale Distributionskanal für verschreibungspflichtige Medikamente geht stets über das ärztliche Rezept, das dann in einer Apotheke (die auch eine Versandhandels-Apotheke sein kann) eingelöst wird.

Durch das Heilmittelwerbegesetzt und das Arzneimittelgesetz unterliegt die Vermarktung von Arzneimitteln sehr engen Restriktionen. Manche Pharmafirmen legen daher bei verschreibungspflichtigen Arzneimitteln einen Schwerpunkt auf produktunspezifische Indikations-Webseiten, auch «unbranded educational websites», «indication websites» oder «disease awareness websites» genannt. Diese Webseiten sind für Nicht-Fachkreise («Laien») gedacht, also für Patienten, Betroffene und Familienangehörige. Hier findet man allgemeine Tipps und Empfehlungen für die Erkennung, Behandlung und Nachsorge der entsprechenden Krankheiten sowie Hinweise für eine gesunde Lebensführung.

Transparenz

Da die Suchmaschinenbetreiber ihre genauen Suchkriterien geheim halten, gibt es in der Szene unterschiedliche Meinungen über die Relevanz der einzelnen Faktoren. Die meisten Diskussionen über die besten Maßnahmen zur Suchmaschinen-Optimierung ergeben daher unterschiedliche Auffassungen und heterogene Meinungsbilder.

Hilfreich bei der Bewertung unterschiedlicher Aussagen ist, inwieweit jemand nur Konzepte oder Pläne vorbringt oder tatsächlich nachweisbar gute Google-Rankings für bestimmte Keywords erreicht hat – was sich ja schnell online nachprüfen lässt. Auf diese Weise kann man bei Anbietern leicht die Spreu vom Weizen trennen.

Ihr Ziel bei SEO

„You want more targeted traffic to your site"

Erstrebenswert ist, dass der Link zu Ihrer Webseite bei den natürlichen Suchresultaten der ersten Search Engine Results Page (SERP) möglichst weit oben erscheint.

Frage: Könnten Sie es schaffen, eine neue, spezielle Webseite in etwa zwei Monaten auf einen der Spitzenplätze bei den organischen Suchergebnissen zu platzieren?

Sie können es wahrscheinlich schaffen – unter folgenden drei Voraussetzungen:

- ▶ 1) Die Stichworte, die Sie interessieren, sind speziell, charakteristisch und haben für die Alltagssprache einen gewissen Seltenheitswert. Hingegen sind Wörter wie beispielsweise „Urlaub", „Geld", „Auto" oder „Pizza" schon seit vielen Jahren in festen Händen anderer Anbieter.

- ▶ 2) Ihre Mitbewerber haben in dieser Hinsicht geschlafen oder es aus anderen Gründen nicht geschafft, ihre Präsenzen zu optimieren.

- ▶ 3) Sie berücksichtigen die Empfehlungen und Tipps zur „On-Page-Optimierung"und „Off-Page-Optimierung", die Sie in diesem Buch finden.

Offpage- versus Onpage-Optimierung

Maßnahmen der Offpage-Optimierung, also speziell Links von anderen externen relevanten Webseiten beeinflussen das Ranking in Suchmaschinen am meisten. Es werden Einfluss-Zahlen von 40% bis 70% genannt. Maßnahmen der Onpage-Optimierung (also beispielsweise Webadresse, Metatags und Texte) tragen geringer zum Ranking in Suchmaschinen bei. Die Auffassungen zur relativen Relevanz der beiden Maßnahmen variieren allerdings in der SEO-Szene.

Der Inhalt zählt

„Content is king" oder „Inhalt ist König"

Den obigen Spruch hört man häufig – leider wird er oft ungenügend berücksichtigt. Zutreffender müsste er heißen «unique content is king» oder «einzigartiger Inhalt ist König». Eine Website kann nur mit relevanten, interessanten und aktuellen Inhalten erfolgreich sein. Man sagt, dass Webseiten Texte mit mindestens 300 bzw. mehr als 500 Worten enthalten müssen, um von den Suchmaschinen als relevant erachtet zu werden. Kürzere Texte werden als weniger bedeutsam erachtet.

„Write keyword-rich copy but don't overdo it"

Die wichtigsten Keywords sollten bevorzugt vorn im Text, in Überschriften und in Zwischenüberschriften vorkommen und sich weiter im anschließenden Text wiederholen – und zwar so häufig, wie man es in natürlich geschriebenen Texten erwarten würde. Die „Keyword density" sollte also angemessen sein.

Sprache

„Am Anfang war das Wort"

Identifizieren Sie die essenziellen Worte, die Teil der verbalen Essenz, also des Vokabulars Ihrer Marke, sein sollten. Sie sollten sich über die sprachlichen Inhalte im Klaren sein, insbesondere welches die wichtigen spezifischen Schlüsselwörter („Keywords") sind, nach denen Ihre Kunden suchen und die daher in Ihren Texten stets auftauchen sollten.

Diese Aufgabe klingt einfach, sie ist es aber nicht. Die Tragweite der richtigen Wortwahl wird beim Aufbau einer Webseite vielfach unterschätzt – oft mit schwerwiegenden Folgen, die später nur schwer korrigierbar sind. Überlegen Sie also genau, für welche Begriffe Sie Ihre Webpräsenz optimieren möchten. Diese Begriffe sollten nach Möglichkeit noch nicht in den festen Händen Ihrer Mitbewerber sein.

Beispiel: Wenn «Text-Seminar» und «Text-Werkstatt» schon weitgehend vergeben sind, wäre «Text-Workshop» eine gute Alternative.

Semantik und Thesaurus

Bei der redaktionellen Überarbeitung von Texten ist es vorteilhaft, ab und zu Wortvarianten und Wörter mit ähnlicher oder gleicher Bedeutung einzubauen. Hierbei hilft ein Thesaurus, also eine Datenbank oder ein Buch mit Synonymen, sprich mit sinngleichen und sinnverwandten Worten, beispielsweise www.openthesaurus.de.

Auch Wörterbücher zur Semantik (Lehre von der Bedeutung von Wörtern und Sätzen) können hilfreich sein. Man kann so unter anderem «Netze» und «Wortwolken» von miteinander verwandten und häufig gebrauchten Begriffen erstellen, die das Schreiben und Überarbeiten von Texten erleichtern.

Texte auf einer Webseite können stets nur für eine sehr begrenzte Zahl von Begriffen (am besten zwei bis fünf Worte) optimiert werden. Eine einzelne Webseite gleichzeitig für mehr als fünf Begriffe optimieren zu wollen, ist eine Herausforderung. Wenn Sie Ihre Webpräsenz also für eine größere Anzahl von Begriffen optimieren möchten, schaffen Sie am besten neue Webseiten innerhalb Ihrer Webpräsenz oder erwägen eine ganz neue Webpräsenz.

Markenvokabular und die richtigen Keywords

„Die relevanten Schlüsselwörter werden qualifizierten Traffic anziehen"

Die Wahl der treffenden Worte, Begriffe und Formulierungen sind im Wesentlichen strategische Aufgaben, die am Anfang jeglicher Online-Aktivitäten stehen sollten. Unterschiedliche Schlüsselwörter werden unterschiedliche Besucher anziehen. Sie wollen ja nicht große Mengen von irgendwelchen Besuchern auf Ihren Webseiten haben (welche Ihre Firma mit teils unsinnigen Anfragen überschwemmen), sondern Ihre Zielgruppe. Insofern ist auch die Kenngröße „Zahl der Visitors" einer Webpräsenz in die richtige Perspektive zu rücken.

Klären Sie, für welche Keywords sich eine Optimierung wahrscheinlich lohnen wird. Welche Keywords sind im Einklang mit den Produkten und Dienstleistungen, die Sie anbieten? Werden die Zielgruppen diese Worte eingeben? Nur wenn Sie dies im Vorfeld geklärt haben, werden die nachfolgenden Tipps und Empfehlungen Ihnen einen guten Return on Investment liefern.

▶ **1) Webadresse**

Reservieren Sie eine Webadresse bzw. Domain bzw. URL (Uniform Resource Locator) die ein oder zwei oder drei wichtige Stichwörter Ihres Angebotes enthält – das lieben die Suchmaschinen. Für den deutschen Bereich reichen meist die Top-Level-Domains (TLDs), die auf „.de" und „.com" enden. Für die Schweiz sind Top-Level-Domains die mit „.ch" enden und für Österreich Top-Level-Domains, die mit „.at" enden, empfehlenswert.

Exact match domains (EMD), also die exakte Übereinstimmung zwischen Ihrem Keyword oder Ihren Keywords mit der ULR war früher einer der Haupttreiber für einen gutes Suchmaschinenresultat. Dieser Faktor hat etwas an Bedeutung verloren, ist aber immer noch hilfreich.

All dies bedeutet konkret für Sie: Bevor Sie sich für ein Schlüsselwort in Ihrer Online- oder Offline-Kommunikation entscheiden, sollten Sie die stets die zugehörige URL sowie die URLs mit den entsprechenden Variationen kaufen.

Erwägen Sie Ihre eigene Sammlung von URLs, also Ihren eigenen «Domain-Fuhrpark». Er ist schon deswegen vorteilhaft, da sich Ihre Mitbewerber diese attraktiven Domains dann nicht mehr aneignen können. Die noch frei verfügbaren Webadressen finden Sie bei mehreren Anbietern, beispielsweise auf www.united-domains.de. Eine gute Webadresse für einen Textworkshop in deutscher Sprache ist beispielsweise www.textworkshop.de

Persönliche Anekdote: Was ich hätte besser machen können

Da ich lange im internationalen Marketing der Healthcare-Industrie tätig war, war für mich „Healthcare Marketing" ein üblicher und gebräuchlicher Begriff. Daher glaubte ich am Anfang meiner selbständigen beruflichen Tätigkeit, dass ich URLs mit genau diesem Begriff haben sollte – wie beispielsweise «Healthcare-Marketing-Workshops» und «Healthcare-Marketing-Seminar». Bald stellte ich allerdings fest, dass im deutschen Sprachraum kaum jemand mit diesen Begriffen nach meinen Workshops oder Beratungen suchte – vielmehr lauten die Begriffe «Pharma-Marketing-Workshop», «Pharma-Marketing-Seminar», usw. Es wäre sinnvoller gewesen, gleich zu Anfang die URLs mit genau diesen Begriffen zu kaufen. Retrospektiv gesehen, hatte ich also meine Webpräsenz initial auf die unpassenden Keywords optimiert. Vermeiden Sie diesen Fehler, indem Sie nicht Ihrem Bauchgefühl folgen, sondern viele Mitglieder Ihrer Zielgruppe fragen, welche Worte sie tatsächlich in Google eintippen.

Ein Blick über den Tellerrand

Für die richtige oder falsche Wortwahl kann der Blick in eine ganz andere, hartumkämpfte Branche hilfreich sein, nämlich die der Webseiten für Partnerwahl. Hierzu wurde bei der digitalen Marketing-Konferenz „adtech" 2012 in London folgendes Beispiel präsentiert:

In the UK market, there are six times more people searching for „online dating" than there were for „internet dating".

▶ **2) Offpage-Optimierung: Linkpopularität**

„Google won't treat you as relevant until others do first"
„If content is king, then links are queen"

Wenn eine Webseite auf eine andere themenrelevante Webseite verlinkt, verstehen das die Suchmaschinen meist als eine Art Empfehlung. Schaffen Sie daher viele Links („Backlinks") von anderen Internet-Präsenzen. Diese können beispielsweise sein: Präsenzen von Dienstleistern, kooperierenden Firmen, ausländischen Firmen-Niederlassungen, Ratgebern, Videos und Blogs. Im Ergebnis entsteht so eine zunehmende Zahl von Verlinkungen zu Ihrer Webseite.

Beispiel: Auf www.umbachpartner.com eine Verlinkung schaffen zu www.textworkshop.de

Gut platzierte Webseiten haben oft Verlinkungen („Links", „Backlinks") zu Hunderten verschiedener anderer Webpräsenzen – je relevanter diese sind, umso besser. Aber auch Links von weniger relevanten Webseiten wirken ähnlich wie kleine Mosaiksteinchen, welche das Bild in Suchmaschinenergebnissen positiv beeinflussen können.

Wenn zu Ihrer Webseite viele Links von vertrauenswürdigen Webseiten („good neighborhood"), führen, wird auch Ihre Webseite von den Suchmaschinen wahrscheinlich als vertrauenswürdig eingestuft werden („good reputation"). Die Einflüsse, die mit einem Link von einer Internetseite zu einer anderen übertragen werden, bezeichnet man auch als „linkjuice".

Wünschenswert sind Verbindungen von „Experten-Seiten" (die wiederum mit anderen Webseiten verbunden sind) mit hoher inhaltlicher Qualität zu Ihrem speziellen Thema. Sie erhöhen so die von den Suchmaschinen wahrgenommene „Autorität" Ihres Internet-Auftritts.

Auch gezielt eingesetzte Outbound-Links zu vernünftigen Webseiten können das eigene Ranking verbessern. Nachteilig ist aber dabei, dass die User möglicherweise Ihre Webseite verlassen und dann einfach woanders weitersurfen.

Wenn Sie sich für solche „Outgoing links" entscheiden, sollte sich die Fremd-Webseite in einem neuen Fenster öffnen und somit Ihre Webseite im Hintergrund weiterhin aktiv sein. Der Vorteil für Sie und den User ist, dass man leicht zu Ihrer eigenen Webseite zurückfindet.

Es sollte ein natürlich wirkender Linkaufbau angestrebt werden. Gerade bei einer neuen Webseite sollten anfangs nicht zu viele externe Backlinks auf einmal erscheinen. Eine Webseite, zu der abrupt schnell enorm viele Links führen, wird von den Suchmaschinen zunächst skeptisch betrachtet. Beispiel: Wenn über Nacht mehr als eintausend Links von Webseiten aus einem Land der ehemaligen Sowjetunion auftauchen, wird die Webseite von Google gnadenlos abgestraft.

Ein Wort der Vorsicht zu den Verlockungen von „Abkürzungen" ist daher angebracht: Es gibt verschiedene Agenturen, die „Linkbuilding Services" anbieten. Es gibt auch einen „Marktplatz für Backlinks", welcher Käufer und Verkäufer zusammenbringt, um „die Suchma-schinenrelevanz und damit die Besucherzahlen einer Webseite gezielt zu erhöhen". Seien Sie bei diesen Angeboten skeptisch und prüfen Sie genau, von welchen Seiten Backlinks zu Ihrer Webseite überhaupt in Ihrem Sinne sind.

Sicherheitshalber sollten in der Anfangsphase einer Webpräsenz von Ihnen nur wenige (man sagt maximal zwei bis fünf neue Links pro Tag) Links gesetzt werden, so dass die Zahl der Links ein kontinu-ierliches Wachstum zeigt. Dieser Prozess des Etablierens von Links erfordert die Bereitschaft zum Networking sowie ein gewisses Maß an Geduld und Zielstrebigkeit. Eine Option ist es, eigene „Microsi-tes" zu schaffen, die dem Leser nützliche Informationen zu einem be-stimmten, eng umrissenen Thema geben und die den User zu Ihrer Hauptwebseite verweisen. Mit dem Google-Suchmaschinen-Update namens „Panda" hat die „Microsite Strategy" allerdings etwas an Be-deutung verloren.

Text und Wortwahl

„Good writing is the most important part of your web presence"

Neben der Wortwahl ist auch die Reihenfolge der Wörter im Text von Bedeutung: Am besten bringen Sie die wichtigsten Worte gleich zu Beginn, also in den Überschriften, Zwischenüberschriften und den ersten Worten Ihres Fließtextes. Dies gilt auch für downloadbare Do-kumente aller Art inklusive PDF-Dateien.

Beispiel: Statt die Seite zu beginnen mit „Liebe Leserin, lieber Le-ser, Sie finden hier Tipps für effektive Texte», ist es besser, zu begin-nen mit «Tipps für effektive Texte".

Auf die Bedeutung von sinngleichen und sinnverwandten Wörtern wurde ja schon in vorherigen Abschnitten dieses Kapitels eingegan-gen. Achten Sie auf eine angemessene Keyworddichte, aber übertrei-ben Sie nicht. Die unangebrachte und unnatürliche Wiederholung der gleichen Keywords sollten Sie auf jeden Fall vermeiden.

Eine Kombination von mehreren Keywords, die relativ selten vor-kommen („Long Tails"), aber dennoch Ihr Angebot gut beschreiben, ist oft sinnvoller als der Kampf um begehrte, aber längst vergebene Einzelbegriffe.

Falls die User das Stichwort bei Google im Singular eingeben, sollten Sie es auch genau in dieser Form (und nicht etwa als Plural oder als Genetiv) bringen.

Vermeiden Sie Worte wie „unser" oder „wir", da auf den Suchmaschinen kaum danach gesucht wird

Bringen Sie Inhalte als sichtbaren, anklickbaren Text und nicht in Grafikform, da reine Grafiken von Suchmaschinen nicht lesbar sind.

Diesen erstaunlicherweise oft vernachlässigten Punkt sollten Sie bei Arbeiten mit Werbekreativen besonders gut beachten.

Einzigartiger Inhalt

Jede Webseite sollte ihren eigenen, einzigartigen, stimmigen Inhalt haben. Vermeiden Sie das einfache Kopieren von größeren Textblöcken oder ganzen Webseiten und bloße Einfügen in andere Webseiten. Sie würden so sogenannten „Duplicate Content" oder „Near Duplicate Content" schaffen, der für die Platzierung in Suchmaschinergebnissen unvorteilhaft ist.

Die Suchmaschinen filtern nämlich doppelte Inhalte heraus, um den Usern keine inhaltsgleichen oder sehr ähnlichen Treffer anzuzeigen, da dies die Qualität der Suchergebnisse mindern würde.

Hier ein technischer Hinweis: Falls Sie (aus rechtlichen, unternehmensinternen oder was auch immer für Gründen) „Duplicate Content" anbieten müssen, bietet sich ein sogenannter „Canonical Tag" an, auch „Canonical Link", „Canonical URL" oder „URL Canonicalization" genannt.

Dieser „Canonical Tag" weist die Suchmaschinen auf diese Tatsache hin und kann helfen, die Aufmerksamkeit auf die von Ihnen definierte Hauptwebseite zu bündeln.

Anzeigen des Quelltextes

Den Seitenquelltext einer Webseite können Sie einfach anzeigen: Klicken Sie bei der jeweiligen Webseite (am besten die Maus nicht auf eine Grafik platzieren) auf die rechte Maustaste und wählen Sie „Seitenquelltext anzeigen". Probieren Sie einfach aus, bei welcher Mausposition Ihnen dies angezeigt wird. Über „Bearbeiten" / „Suchen" können Sie die „Tags" leicht lokalisieren und überprüfen.

Title tag

„Use a unique title for every page"

Bringen Sie im „Title tag" des Quelltextes eine aussagekräftige Überschrift (etwa 5 bis 10 Worte in etwa 50 bis 80 Zeichen). Dieser wichtige „Title tag"sollte auf jeder Seite anders und dem jeweiligen Inhalt angepasst sein. Bringen Sie dabei das wichtigste Wort an erster Stelle.

Verzichten Sie auf Begrüßungen und überflüssige Wörter wie in diesem suboptimalen Beispiel: „Willkommen auf unserer Homepage".

Gutes Beispiel: „Textworkshop – Effektiv und überzeugend schreiben".

Keyword Tag

Bringen Sie beim „Meta keyword tag" des Quelltextes etwa maximal 7 bis 10 prägnante Stichworte zum jeweiligen Inhalt der Seite. Die Relevanz dieses Punktes wird von vielen Experten inzwischen als gering bis nichtexistent eingestuft. Da er nicht schaden, sondern nur nutzen kann, lautet meine Empfehlung, einfach die wichtigsten Worte aus dem „Description tag" hier einzukopieren.

Beispiel: Textworkshop, effektiv, überzeugen, schreiben

Description

Bringen Sie im „Description tag" des Quelltextes eine prägnante Zusammenfassung der jeweiligen Seite (maximal etwa 160 bis 180 Zeichen). Schreiben Sie eine dem natürlichen Sprachfluss angepasste, sinnvolle, leichte lesbare und zugleich attraktive Beschreibung des jeweiligen Webseiten-Inhaltes.

Beispiel: Textworkshop: Effektive und überzeugende Texte schreiben – Sprache optimieren

Grafiken

„Search engines cannot see pictures"

Hinweis: Der Einfachheit halber werden in diesem Kapitel mit dem Wort „Grafiken" alle nicht-verbalen Elemente verstanden, also beispielsweise Fotos, Bilder, Icons, Symbole und Logos.

Üblicherweise sagt man, dass ein Bild so viel wie 1000 Worte wert ist. Nun, für SEO gilt dies nicht. Wenn ein Bild keine weiteren Attribute enthält, ist es für SEO wertlos. Machen Sie daher den Sinngehalt von Grafiken auch für Suchmaschinen erkennbar: Geben Sie jeder Grafik neben dem «Title tag» (den der User beim Anklicken sieht) auch einen «Alt tag» oder alternativen Text, welcher eine für Suchmaschinen lesbare alternative Beschreibung der Grafik mit relevanten Worten beinhaltet.

Beispiel für eine Grafik, die ein Marketing-Buch symbolisiert: «Marketing-Buch"

Sorgen Sie bei Grafiken für „Clickability" und damit für Interaktion: Sie machen eine Grafik „clickable", indem Sie einen Link von der Grafik zu einer relevanten Stelle auf der gleichen oder einer anderen Webseite erstellen.

Überschriften von Webseiten

Geben Sie dem Text auf jeder Webseite eine treffende, individuelle, relevante Überschrift, so dass sowohl Leser als auch Suchmaschinen gleich wissen, wovon die Seite handelt. Idealerweise kommen die Worte auch in der technischen URL, also der Webadresse vor.

Intaktheit der Links

Gewährleisten Sie, dass alle angegebenen Links zu und von anderen Webpräsenzen tatsächlich funktionieren. Bei manchen Webseiten führen Verlinkungen leider oft ins Leere – was unvorteilhaft ist.

Rechtschreibung

Prüfen Sie den Text mit einem Rechtschreibprogramm, beispielsweise mit dem vom Textverarbeitungsprogramm WORD. Die Suchmaschinen können natürlich nur richtig buchstabierte Wörter erkennen. Texte mit vielen Schreibfehlern können sich negativ auswirken. Es kann natürlich sein, dass Sie absichtlich auch ein oder zwei häufig von den Usern falsch buchstabierte Worte bei Ihren Maßnahmen berücksichtigen wollen.

Schreibweise von Begriffen

„Text-Workshop", „Textworkshop" und „Workshop-Text" sind leicht unterschiedliche Begriffe und liefern unterschiedliche Suchergebnisse – einer der seltenen Fälle, in denen eine wechselnde Schreibweise von Begriffen im Text sinnvoll sein kann. Hier kann Heterogenität sich also vorteilhaft auswirken. Sicherheitshalber sollten Sie im Text alle üblichen Versionen verwenden.

Veränderung von Webpräsenzen

Manche Agenturen schlagen Ihnen „Relaunch", „Redesign", „Makeover", „Umstyling" oder „Verschönern" Ihrer Webseiten vor. Die Argumente dafür lauten beispielsweise „die altbacken wirkende Website dem Zeitgeist anpassen" oder „mal frischen Wind reinbringen". Manchmal kommen auch Produktmanager oder Geschäftsführer auf diese anscheinend brillante Idee, weil ihnen die aktuelle Version etwas langweilig erscheint oder noch vom Vorgänger stammt.

Hier zwei Fallstricke, die Sie vermeiden sollten, wenn Sie sich für ein Update Ihrer Webpräsenz entscheiden:

▶ 1) Wenn das bisherige Navigations-Menü in Ordnung war, sollten Sie möglichst viele Elemente davon übernehmen. User möchten sich nicht ständig an neue „kreativ-originelle" Symbole, Texte oder Navigationswege gewöhnen müssen.

▶ 2) Achten Sie unbedingt darauf, dass alle Passagen, zu denen die wertvollen Backlinks von anderen Webseiten führen, erhalten bleiben und Sie so Ihr über die Zeit wertvoll erarbeitetes Google-Ranking weiterhin gewährleisten.

Wenn Ihre Agentur diese Tipps nicht beherzigt, gehen Sie das Risiko ein, dass die die Rankings und die Conversion Rates Ihrer Webseite nach dem Update sogar sinken – eine bittere und enttäuschende Erfahrung, die manche Firmen leider gemacht haben.

Aktualisieren Sie Inhalte

Die Suchmaschinenoptimierung ist keine einmalige Sache, sondern vielmehr ein kontinuierlicher Prozess. Veröffentlichen Sie daher regelmäßig neue Inhalte zu Ihrem jeweiligen Thema, so dass Suchmaschinen erkennen, dass Ihre Inhalte aktuell sind bzw. dass Ihre Website aktiv ist bzw. dass sich auf Ihrer Website etwas tut. Neu eingestellte Inhalte können alleine aufgrund ihres Neuigkeitsgrades sehr schnell sehr weit oben bei den Suchergebnissen erscheinen („Freshcrawl") – allerdings nur kurzfristig. Sobald der Aktualitätsbonus („Frischegehalt") aufgebraucht ist, greifen wieder die regulären Bewertungsmechanismen, die für eine stabilere Position in den Suchergebnissen sorgen („Deepcrawl").

Die Suchmaschinenoptimierung basiert also auf einer Kombination von kurz- und langfristigen Maßnahmen. Möglicherweise zeigen aktuell durchgeführte Maßnahmen ihre Wirkung erst nach mehreren Wochen oder Monaten. Bei SEO muss man also langfristig denken und den Willen zu einer kontinuierlichen Arbeit mitbringen.

„Not just changing content, but expanding websites"

Bitte beachten Sie folgenden Fallstrick: Manche Autoren machen den Fehler, die Inhalte einer Seite zu aktualisieren, indem sie vorhandene und gut funktionierende Wörter und Sätze durch neue Inhalte ersetzen. Meist ist es besser, die Inhalte zu aktualisieren, indem man die bestehenden Inhalte durch zusätzliche Sätze und Abschnitte anreichert oder sogar durch völlig neue Webseiten ergänzt.

Ausgewählte technische Hinweise

Hosten Sie Ihre Webseite bei einem anerkannten Anbieter.

Der Quellcode sollte schlank und sauber sein und möglichst wenige „html Errors" enthalten. Dies können Sie beispielsweise selber auf http://validator.w3.org/ nachprüfen

Sorgen Sie dafür, dass eine Sitemap Ihrer Website vorhanden ist.

Sorgen Sie für eine logische interne Verlinkung der Seiten.

Dateinamen sollten sicherheitshalber keine Großbuchstaben, Umlaute, Leerzeichen oder Sonderzeichen enthalten.

Geben Sie Grafiken von vorneherein selbsterklärende, erläuternde Dateinamen wie „ideen-tipps.jpg".

Die wichtigste sichtbare Überschrift sollte zwischen den „Heading tags" „< h1 >" und „< /h1 >" stehen.

In ähnlicher Weise können Sie die Formate für die „Subheadings" mit „< h2 >" und „< /h2 >" wählen. (Hinweis: Die Leerzeichen vor und nach „h1" und „h2" entfallen natürlich bei der Programmierung).

Für einzelne Webseiten sollten statt technischer Zahlenkombinationen, wie beispielsweise „website/1234.htm" besser selbsterklärende Bezeichnungen wie „website/ideen.htm" verwendet werden.

Der „Anchor text" („Ankertext", „Linktext", „Linking text", „Verweistext"), also der anklickbare Text von externen Links zu Ihrer Webseite, sollte in Übereinstimmung mit Ihren Keywords sein. Im folgenden Beispiel ist daher die zweite Variante eindeutig zu bevorzugen:

„< a href="http://www.textworkshop.de/"> Weitere Infos >< /a >"

„< a href="http://www.textworkshop.de/"> Textworkshop >< /a >"

Falls gewünscht (wie beispielsweise während einer Testphase), kann man verhindern, dass Google bestimmte Webseiten indexiert. Hierfür kann man den Zugang von „Googlebot" („software used by Google to build a searchable index for the Google search engine") blockieren. Technisch kann man dies beispielsweise für einzelne Webseiten jenseits der Indexseite bewerkstelligen, indem man folgenden Metatag auf die Webseite eingibt: " < meta name="Googlebot" content="nofollow" / > ".

Um schon serverseitig zu verhindern, dass bestimmte Verzeichnisse einer Webseite durchsucht werden, sollte man im Rootverzeichnis eine „robots.txt"-Datei anlegen. Nach dieser Datei suchen die Suchmaschinen automatisch. Finden sie eine derartige Datei, sind sie verpflichtet, sich den Inhalten und Befehlen der Datei zu beugen. So kann man beispielsweise für bestimmte Komponenten den Befehl „Disallow" geben.

Geschwindigkeit

„Download speed matters: Fast is better than slow"

Auch die Schnelligkeit des Downloadens von Webseiten ist für das Ranking in Suchmaschinen relevant. Webseiten mit schneller Ladezeit (oft definiert als eine Zeit von unter zwei Sekunden) sind gegenüber langsam ladenden Webseiten klar im Vorteil. Die Realität ist leider, dass viele „schöne und kreative" Webseiten mit hochauflösenden Grafiken und Bildern, die von Werbeagenturen ohne Blick auf SEO entwickelt wurden, exzessiv lange Ladezeiten aufweisen. Dies wird von Google automatisch mit einem schlechteren Ranking bestraft.

Darüber hinaus sind lange Ladezeiten auch für die Usability und damit die Konversionsraten nachteilig – was sich insbesondere im e-commerce-Bereich nachteilig für das Business auswirkt.

Zusatzinformation: Effektive Landingpages

„Traffic alone does not pay the bills"

Wenn Ihre Webseite durch SEO gefunden wird, sollte natürlich auch Ihr Webauftritt entsprechend professionell sein. Hier finden Sie einige Hinweise jenseits der SEO-Tipps, speziell zu Landingpages. Sie möchten ja den User zu einer Handlung oder Transaktion motivieren, die meist auf einer bestimmten Webseite ("Landingpage") stattfindet. Wenn der User auf dieser Landingpage gelandet ist, bieten Sie ihm verschiedene Handlungsoptionen an, die Sie natürlich sorgfältig ausgewählt haben.

Handlungsoptionen können beispielsweise sein:

▶ Eine Unterlage downloaden

▶ Bei einer Telefon-Hotline anrufen

▶ Einen Newsletter abonnieren

▶ Ein Produkt bestellen

Für das Texten und Gestalten von Landingpages gelten etwas andere Regeln als für alle anderen Webpages. Hier Tipps für hohe Konversionsraten:

▶ Consistency: Worte und Bilder stimmig zu vorangehenden Seiten halten

▶ Distraction-free: Keinerlei Ablenkungen (wie Videos oder Animationen)

▶ Calm: Klares, ruhiges Layout

▶ Options: Maximal zwei bis drei Handlungsalternativen

▶ Benefit: Das Nutzenversprechen kurz und prägnant wiederholen

▶ Keep it simple: Formulare mit ganz wenigen Feldern zeigen

▶ Buttons: Aktions-Buttons in grüner Farbe oder in Pastelltönen halten

Im e-commerce-Bereich werden auf Landingpages gerne Prüfsiegel gezeigt oder Garantie-Erklärungen abgebildet – im Pharma-Bereich sollte man davon Abstand nehmen.

Persönliche Erfahrungen mit Agenturen

Es gibt eine Vielzahl von Webagenturen, die Suchmaschinenoptimierung anbieten. Bei manchen Agenturen ist das für eine wirkungsvolle Platzierung in Suchmaschinen erforderliche Know-how allerdings stark verbesserungsfähig. Manche Agenturen sind noch nicht einmal für ihre eigenen Keywords unter den zehn ersten Google-Suchergebnissen zu finden. Daraus lässt sich ableiten, inwieweit die SEO-Bemühungen dieser Agenturen bei ihren Klienten wohl von Erfolg gekrönt sein werden.

Einige Webagenturen machen die Sache komplizierter als sie ist und vermarkten ihre ganz eigenen speziellen Methoden. Dabei jonglieren sie gerne mit beindruckenden Begriffen wie beispielsweise „spezielles Insider-Wissen" oder „einen ganzheitlichen, integrierten SEO-Ansatz durch individuelle und gezielte Informationsarchitekturen und Content-Strategien entwickeln".

Ich erlebe auch, dass manche Agenturen ihren Kunden am liebsten Search Engine Advertising (SEA) in Form von Google-Adwords-Kampagnen verkaufen. Diese sind relativ einfach steuerbar und anspruchslos durchführbar, bringen dem Kunden aber viel weniger qualifizierte Besucher als SEO und die natürlichen Suchergebnisse.

Teilnehmer meiner Seminare und Beratungen stellen manchmal mit Erstaunen die Frage „Ihre Tipps sind ja sinnvoll und hilfreich, aber warum weiß meine Agentur das eigentlich nicht?"

Nun, Sie können ja die Hinweise und Empfehlungen in diesem Buchkapitel dazu nutzen, Ihre Webagentur zu fordern und zu fördern.

Persönliche Erfahrungen mit Marketingmanagern

Manche Marketingmanager sind der Auffassung, dass SEO gar nicht zu ihren Verantwortlichkeiten gehört, sondern ordnen dies den Informations-Technologie-Leuten, den Programmierern oder der Kreativ-Agentur zu. Nach Erstellung einer schönen neuen Webpräsenz mit Ausgaben von mehreren Zehntausenden von Euro ist dann die Verwunderung groß, dass die Webpräsenz über Google praktisch nicht auffindbar ist. Hier wäre es sinnvoll gewesen, bereits in der Konzeptphase einen SEO-Experten mit einzubeziehen. – die Investition hätte sich sicherlich gelohnt.

Relevanz von SEO in der Gesamtstrategie

Wie gut Ihr Online-Marketing auch sein mag – es wird die die anderen Kommunikationskanäle nicht ersetzen können. Man sollte im

Kopf behalten, dass der Online-Bereich nur einer von vielen verfügbaren Kommunikationskanälen ist.

Der Spruch „Kunde per Klick" klingt gut, ist aber für die Mehrzahl der Unternehmen illusorisch. Man braucht nach wie vor weitere Wege wie Broschüren, Print-Anzeigen, Events, Fachartikel in Zeitschriften, Presse- und Öffentlichkeitsarbeit und andere Aktionen, um potentielle Kunden dazu zu motivieren, Ihre wertvolle Webseite zu besuchen.

Die Kunst liegt darin, Ihre Online-Aktivitäten so mit Ihren Offline-Aktivitäten zu verbinden, dass diese sich wechselseitig ergänzen und verstärken.

Schlussfolgerung

Die wünschenswerte Optimierung der natürlichen Suchergebnisse erfordert neben Zielgruppenintimität auch Erfahrung, intellektuelle Feuerkraft und Geduld. Sie ist aber effektiv und lohnt sich deutlich. Aktuelle Tipps, Hinweise und Empfehlungen finden Sie auch auf

www.seo-pharma.de und www.pharmaonlinemarketing.com

Social Media und Fach-Communities

Einleitung zum Online-Dialog mit Kunden in Echtzeit

Willkommen im sogenannten „Web 3.0"! 24 Stunden am Tag und 7 Tage die Woche kann jeder Beiträge ins Netz stellen und von dort online abrufen. Welches sind die Chancen und die Fallstricke, die sich in der neuen digitalen, globalen, interaktiven Welt für Pharma und Medizinprodukte auftun?

Die Social-Media-Welt ist eine faszinierende Welt mit hellen und positiven aber auch mit grellen und risikoreichen Aspekten – geprägt von einer ungeheuren Dynamik. Ein neuer Stern am Webhimmel geht auf, strahlt hell und kann bereits nach wenigen Jahren sinken und dann verglühen. So wurden manche Webpräsenzen zeitweilig extrem überbewertet (Beispiele: secondlife, myspace). Auch der Börsengang und anschließende Rückgang des Shareholder Value von Facebook haben gezeigt, dass nicht alles Gold ist, was glänzt.

Für manche modernen Menschen ist das Web nicht mehr einfach ein Kanal oder ein Kontaktwerkzeug, sondern ein eigener virtueller Lebensraum geworden, auf dem man sich austauscht und Gleichgesinnte trifft.

Für Pharma-Firmen gleichen Social-Media-Aktivitäten in etwa Reisen in gefährlichem Fahrwasser mit vielfältigen Untiefen und Verlockungen. Dabei wird der „Social-Media-Hype" oder „Social-Media-Rausch" von Agenturen verstärkt, die damit ihr Geld verdienen. Als Kontrapunkt und ohne Anspruch auf Vollständigkeit erhalten Sie hier Hinweise und Empfehlungen, wie Sie diesen Bereich praktisch zu Ihren Gunsten nutzen können.

Was sind Social Media?

Unter Social Media versteht man im Allgemeinen Webpräsenzen, auf dem „User Generated Content" (UGC) stattfindet. Die Web-User haben sich längst die Macht genommen, die Web-Inhalte selbst zu gestalten. Der Wandel vom passiven Leser zum aktiven Produzenten von Inhalten ist vollzogen („Mitmach-Netz"). Dies findet beispielsweise auf folgenden Online-Plattformen statt:

- ▶ Microblogs wie Twitter
- ▶ Social Networks wie Facebook, Google+
- ▶ Business Networks wie XING, LinkedIn, Viadeo
- ▶ Photo Sharing wie Flickr
- ▶ Video Sharing wie YouTube
- ▶ Document Sharing wie Slideshare
- ▶ Wikis wie Wikipedia
- ▶ Arbeitgeber-Bewertungsportale wie kununu.com, jobvoting.de

Als "The Big 5" werden manchmal aufgeführt: "XING, LinkedIn, YouTube, Facebook und Twitter". Für die Pharma-Industrie sind speziell Ärzte-Communities und ärztliche Erfahrungsaustausch-Portale interessant. Diese fallen eigentlich nur bedingt unter den Begriff «Social Media», da es sich um geschlossene Gemeinschaften handelt. Beispiele sind:

- ▶ coliquio.de (die wohl erfolgreichste deutschsprachige Ärzte-Community)
- ▶ facharzt.de
- ▶ sermo.com
- ▶ my-medical-education.com

Wechsel von Print zu Online

Selbst Werbeleute geben zu, dass die Welt der bezahlten Anzeigen und Hochglanz-Werbebroschüren nicht mehr das ist, was sie einmal war. Begeisterte Social-Media-Fans bezeichnen diese gesponserte Print-Welt sogar als Auslaufmodelle. Leider haben die „Print-Professionals" es vielfach versäumt, die Verbindung zum Online-Bereich zu schaffen und stattdessen (heute nicht mehr haltbare) Insel-Lösungen propagiert.

Die Online-Netzwerke werden sich immer tiefer in die Welt eingraben und direkte Informationskanäle schaffen, die unabhängig von Firmenzentralen, Presse-Abteilungen und Public-Relations-Agenturen sind. Die Unternehmen können dabei mitlesen und mitmachen, was nur über engagierte und trainierte Mitarbeiter geht, denen man bestimmte Freiräume zugesteht.

Branchenabhängige Attraktivität der Social Media

Für Konsumgüterfirmen sind Social Media sehr wichtig geworden. Hier gestalten die Kunden die Marke aktiv mit – was früher undenkbar war. Hier einige Beispiele:

▶ Milchprodukte: Molkerei Scheitz

▶ Bleistifte: Faber-Castell

▶ Süßwaren: Magnum-Eis, Kinder-Riegel, Haribo, Leibniz-Kekse, Milka-Schokolade

Über Magnum-Eis diskutieren erstaunlicherweise mehr als 26 000 Personen im Netz. Viel Aufmerksamkeit erhält auch die Naturkosmetikmarke «alverde» aus dem «dm-drogerie markt». Nach eigenen Aussagen ist «alverde» die meistverkaufte zertifizierte Naturkosmetikmarke Deutschlands. Hier twittert die alverde-Produktmanagerin Helena direkt aus der dm-Zentrale. Es werden via Twitter dabei gewichtige Kosmetik-Fragen diskutiert, wie beispielsweise welcher Lidschatten zu grünen, blauen oder braunen Augen passt.

Der Yoghurthersteller Danone bat Kunden, per SMS oder online über den Geschmack eines neuen Puddings abzustimmen: Etwa 1,1 Millionen Verbraucher gaben ihr Stimme ab. Auf www.tchibo-ideas.de des Kaffeerösters Tchibo geben begeisterte Kunden ihre «ungelösten Alltagsprobleme» und «geniale Ideen für Produkte» in die Öffentlichkeit. Die Firma erhält so gratis und ohne aufwändige Marktforschungsinstitute gute Anregungen für ihre Produktentwicklung. Die Firma prämiert die besten Lösungen des Monats und prüft sie auf Umsetzbarkeit und Vermarktungspotential.

Das Kreuzfahrtschiff AIDA nutzt Facebook effizient. AIDA bietet an prominenter Stelle den Link zu einem YouTube-Video mit der Bemerkung «Wie romantisch eine Kreuzfahrt sein kann, zeigen wir Ihnen heute im AIDA Traummoment». Natürlich sind auch Passagiere als «Fans» aktiv und teilen ihre tollen Videos mit anderen Nutzern.

Auch das Sanitärunternehmen GROHE ist auf Facebook aktiv und erobert nach eigenen Angaben «die modernsten Wege der Kundenansprache». Bei der Suche nach dem «globalen Duschbotschafter» auf Facebook gab es 6600 Bewerbungen aus 30 Ländern, die alle die neue Handbrause der Firma testen wollten.

Die Relevanz der Social Media für Konsumgüterfirmen verdeutlicht auch ein Artikel im Wall Street Journal, dessen Statements hier in kurzer Form wiedergegeben sind:

▶ „Starbucks receives over ten times as much traffic to its Facebook page (20 million unique visitors each month) as to its corporate website (2 million)."

▶ „Coca-Cola: 23 million visitors on Facebook versus just 270 000 to its website: Over 80 times as much traffic."

Risiken von Social Media für Firmen

Social Media bieten Unternehmen viele Chancen. Man sollte sich aber auch der Risiken bewusst sein, welche diese offenen „Social Media Präsenzen" mit sich bringen. Neben seriösen Usern tummeln sich hier auch Wichtigtuer, Querulanten und Vereinsmeier. Vereinzelt wollen auch Saboteure, „Wutbürger" und „Trolle" aus Rache oder anderen niederen Motiven bewusst Schaden stiften. Hinter manchem Kritiker kann in Wirklichkeit ein Konkurrent stecken – eine Art „Agent provocateur". So finden sich neben viel Belanglosem und Firlefanz auch Aussagen, die sich für Pharma-Firma als wahre „Minenfelder" erweisen können.

Im Hinterkopf sollte man stets folgende Dinge halten:

▶ Social Media sind unkontrollierbar und unvorhersehbar

▶ Jeder kann mitmachen und ungefragt seinen Kommentar abgeben

▶ Jeder ist berechtigt, seine subjektive Sicht der Dinge darzulegen

▶ Dinge können sich wie ein Lauffeuer unerwartet schnell verbreiten

▶ Das Web vergisst nichts.

Die dunklen Seiten von Social Media

Die nachfolgend erwähnten Machenschaften sind Einzelfälle – es lohnt sich aber, sie zu kennen. In der Vergangenheit wurden von einzelnen Unternehmen heimlich angeregt und durch verdeckt operierende Dienstleister durchgeführt:

▶ Klickbetrug (Views auf Youtube)

▶ Manipulierte Kommentare

▶ Bezahlte Postings (in der Sprache Ihrer Wahl)

▶ Gekaufte Fans auf Facebook.

Hacker knackten beispielsweise die Facebook-Seite der Firma Pfizer und posteten dort spöttische Kommentare. Speziell zu Facebook findet man erstaunliche, zweifelhafte Angebote:

„FanSlave – The fan finding system, um Ihre Facebook-Fanpage erfolgreich zu bewerben"

oder

„Arbeit, Urlaub oder andere Verpflichtungen halten Dich davon ab, online zu sein? Kein Problem. Mit diesem Service kannst Du eine Vertretung für Dein Facebook Profil engagieren. Kostenlos und so oft Du möchtest".

Ihr guter Ruf

Sowohl Sie persönlich als auch die Firma, in der Sie arbeiten, werden zunehmend als das wahrgenommen, was im Web über Sie steht – im positiven wie im negativen Sinne. Sie können dabei Ihr Image und Ihre Reputation in den Social Media nur begrenzt beeinflussen. Lediglich gegen Verleumdungen und Falschaussagen können Sie juristisch vorgehen und einen Antrag auf Löschung stellen. Halten Sie stets im Hinterkopf, dass Sie keine Kontrolle darüber haben, was in den Social Media geschrieben wird. Sie sollten die Risiken eines «Shitstorms» (Welle der Empörung oder Sturm der Entrüstung mit Selbstaufschaukelungstendenz) kennen. Hier kann eine Welle von unangenehmen, teils aggressiven und ungerechtfertigten Äußerungen über Sie hereinbrechen.

Es gibt Experten, die den Anspruch erheben, zu Ihren Gunsten «Online-Reputations-Management» zu betreiben. Effektiver ist es, von Anfang an Themen positiv besetzen. Natürlich geht dies nur, wenn auch die Substanz, sprich die Leistung Ihres Unternehmens, stimmt.

Im Gegensatz zu den Risiken der Social Media bieten Ihre Website und Ihr Newsletter den Vorteil, dass Sie bestimmen, was erscheint und was nicht, denn diese Texte gehören Ihnen.

Sich Gehör verschaffen in Social Media

Ein Tsunami von Daten ergießt sich jeden Tag auf die Teilnehmer am Social-Media-Geschehen. Auf Twitter werden täglich rund 110 Millionen Kurznachrichten geschrieben. Jede Minute werden 24 Stunden Bildmaterial auf Youtube hochgeladen. Auf Facebook sind etwa eine Milliarde Menschen registriert. Man kann also auf Facebook theoretisch ganz viele Leute erreichen – in der Praxis werden allerdings so viele Beiträge gepostet, dass die meisten User es zeitlich gar nicht schaffen, alle an sie gerichteten Beiträge auch wirklich zu lesen.

Facebook-User sind weniger an Unternehmen, Produkten oder Marken, sondern primär an anderen Menschen interessiert. Sie wollen mit ihren Freunden in Kontakt treten und sind dann für Werbung naturgemäß wenig empfänglich. Dies bedeutet, dass der Großteil der Beiträge, den Unternehmen schreiben, einfach in der Datenflut untergeht und nicht wahrgenommen wird.

Wert für Unternehmen

Der Nutzen der Social Media im Business-to-Business-Bereich wird von unterschiedlichen Autoren sehr unterschiedlich bewertet. Der Nutzen ist dabei abhängig von der Branche und der Wahl des jeweils konkret genutzten Social-Media-Kanals (siehe dazu Abschnitte weiter oben).

Events im Konsumgüter- und Entertainment-Bereich können leichter über Social Media „befüllt" werden. Social Media dienen hier dazu, Teilnehmer für Veranstaltungen zu akquirieren. Dabei kann „Instant Feedback" die Zahl der Teilnehmer stark beeinflussen (Beispiel: „Bleibt zu Hause" versus „Es ist super hier"). Social Media agieren hier als parallele oder nachgelagerte mediale Verlängerungen der Events und ergänzen (aber ersetzen nicht) die klassische Public-Relations-Arbeit.

Den Unternehmen sollte klar sein, dass Social Media keine kostenlose Werbung darstellt und dass sie auch kaum direkte Abverkäufe induziert. Hierzu sind beispielsweise klassische Emails viel umsatzwirksamer. Zur Illustration nachfolgend einige Kommentare

Facebook und Twitter leisten fünf Jahre nach dem Aufkommen kaum einen Beitrag zur Wertschöpfung. Der Beitrag im Empfehlungsmarketing ist besonders gering.
Basierend auf einer Langzeit-Studie des Brand Science Institute. In: Pharma Relations 03/12

Social Media sind nichts anderes als eine Blase, die bald platzen wird.
Basierend auf der Aussage eines Marketing Managers. In: PM-Report 2/12

Thema schlägt Marke
Basierend auf der Aussage von Klaus-Dieter Koch, Chef der Strategieberatung Brands:Trust GmbH, In: FAZ vom 29. Mai 2012

Zeitaufwand und Schnelligkeit

Marketing über Social Media ist ein Form der Echtzeit-Kommunikation („Real time communication"). Dies bedeutet, dass diese Medienkanäle sehr rasch bedient werden müssen. Gute Social-Media-Arbeit erfordert neben einem kontinuierlichen Engagement schnelle Antworten und schnelle Reaktionszeiten. Nicht die Stechuhr oder die üblichen Arbeitszeiten bestimmen das Tempo, sondern die Kunden – und die wollen es am liebsten „schnell, gleich und sofort". Es ist also keine „Mal-so-eben-nebenbei-Aktivität". Die User erwarten vielmehr, dass man stets erreichbar, also „always on" ist.

Als ich neulich den Marketingmanager einer Pharmafirmen fragte, wie schnell seine Firma auf eine extern gestellte Fragen eine freigegebene Antwort nach draußen geben darf, antwortete er mit „meist drei bis sechs Wochen". Diese Firma braucht sich schon aufgrund der Dauer ihres langsamen internen Freigabe-Prozesses keine Gedanken über etwaige Social Media Aktivitäten zu machen. Ein mehrwöchiger Zeitraum wird bei den schnelllebigen Social Media als Ewigkeit empfunden. Wenn die Antwort der Firma endlich erscheint, wird sie niemanden mehr interessieren. Wer aus personellen oder firmeninternen

Gründen nicht schnell reagieren kann, sollte besser von vornherein seinen Schwerpunkt auf andere Kommunikationskanäle legen.

Wer nicht reagiert, wenn etwas passiert, den bestraft das Internet – und zwar mit einer unvorhersehbaren Dynamik. Ein anschauliches Beispiel dafür ist das Video „United Airlines breaks Guitars" von Dave Caroll. Nachdem der Musiker keine Wiedergutmachung für seine beschädigte Gitarre von der Fluggesellschaft bekam, machte er einen Song, nahm die Musik auf und stellte es auf YouTube. Dieses Video wurde mehr als 12 Millionen Male aufgerufen wurde und stellt United Airlines in alles andere als ein gutes Licht.

David Meerman Scott, Autor von „The New Rules of Marketing and PR" fordert für das Schaffen einer Echtzeit-Mentalität („Real-Time Mindset") im Unternehmen sogar einen „Chief-Real-Time-Officer" nach dem Motto „Morgens passiert – nachmittags reagiert".

Interessant sind die Antworten von mehreren erfolgreichen Klienten und Beraterkollegen auf die Frage „Wie viel Zeit verbringst du beruflich auf Facebook und Twitter?". Viele beantworten die Frage mit „Null" oder mit „ein paar Minuten die Woche" – was auch meiner Zeitplanung entspricht.

Falls Sie Social-Media-Aktivitäten durchführen, finden Sie nachfolgend ausgewählte Tipps.

Tonalität der Sprache auf Social Media

Lesen Sie sich in die Social Media Welt Ihrer Zielgruppe ein und entwickeln Sie ein Fingerspitzengefühl für die Aussagen und Begrifflichkeiten Ihrer Kunden. Statt Slogans und Werbesprache sollten Sie die informelle, direkte und kurze Sprache Ihrer Zielgruppe beherrschen. Der Auftritt von Pharma-Firmen in Social Media wird oft als „zu clean, zu edel, zu rein" kritisiert und damit als wenig glaubwürdig eingestuft.

Inhalte

Sie sollten:

▶ die Wünsche Ihrer Kunden gut kennen
▶ aktuelle Themen als Vorlagen für Gesprächsstoff liefern
▶ für den Kunden nützliche Inhalte bringen
▶ Ihre Kunden zu Beiträgen einladen

▶ stets authentisch bleiben.

Idealerweise verzahnen Sie Ihre Social Media Aktivitäten mit Ihren anderen Kommunikations-Aktivitäten.

Charakteristika von Facebook

Viele User sind sich nicht bewusst, dass alle Daten, die sie auf Facebook eingeben, prinzipiell auch gegen sie verwendet werden können. Aufgrund der aggressiven Sammeltendenz ist Facebook zu einer wichtigen Informationsquelle von Scheidungsanwälten, Auskunfteien und potentiellen Arbeitgebern geworden.

Facebook selber gibt folgende Informationen zum Aufbau einer Unternehmenspräsenz auf Facebook:

▶ Binde deine Fangemeinschaft ein

▶ Beteilige dich am Gespräch

▶ Nutze deine Seite, indem du regelmäßig Aktualisierungen postest

▶ Biete besondere Inhalte an

▶ Baue Beziehungen auf

▶ Generiere „Gefällt mir"-Angaben

▶ Lerne deine Fans kennen

▶ Gib den Menschen ein Gefühl von Vertrautheit

▶ Reagiere zuverlässig und zeitnah auf Feedback auf der Seite

(Quelle: Basierend auf Originalaussagen auf http://www.facebook.com/business/howitworks)

Es gibt Fälle, in denen eine Facebook-Präsenz für Healthcare-Unternehmen durchaus sinnvoll ist. So kenne ich ein Unternehmen, in dem die internationale Zentrale es den nationalen Niederlassungen durch interne bürokratische Hürden so schwierig macht, eine eigene Firmenwebseite im Land zu etablieren, dass ein findiger Produktmanager auf eine Facebook-Seite ausgewichen ist, um so mit den Kunden in Kontakt bleiben zu können.

Die allgemeine Ernüchterung von Firmen über Facebook spiegelt sich in folgenden ausgewählten Nachrichten wieder:

▶ 1) GM streicht die komplette Jahresausgabe von 10 Mio Dollar für Werbung auf Facebook, da Facebook-Werbung zu wenige Autokäufe generiere.

(Quelle: Wall Street Journal, FTD 18. Mai 2012)

▶ 2) Verkaufsorientierte Werbung funktioniert auf Facebook nicht. Kunden gewinnt man vielmehr auf Google. Dort geht der Kunde hin, wenn er etwas sucht.

(Quelle: Matthias Schrader, Chef der Werbeagentur Sinner Schrader, FTD 18. Mai 2012)

▶ 3) Nur auf etwa 0,06 % aller bei Facebook genannten Werbeanzeigen wird geklickt. Datingplattformen haben dabei eher Erfolg als Produkte gegen Mundgeruch.

(Quelle: Marc Höft, Leiter Kundenservice bei Marin Software, FTD 18. Mai 2012)

▶ 4) Independent analysis on more than 11,000 Facebook campaigns showed that the average click-through rate (CTR) for Facebook ads in 2010 was 0.051 percent, which is about half the industry standard CTR of 0.1 percent.

(Quelle: Webtrends Whitepaper „Facebook Advertising Performance Benchmarks & Insights", January 2011)

▶ 5) Wir müssen leider feststellen, dass Facebook-Werbung nicht funktioniert. Sie funktioniert nicht in Form von Umsätzen und sie funktioniert nicht in Form von messbarer Markenbildung.

(Basierend auf einem Statement von Stefan Winners, CEO Tomorrow Focus AG, FAZ 13. Juli 2012)

Bloggen

Durch regelmäßiges Schreiben von Online-Beiträgen können Sie Leser an sich binden, «Gratis Online-Marktforschung» machen und durch Backlinks das Google-Ranking Ihrer Hauptwebseite verbessern. Ein Beispiel ist Wordpress. In der Gratis-Version laufen Sie allerdings Gefahr, dass Ihre Beiträge durch unpassende Umfeld-Werbung in eine Umgebung geraten, die Sie überhaupt nicht anstreben und wo beispielsweise irgendwelche Videogames oder Computerspiele angepriesen werden.

Auch hier ist wichtig, dass Sie einen hauptverantwortlichen Blogger in der Firma haben, der regelmäßig Beiträge postet – was wiederum aktuelle und nützliche Inhalte erfordert.

Tools

Vielfältige Werkzeuge können Ihnen helfen, den Überblick zu behalten. Hier eine Auswahl mit den jeweiligen Ansprüchen der Anbieter, ohne dass damit eine Empfehlung verbunden wäre:

MediaFunnel als Social Media Dashboard

"MediaFunnel helps you generate more consistent content by making it painless to engage people in the posting of Tweets, Facebook Posts and other social media content". Details: http://mediafunnel.com/

Radian 6 als Social Media Monitoring Tool

"Listen, discover, measure conversations across the social web". Details: http://www.radian6.com/what-we-sell/

Topsy als Social Media Monitoring Tool

"Real-time search for the social web". Details: http://topsy.com/

Erfolgskriterien

Natürlich erhöhen Sie durch Social Media Ihren Bekanntheitsgrad. Sie erweitern auch Ihr virtuelles Netzwerk. Aber: Der finanzielle Return on Investment ist schwer messbar.

Zum Monitoring gibt es folgende mögliche Kennziffern:

▶ Zahl der Fans, Followers, Kontakte, Freunde, Personen in den Kreisen

▶ Buzzvolumen: Zahl der Posts, Retweets, Kommentare

▶ Tonalität: Verhältnis positive / neutrale / negative Kommentare

▶ Relevanz (Meinungsführender Blog oder Twittermeldung an zehn Follower) (Klout)

Manche Firmen streben nach einer möglichst hohen Zahl von Fans wie nach einem heiligen Gral – Motto „Unsere Kunden müssen zu Fans werden". Dies kann man beispielsweise mit Kampagnen und Gewinnspielen erreichen.

Die „Fan-Kultur" von Facebook-Usern, die wie Schmetterlinge durch das Internet flattern, ist leider ohne Nachhaltigkeit, denn ein „Gefällt-mir"-Klick auf eine Firma ist schnell gemacht und schnell wieder vergessen. Die „virtuelle Nähe" findet so keinen Niederschlag im Kaufverhalten.

Für das Marketing und den Umsatz relevanter ist das Generieren von Traffic zu den gewünschten Webseiten, gemessen an den Click-Trough-Rates (CTR). Besonders relevant ist dann die Conversion Rate (CR) auf der Ziel-Webseite. Sie sagt etwas darüber aus, wie qualifiziert der generierte Traffic wirklich war.

Die Frage lautet letztendlich: Macht der User das, was Sie von ihm wünschen – oder in der Terminologie der e-Marketing-Manager erfolgt eine Konversion? Beispiele für die gewünschte Handlung können sein: Dokument downloaden, Newsletter abonnieren, Produkt bestellen, etc.

Hier sind leicht auffindbare, gut gemachte Webseiten und effektiv geschriebene Newsletter eindeutig erfolgreicher.

Kommentare aus rechtlicher Sicht

Die schöne, neue Welt des Web und die digitale Technik ermöglichen es, geistige Güter innerhalb von Sekunden rund um den Erdball zu verteilen – gratis, effektiv und anonym. Die Rechtsordnung der alten, analogen Offline-Welt ist meist zu langsam, zu schwerfällig und zu träge, um hier wirkungsvolle Grenzen zu setzen.

Unternehmen können unpassende oder unangenehme Beiträge nicht einfach mit einem Rechtsanwalt aus dem Internet „wegklagen" – oft zum Leidwesen der Rechtsabteilungen in Firmen. Zudem ist es für Pharmaunternehmen aufgrund der gesetzlichen Anforderungen aufwändiger, die Social-Media-Kanäle sinnvoll zu nutzen.

Kommentare der Pharma-Industrie und von Agenturen

Die meisten Experten sind der Auffassung, dass Social Media für die produkt-spezifische Bewerbung von verschreibungspflichtigen Arzneimitteln in Deutschland nur eine untergeordnete Rolle spielen werden. Im Bereich des Unternehmens-Image und der Aufklärung zu Krankheiten («Disease-Awareness Sites») sowie der Information über allgemeine Behandlungsoptionen können sie wertvolle Dienste leisten. Nachfolgend finden Sie ausgewählte und einsichtsreiche Stellungnahmen von Pharma-Firmen und Dienstleistern – meist veröffentlicht in den Fachzeitschriften «PM-Report» und «PharmaRelations».

Als Arzneimittelhersteller müssen wir jedoch sehr genau prüfen, wie wir uns innerhalb der gesetzlichen Rahmenbedingungen (HWG, AMG) auf Social-Media-Plattformen bewegen können und wollen.
Basierend auf Aussagen von Martin Fensch, Leiter Unternehmenskommunikation bei Pfizer

Uns sind in der Kommunikation zu unseren Produkten zum Beispiel durch das Heilmittelwerbegesetz enge Grenzen gesetzt. Es wird interessant sein zu sehen, wie Gesetzgeber und Rechtsprechung auf die veränderten Voraussetzungen reagieren werden. Wird es Arzneimittelherstellern in Zukunft erlaubt sein, sich an der Diskussion über ihre Produkte zu beteiligen? Vor diesem Hintergrund haben wir uns bei MSD entschieden, die Entwicklung genau zu beobachten und unsere Kommunikationsstrategie ihr anzupassen.
Basierend auf Aussagen von Dr. Kay Rispeter, Leiter Multi Channel Marketing Public Relations & Communications, MSD Sharp & Dohme GmbH

Der Dialog wird erschwert durch rechtliche Reglementierungen durch das HWG, interne Prozesse und die Furcht vor Nebenwirkungsmeldungen.
Basierend auf Aussagen von Nicole Tappée, Agentur antwerpes

Wir diskutieren zwar mögliche Einsatzbereiche, aber die Umsetzung gestaltet sich noch sehr schwierig. Wer kann den Content so schnell freigeben, wie es bei Social Media notwendig ist?
Basierend auf Aussagen von Ruth Bastuck, 3K Agentur für Kommunikation

Ein Twitter-Account oder ein Facebook-Profil, welches nicht regelmäßig mit Informationen befüttert wird, ist im unternehmerischen Sinne wertlos. Zudem ist das Rückschlagpotential ernom hoch.
Basierend auf Aussagen von Dorothea Küsters, DK Life Science Communications

Der Informationsaustausch nimmt eine Dynamik auf, die die Unternehmen zum schnellen Handeln zwingt. Hier muss man schnell reagieren können.
Basierend auf Aussagen von Donata Schreiner, Circle Comm

Fach-Communities

Es gibt verschiedene digitale Netzwerke bzw. Online-Fach-Communities, die bestimmten Fachkreisen vorbehalten sind. Für approbierte Ärzte gibt es spezielle Ärzte-Communities, bei denen eine Registrierung erforderlich ist. Sie dienen unter anderem dem medizinischen Erfahrungsaustausch. So können die User Fälle aus der Praxis diskutieren, Kasuistiken besprechen, Leitlinien identifizieren und Antworten auf Fragen finden. Beispiele sind die Ärzteplattformen www.esanum.de und www.coliquio.de, wobei coliquio mit über 65 000 Ärzten die größte und renommierteste ist. Die Pharmafirmen können auf diesen Plattformen einen Dialog beginnen, beispielsweise in Form von Diskussionen, Kurzumfragen und Marktforschung. Themen können dabei sein: Ideen für Verbesserungen der interdisziplinären Patientenbetreuung, Vorschläge für Produktverbesserungen oder die persönliche Bewertung des klinischen Nutzens bestimmter Produkte – resultierend in Erkenntnisgewinn und Vertrauensbildung auf beiden Seiten.

Bei www.facharzt.de stehen neben den Diskussionen von Arzt zu Arzt minutenaktuelle Nachrichten aus der Gesundheitspolitik im Vordergrund. Die größte Online-Ärzte-Community is www.sermo.com mit über 125 000 Ärzten in den USA. Das Portal www.my-medical-education.com ist nach eigenen Angaben die größte Fach-Community zur Aus- und Weiterbildung.

Integrierte Strategien

Die Kunst besteht darin, sowohl die verschiedenen Online-Aktivitäten untereinander als auch den Online-Bereich mit dem Offline-Bereich so geschickt zu verbinden, dass sie sich wechselseitig ergänzen und verstärken. Dabei kommt es auf die richtige inhaltliche und zeitliche Verzahnung der Maßnahmen an.

Online und das persönliche Gespräch

Interessant ist, dass trotz der vielfältigen Online-Aktivitäten das persönliche Gespräch, vorzugsweise von Angesicht zu Angesicht („Face-to-Face") weiterhin von entscheidender Bedeutung ist. Nur hier findet der Kunde die persönliche Sicherheit, Orientierung und Bewertung, die er in der Flut der Informationen im Netz nicht findet. Im Business-to-Business-Bereich werden die wesentlichen Impulse zu wichtigen Kaufentscheidungen nach wie vor in diesen persönlichen Gesprächen erfolgen.

Dies bedeutet für Sie: Ihre menschlichen Kontakte in der realen Welt sind stets wertvoller als Ihre virtuellen Kontakte. Menschen vertrauen eben eher Menschen, die sie persönlich kennen.

Effektive Newsletter erstellen

Nutzen für Sie

Sie erhalten in diesem Kapitel aktuelle Tipps, Hinweise und Empfehlungen, wie Sie mit elektronischen Newslettern bzw. Email-Marketing Kunden gewinnen und binden können. Newsletter sind dabei immer nur eine Komponenten einer übergeordneten Marketingstrategie. Wichtig ist die Verzahnung zwischen Online und Offline-Aktivitäten.

Grundlagen: Was Sie zu Beginn wissen sollten

Natürlich setzt ein effektiver Newsletter voraus, dass er aktuelle und zutreffende Informationen liefert und der Text punktgenau und prägnant formuliert ist. Damit Ihr Newsletter überhaupt von den Empfängern geöffnet und gelesen wird, sollten Sie sich im Vorfeld folgende vier grundlegende Fragen stellen:

▶ 1) Empfänger: Wer ist Ihre Zielgruppe?

▶ 2) Nutzen: Welches Problem Ihrer Zielgruppe lösen Sie?

▶ 3) Einzigartigkeit: Was macht Ihr Angebot besonders?

▶ 4) Ziel: Was wollen Sie konkret erreichen?

Wenn Sie klare Antworten auf die obigen vier Fragen gefunden haben, werden Ihnen die folgenden Tipps helfen, Ihren Newsletter effektiv zu machen. Falls Sie keine überzeugenden Antworten gefunden haben, werden Ihnen auch die nachfolgenden Tipps wenig helfen.

Umfang des Newsletter

Ein Newsletter sollte etwa 2000 bis 4000 Zeichen enthalten. Aus meiner Erfahrung sind die meisten Newsletter viel zu lang.

Konstanter Name des Newsletters

Überlegen Sie sich gut, wie Sie Ihren Newsletter nennen. Manche Autoren raten davon ab, ihn mit „Newsletter" zu titulieren, da viele Menschen sich von der Flut der Newsletter überfordert fühlen. Auf der anderen Seite empfehlen manche Autoren genau diesen Begriff, da jeder weiß, worum es sich handelt.

Wichtig: Wenn Sie den Begriff einmal festgelegt haben, sollten Sie dabei bleiben, da dies eine vertrauensbildende Maßnahme ist. Ein Beispiel: Mein Newsletter, der an über 1600 Abonnenten in der Pharma- und Medizinprodukte-Branche geht, heißt seit mehr als zehn Jahren: „Management-Newsletter: Tipps und Trends für Professionals".

Überschrift

Bringen Sie in jeder Ausgabe eine neugierig machende, nutzenversprechende Überschrift, am besten ausgedrückt in etwa 40 bis 50 Zeichen. Bei Newslettern entspricht dies der Betreff-Zeile. Diese Zeile entscheidet zu einem erheblichen Teil darüber, ob Ihr Newsletter überhaupt geöffnet wird oder – wenn er langweilig klingt – direkt der Löschung anheimfällt.

Die 4 „K"-Regel

Denken Sie beim Schreiben des Textes an die vier „K"s:

▶ Kurz, also knapp

▶ Klar, also verständlich

▶ Konkret, also treffend

▶ Konstruktiv, also aufbauend.

Text im Sichtbereich

Platzieren Sie gleich an den Anfang des Fließtextes einige zum Weiterlesen anregende Aussagen. So werden diese Worte in den kurzen Segmenten (snippets) sichtbar, die auf die kleinen Bildschirmen der mobilen Endgeräte wie Smartphones und iPhones passen.

Kunde auch verbal im Mittelpunkt

Machen Sie die Kunden-Orientierung auch sprachlich sichtbar, indem Sie im Text weniger von „wir" und „unser" sprechen, sondern mehr von „Sie", „Ihr" und „Ihnen".

Zustimmung erleichtern

Verwenden Sie im Text direkte, bejahende Aussagen und vermeiden Sie verneinende Wörter wie beispielsweise „kein", „nicht", „niemals". Ersetzen Sie negative klingende Begriffe durch positiv klingende Begriffe. Was Sie erreichen wollen, sind viele kleine Ja-Schritte, so dass dem Leser die innere Zustimmung zum „Call-to-Action" immer leicht fällt.

Wert für den Leser verdeutlichen

Verwenden Sie Worte und Sätze, die einen Nutzen anklingen lassen, beispielsweise

▶ Das hilft Ihnen …

▶ Damit verbessern Sie …

▶ Damit können Sie leichter …

▶ Damit erreichen Sie schneller …

▶ Dadurch gewinnen Sie …

Mehr zum Thema „Worte mit Wirkung" finden Sie gratis auf www.wortemitwirkung.de.

Aufmerksamkeitsstarke Worte

Reduzieren Sie die Zahl abstrakter Worte und wählen Sie stattdessen bildhafte, gut vorstellbare Worte, welche die tägliche Erlebniswelt Ihrer Kunden treffen.

Stacheldrahtworte

Vermeiden Sie Worte, die typischerweise in Spam-Emails vorkommen, da anderenfalls Ihre Newsletter automatisch im elektronischen „Spam-Filter" eines Servers hängen bleiben.

Korrekte Schreibweise

Prüfen Sie den Text Ihres Newsletters mit einem Rechtschreibprogramm, beispielsweise mit dem des Textverarbeitungsprogramms WORD.

Zeilenlänge

Halten Sie die Zahl der Zeichen pro Zeile unter 40 bis 50 Zeichen, indem Sie sogenannte „harte Zeilenumbrüche" einfügen. Sie vermeiden so, dass auf den mobilen Empfänger-Bildschirmen mit anders eingestellter Software ein oder zwei Worte eines Satzes in einer neuen Zeile stehen und der Text dann erst in der nächsten Zeile weiterläuft – was den unschönen Eindruck von „zerrissenen Zeilen mit Löchern" weckt.

Mit der oben vorgeschlagenen Formatierung gewährleisten Sie die leichtere Lesbarkeit und die Ästhetik des Satzspiegels.

Bullet Point Symbole

Statt den im Print-Bereich empfehlenswerten typischen „Mittelpunkten" sollten Sie bei Newslettern besser Bindestriche bzw. Minusstriche bringen, da die „Mittelpunkte" auf den mobilen Endgeräten aufgrund der Zeichenzuordnung meist nicht korrekt dargestellt werden.

Absender

Eine vertrauenserweckende Absenderangabe erhöht die Öffnungsraten des Newsletter. Versuchen Sie, den Absender in 22 Zeichen auszudrücken. Ein dem Empfänger bekannter Mensch aus einer Firma gibt dem Newsletter eine persönliche Note und wirkt stets vertrauenserweckender als die bloße Angabe einer Firma. Es sollte also nach Möglichkeit immer die gleiche Person sein, die als Absender angegeben wird.

Email-Signatur

Nennen Sie in der Email-Signatur am Schluss des Newsletters den kompletten Namen des Absenders (also des „Unterschreibenden"), mit Vornamen, Familiennamen und Funktion. Wie schon bei den Absenderangaben erwähnt: Je persönlicher der Newsletter wirkt, umso höher die Öffnungsraten. Leider wird diese Grundregel von vielen Firmen aus unterschiedlichen Gründen nicht beherzigt.

Falls Sie im Newsletter kein Impressum haben sollten, so geben Sie hier den Link zur Webseite an, auf der man das Impressum nachlesen kann.

Kontaktoptionen

Listen Sie alle Wege auf, auf denen man mit Ihnen in Kontakt treten kann:

- ▶ Adresse — Da Ihre Firma keine Briefkastenfirma ist, sollten Sie kein Postfach, sondern stets Straße und Hausnummer angeben
- ▶ Telefon — Sollte außerhalb der Bürozeiten mit einem Anrufbeantworter oder einem Callcenter verbunden sein. Rufen Sie testweise an
- ▶ Fax — Wird beispielsweise von Apothekern bevorzugt
- ▶ Emailadresse — Dies sollte keine anonyme info@firma.de , sondern eine persönliche Emailadresse sein

Links zu Webseiten

Stellen Sie sicher, dass die Links zu den angegebenen Ziel-Webseiten klar sichtbar sind und dass die Links auch tatsächlich funktionieren – sollte eigentlich selbstverständlich sein, wird aber oft vernachlässigt.

Download-Option

Geben Sie dem Leser die Möglichkeit, eine lesefreundliche Ausgabe Ihres Newsletters herunterzuladen, indem Sie ihm den direkten Link zur entsprechenden Webseite oder zu einem PFD-Dokument anbieten.

Copyright-Hinweis

Betonen Sie in Ihren Newslettern den Wert der Inhalte mit einem Copyright-Hinweis am Textende. Auf diese Weise verdeutlichen Sie dem Leser Ihr geistiges Eigentum – auch wenn Sie es rechtlich nicht durchsetzen werden wollen und können.

Weiterleitungshinweis

Sie können durch einen kurzen „Weiterleitungshinweis" am Textende auf einfache Weise zusätzliche Abonnenten gewinnen. Ich persönlich verwende dabei den Satz „Sie können diese Email an Freunde und Kollegen weiterleiten".

Link zum Abonnieren des Newsletters

Da Newsletter manchmal weitergeleitet werden, ist es sinnvoll, am Textende den Link zur Webseite anzugeben, auf der Interessierte den

Newsletter neu anfordern können. Beispiel: „Newsletter gratis abonnierbar auf www.tipps-trends.com"

Abonnement bearbeiten oder abmelden

Falls der Abonnent seine Empfängerdaten bearbeiten möchte oder den Newsletter abbestellen möchte („Unsubscribe"), sollten hierfür einfache automatische Mechanismen vorliegen. Erstens ist dies rechtlich vorgeschrieben und zweitens wollen Sie ja nur Leute in Ihrem Verteiler, die Ihren Newsletter wirklich wünschen.

Zu einer Handlung motivieren

Sie schreiben den Newsletter, damit die Empfänger etwas tun. Verwenden Sie dabei wirkungsvolle Aufforderungen, die einen Handlungsimpuls auslösen.

Optionen sind beispielsweise:

▶ Anmelden

▶ Downloaden

▶ Abonnieren

▶ Bestellen

Der „Call-to-Action" sollte (a) sich gut vom Fließtext abheben, (b) vorzugsweise am Schluss des Newsletter erscheinen und (c) mit einem Link hinterlegt sein. Im Konsumgüterbereich werden Handlungsaufforderungen oft zusätzlich in der Mitte des Textes wiederholt – was aber manchen Lesern aufdringlich erscheint.

Ziel-Website

Nach Klicken auf den Link des „Call-to-Action" landet der Leser direkt auf einer Landingpage mit einem klaren, übersichtlichen, ablenkungsfreien Layout, wo er die Transaktion komplettieren kann. Die Kunst besteht darin, den Newsletter wirkungsvoll und natürlich fließend mit Ihrer Webseite zu verbinden.

Testversand, Umlaute und Sonderzeichen

Machen Sie einen Probeversand an eine Reihe von Personen mit unterschiedlichen Computern, Smartphones und Software-Programmen. Bitten Sie diese Personen, Ihren Newsletter einfach an Sie weiterzuleiten, also zurückzusenden. Auf diese Weise entdecken Sie im

Voraus, inwieweit Ihr Newsletter auf den Empfänger-Bildschirmen so dargestellt wird, wie Sie es sich wünschen.

So können Sie im Vorfeld unliebsame Überraschungen wie beispielsweise eine sonderbare Darstellung von Umlauten und Sonderzeichen erkennen und Ihren Text entsprechend rechtzeitig korrigieren.

Technischer Hinweis: Die Darstellung der Zeichen Ihrer E-Mails ist auch von den Einstellungen auf dem empfangenden Gerät abhängig. Wenn statt der Umlaute seltsame Buchstaben- und Sonderzeichen-Kombinationen angezeigt werden, basiert dies wahrscheinlich auf dem Codierungsschlüssel bzw. der Zeichenkodierung „Westlich-ISO 8859-1" oder „Westlich-ISO 8859-5". Beim Codierungsschlüssel bzw. der Zeichenkodierung „UTF-8", der von Wikipedia und den meisten Computer-Programmen verwendet wird, werden hingegen auch Sonderzeichen und Umlaute korrekt dargestellt.

Aus den obigen Gründen sollten Sie stets einen Link zum Download des Newsletters (beispielsweise als PDF) oder zu einer lesefreundlichen Version auf einer Webseite angeben. Hier wird der Text natürlich stets korrekt dargestellt.

Format

Das optimale technische Format wird kontrovers diskutiert. Manche Autoren meinen, dass man einen schön gestalteten, schicken oder „durchgestylten" Newsletter im „html-Format" verschicken soll. Ganze Reihen von Agenturen werden Ihnen dabei gerne gegen Honorar behilflich sein.

Andere Autoren sind der Auffassung, dass man die Inhalte im reinen Text-Format als puren „Plaintext" versenden soll. Aufgrund der Ergebnisse von Kollegen und Klienten, die höhere Click-Through-Raten zur Zielwebseite bei der Nur-Text-Version berichten, bevorzuge ich persönlich das reine Text-Format.

Im Zweifelsfall testen Sie die beiden Format bei Ihrer Zielgruppe: Verschicken Sie randomisiert beide Versionen und vergleichen die Öffnungs- und Click-Through-Raten.

Ausgewählte rechtliche Aspekte

Bitte beachten Sie alle aktuellen rechtlichen Bestimmungen und Compliance-Regelungen in Ihrem Unternehmen. Es gibt beispielsweise verschieden ausgeprägte Verfahren, um die Zustimmung zu dokumentieren.

Beim „Single-Opt-in" nimmt man einfach die eingegebene Emailadresse des Empfängers. Beim heute üblichen „Double-Opt-in" erhält der Interessent im ersten Schritt eine automatische Email, auf die er klicken muss, um den Anmeldevorgang in einem zweiten Schritt abzuschließen.

Aus rechtlicher Sicht können Sie eine aus anderen Gründen erhaltene Emailadresse nicht einfach zum Rundum-Versand eines elektronischen Newsletters verwenden.

Lassen Sie sich bei der Anmeldung auch bestätigen, dass die Empfänger mit der elektronischen Speicherung ihrer Daten und dem Erhalt des Newsletters einverstanden sind – es reicht dafür das Ankreuzen des Kästchens mit der entsprechenden Beschreibung.

Richtlinien für zulässiges E-Mail-Marketing finden Sie unter anderem gratis zum Download auf http://online-marketing.eco.de/files/2011/10/Richtlinie-OM_2011.pdf

Weitere Emailadressen gewinnen

Eine der Aufgaben im Marketing ist es, permanent die Liste von Mitgliedern der Zielgruppe zu aktualisieren und zu erweitern – als Teil des anzustrebenden Customer Relationship Management Systems.

Manche Produktmanager unterschätzen dabei den Wert einer Emailadresse im System. Es sollte jede Gelegenheit genutzt werden, die wertvollen Emailadressen von vorhandenen und potentiellen Kunden zu sammeln. Daher sollten Sie Ihrer Zielgruppe die Möglichkeit geben, jederzeit auf dem Weg ihrer Wahl den Newsletter gratis anzufordern und ihre Emailadresse einzugeben.

Bei einem Gespräch oder Workshop können Sie die Menschen direkt fragen, ob sie in den Verteiler aufgenommen werden möchten. Auch auf dem Brief- oder Fax-Weg können Sie die Erlaubnis einholen, beispielsweise auf folgenden Dokumenten:

▶ Einladungs-Antworten
▶ Bestell-Formulare
▶ Feedback-Bögen
▶ Response-Elemente von Mailings.

Am effektivsten geschieht das Gewinnen von Emailadressen und damit von neuen Abonnenten auf elektronischem Wege, nämlich über Ihre Webseite. Mehr dazu im nächsten Abschnitt „Anmelde-Webseite".

Anmelde-Webseite

Bereits auf der Eingangsseite Ihrer Webpräsenz sollte der User auf die Option des Newsletter hingewiesen werden. Etablieren Sie eine Webseite speziell für den Anmelde-Vorgang und machen Sie es den Interessierten ganz einfach:

Im Anmeldeformular reichen Name und Emailadresse als Felder völlig aus. Widerstehen Sie der Versuchung, alles Mögliche abzufragen, da mit jedem zusätzlichen Feld die Bereitschaft sinkt, sich anzumelden.

Bringen Sie den Nutzen Ihres Newsletter in kompakter Form und sagen Sie, wie oft Ihr Newsletter erscheint. Vorteilhaft ist auch ein Link zum Newsletter-Archiv. Vermeiden Sie das Wort „Bestellen" (wird meist mit einem Bezahlvorgang verbunden) und wählen stattdessen einen Satz wie beispielsweise „Ja, ich will die neuen Tipps und Trends gratis erhalten".

Den „Action-Button" („Aktionsknopf") gestalten Sie am besten in grüner Farbe oder in Pastelltönen. Die Farbe Rot sollten Sie hier vermeiden, da diese oft mit Stop, Halt, Risiko und Gefahr verbunden wird.

Geben Sie eine kurze Datenschutz-Erklärung ab oder zeigen dem Leser den Link zu einer Webseite, auf der er Ihre Haltung zum Datenschutz nachlesen kann. Dies kommt dem Sicherheitsbedürfnis der Interessierten entgegen und hilft ihnen, beim Anmeldevorgang ein sicheres Gefühl zu haben.

Software

Fragen Sie Ihre Information-Technologie-Verantwortlichen, Kollegen und Berater, welche Software-Programme sie empfehlen. Ideal ist die Anbindung an das unternehmensinterne Customer Relationship Management (CRM) System. Da nach meiner Erfahrung dieses System jedoch in vielen Firmen gerade eingeführt, umgebaut, gewechselt oder kaum aktualisiert wird, entscheiden sich manche Marketingmanager zu einem eigenen Programm.

Neben dem Speichern und Verwalten der Daten sollte das verwendete Datenbanksystem auf jeden Fall einen automatischen elektronischen Mechanismus zur An- und Abmeldung sowie zur Bearbeitung von Empfängerdaten beinhalten.

Follow-up bei „Delivery Failure"

Manchmal werden Sie vom Server die automatische Nachricht erhalten, dass ein Newsletter an eine bestimmte Emailadresse nicht zustellbar ist. Der Hauptgrund ist meist, dass der Empfänger die Firma gewechselt hat.

Wenn diese Person auch Mitglied eines Ihrer virtuellen sozialen Netzwerke (wie beispielsweise XING oder Linkedin) ist, können Sie die Person auf diesem Wege direkt fragen, ob weiterhin Interesse am Erhalt Ihres Newsletters besteht.

Wie häufig?

Zu den besten Intervallen zwischen den Versandzeitpunkten gibt es unterschiedliche Auffassungen. Die meisten Autoren meinen, dass ein Newsletter mindestens einmal im Quartal und höchstens einmal pro Woche erscheinen soll.

Viele Autoren versenden ihren Newsletter ein- bis zweimal im Monat, womit auch ich persönlich gute Erfahrungen gemacht habe.

Optimale Zeitpunkte für den Versand

Früher wurden dazu Empfehlungen ausgesprochen, beispielsweise die „Freitag-Nachmittag-Email". Mir sind keine aktuellen Ergebnisse zu optimalen Tagen oder Uhrzeiten des Versands bekannt.

Dies kann dadurch erklärt werden, dass die meisten Mitarbeiter heute durch ihre mobilen Endgeräte auch abends und am Wochenende sowieso online sind.

Die meisten Autoren empfehlen, dass den Newsletter möglichst immer zum gleichen Tag und zur gleichen Uhrzeit zu verschicken. Man schafft so beim Empfänger eine Erwartungshaltung, die man erfüllt.

Segmentierung

Wenn Sie Empfänger aus unterschiedlichen Bereichen haben, lohnt es sich, Ihre Datenbank zu segmentieren. Im Newsletter verwenden Sie Textbausteine, die Sie modular zusammenfügen, wobei Sie bestimmte Punkte spezifisch an die jeweilige Zielgruppe anpassen. So erhalten die jeweiligen Empfängergruppen auf ihre Bedürfnisse maßgeschneiderte Newsletter.

Check

Lassen Sie Ihren Text vor dem Versand unbedingt von Freunden, Bekannten oder Kollegen gegenlesen – sie werden eventuelle Fehler entdecken und Ihnen wertvolle Hinweise geben.

Optimieren durch Testen

Die Dialog-Marketing-Profis im Konsumgüterbereich versenden oft in randomisierter Weise zwei leicht unterschiedliche Versionen eines Newsletter. Sie testen so simultan Version A gegen Version B, wobei sich die beiden Versionen nur in ein oder zwei markanten Merkmalen voneinander unterscheiden.

Sie wissen im Voraus nicht, welche Version besser abschneiden wird – deswegen testen sie ja beide Versionen im Markt. Sie erfahren so zuverlässig, was bei der Zielgruppe gut ankommt und worauf sie zukünftig achten müssen, um kontinuierlich besser zu werden.

Leistungskenngrößen und „Engagement" der Empfänger

Wie können Sie prüfen, wie erfolgreich Sie mit Ihrem Newsletter sind?

Hier ausgewählte Größen, die Sie messen können:

▶ Delivery Rate: Zustellquote

▶ Open Rate: Öffnungsrate (Zählmechanismus ist oft servermäßig blockiert)

▶ Click-through Rate: Prozentsatz der Leute, die auf die Ziel-Webseite gelangen

▶ New Subscribers: Neu gewonnene Abonnenten

▶ Unsubscribe: Abonnenten, die sich abgemeldet haben

▶ Nettoveränderung der Abonnentenzahl

Interessante Performance-Ergebnisse zu Delivery Rates, Open Rates und Click-through Rates zu verschickten E-Mail-Kampagnen in den USA finden Sie auf www.bronto.com.

Auf der Ziel-Webseite ist die Conversion Rate (Konversionsrate) ein Grad dafür, inwieweit Ihr Newsletter es tatsächlich schafft, die richtigen Besucher „(qualifizierten Traffic") auf Ihre Webpräsenz zu leiten.

Relevant ist, wie viele User auf Ihrer Ziel-Webseite die gewünschte Handlung zu Ende durchführen und so Ihre Marktposition stärken und letztendlich Umsatz für Sie generieren.

Presse- und Öffentlichkeitsarbeit

Bei der Presse- und Öffentlichkeitsarbeit (Public Relations oder PR) sollte man die Aktivitäten für die Fachkreise (Healthcare Professionals) von denen für die Laien (General Public) trennen. Bei Fachjournalisten („Medical Journalists") arbeiten Sie meist mit Profis zusammen, die die Spielregeln kennen. Falls Sie eine Pressekonferenz planen, sollten Sie mit einer erfahrenen Fachagentur zusammenarbeiten.

Bei der Zusammenarbeit mit Journalisten, sollte Ihnen kristallklar sein, welches Ihre Kernbotschaft ist und welche Worte Ihr Markenvokabular umfasst (siehe entsprechende Kapitel). So gewährleisten Sie, dass publizierte Beiträge auch das reflektieren, was Sie geplant hatten.

Wenn Sie die Öffentlichkeit ansprechen möchten, sollten Sie interne oder externe PR-Profis beauftragen, die wissen, wie man mit Journalisten umgeht und wie die Medien funktionieren. Sonst gehen Sie das Risiko ein, eine Kommunikationskatastrophe zu verursachen. Einige Journalisten der Regenbogenpresse warten nur darauf, vermeintliche Fehler und Fehltritte der Pharma-Industrie anzuprangern.

Fragen, die Sie sich vor Investitionen in Public Relations stellen sollten

Traditionelle Presse- und Öffentlichkeitsarbeit im Print-Bereich für Laien ist nur eingeschränkt möglich und relativ teuer.

Bevor Sie sich engagieren, hier einige Fragen, die Ihnen helfen, abzuschätzen, ob sich ein derartiges Investment lohnen wird:

▶ Haben Sie Ergebnisse, die wirklich interessant sind?

▶ Interessant für wen?

▶ Haben Sie eine gute „Story"? Eine spannende Geschichte mit wirklichen Problemen und einer emotionalen Komponente, die die Aufmerksamkeit der Leser weckt?

▶ Haben Sie ein ausreichendes Budget?

Wenn Sie die vier Fragen nicht zu Ihrer Zufriedenheit beantworten
können, sollten Sie Ihr kostbares Budget besser in andere Kommunikationsaktivitäten investieren.

Wenn Sie in PR-Aktivitäten investieren, sollten Sie danach natürlich
auch die Ergebnisse erfassen (Medienecho, Presse-Clippings, etc).

Übersicht zu klassischer Werbung

Hier eine Auswahl von klassischer Werbung – ein Eldorado für
Werbe-Agenturen:

▶ Anzeigen-Kampagne in den Printmedien

▶ Besprechungsunterlagen für den Außendienst („Folder")

▶ Abgabeartikel wie Kugelschreiber, Papierblöcke („Give-aways")

▶ Broschüren für Arzt oder Patienten

▶ Die „traditionellen" audiovisuellen Medien wie CD und DVD werden zunehmend durch das Web ersetzt.

Radio- und Fernsehwerbung
sowie Außenwerbung

Werbung außerhalb der Fachkreise, also an die breite Öffentlichkeit, ist nur bei verschreibungsfreien Arzneimitteln erlaubt. Optionen

sind beispielsweise Radio- und Fernsehwerbung sowie Außenwerbung („Plakate", „Billboards"). Beachten Sie dabei alle Vorgaben des Heilmittelwerbegesetzes. Einige ausgewählte Aspekte in kompakter Form:

Die Angaben müssen mit denjenigen übereinstimmen, die für die Packungsbeilage vorgeschrieben sind. Der Text „Zu Risiken und Nebenwirkungen lesen Sie die Packungsbeilage und fragen Sie Ihren Arzt oder Apotheker" ist gut lesbar und von den übrigen Werbeaussagen deutlich abgesetzt und abgegrenzt anzugeben. In audiovisuellen Medien ist dieser Text einzublenden.

Falls Sie das volle Programm der Werbung bei verschreibungsfreien Arzneimitteln in der breiten Öffentlichkeit starten wollen, brauchen Sie viel Geld. Hier die Zahlen für „Spending für Publikumswerbung bei OTC-Produkten" wie Gaviscon® bzw. Nicorette® bzw. Thomapyrin®: 1,4 bzw. 1,2 bzw. 1,1 Millionen Euro pro Monat (Zahlen für März 2008, Quelle: PMS, 21. April 2008, basierend auf Nielsen Media Research). Manche Werbeleute meinen, dass man mindestens 3 Millionen Euro pro Jahr ausgeben muss, um im Fernsehen eine nachhaltige Wirkung zu erzielen.

Hinweise zu Foldern:

Meist werden diese im DIN A 4 Format gehalten. Viele Ärzte wünschen sich maximal zwei Seiten. Trotzdem werden öfters vier- oder sechsseitige Folder produziert, die kaum besprochen geschweige denn gelesen werden. Eine erwägenswerte Option ist die sogenannte Abgabekarte im DIN A 5 Format, die die wichtigsten Botschaften in Kompaktform vermittelt.

Hinweise zu weiteren Themen:

„Mailings" werden im Kapitel „Direktmarketing" und „Elektronische Newsletter" im Kapitel „Elektronische Medien" besprochen. Tipps zur Agenturwahl finden Sie im Kapitel „Zusammenarbeit mit Dienstleistern".

Vielleicht behalten Sie bei der Werbung folgende Frage im Hinterkopf: Wenn Sie Arzt oder Ärztin wären, welches Dokument würde Sie eher überzeugen:

▶ Eine schöne, vierfarbige, werblich gestaltete Hochglanz-Broschüre über die tollen Eigenschaften eines Produktes, oder

▶ ein schwarz-weißer Sonderdruck eines wissenschaftlichen Artikels in einer hochwertigen, transparenten Prospekthülle mit dem farbigen Logo eines Produktes?

Mit hoher Wahrscheinlichkeit würde die zweite Option Ihnen mehr Glaubwürdigkeit vermitteln. Ein Arzt sagte dazu sinngemäß „Die Hochglanzbroschüren flößen kein Vertrauen ein. Statt Werbeberater sollte man lieber Ärzte bei der Zusammenstellung der Broschüren beteiligen, um Text, Design, Layout und Bilder arztgerecht zu gestalten."

Vorsicht mit Fachbüchern

Falls Sie die Produktion eines Fachbuches in Erwägung ziehen, sollten Sie sich das genau überlegen. Es ist aufwändig, teuer, dauert lange, und ist bei Erscheinen wahrscheinlich schon veraltet. Nur wenige Firmen haben es geschafft, Klassiker zu produzieren. Beispiele sind das rote „Roche Lexikon Medizin" oder das blaue „MSD Manual der Diagnostik und Therapie". Aufgrund der Verhaltensempfehlungen für die Pharma-Industrie können Sie ein produziertes Fachbuch nicht einfach als Geschenk abgeben.

Vertrieb: Außendienstmitarbeiter

Der Außendienst ist der teuerste und wirksamste Weg, um Botschaften an Fachkreise zu vermitteln. Er befindet sich in einem dramatischen Umbruch. Die folgende Abbildung illustriert, dass die Zahl der Außendienstmitarbeiter in Deutschland stark abgenommen hat.

Zahl der Außendienstmitarbeiter

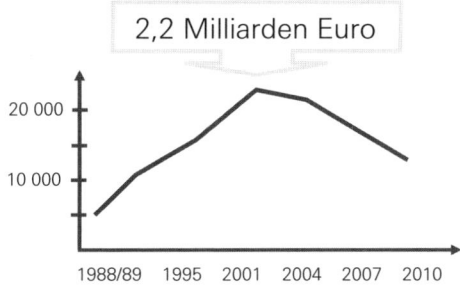

Quelle: Focke-Hecht 2009 aus Pharma Relations, 2010

Um Kosten und Kontakte zu beleuchten, hier einige Zahlen, die auf unterschiedlichen Quellen beruhen. Bei geschätzten 12 000 Außendienstmitarbeitern und Kosten von 100 000 Euro pro Mitarbeiter belaufen sich die Gesamtkosten auf 1,2 Milliarden Euro pro Jahr. Bei 200 Arbeitstagen pro Jahr und durchschnittlich sechs besuchten Ärzten pro Tag ergeben sich 1 200 Arztkontakte pro Mitarbeiter oder insgesamt 14,4 Millionen Arztkontakte pro Jahr. Wenn man die 1,2 Milliarden Euro Gesamtkosten durch die 14,4 Millionen Arztkontakte teilt, kommt man auf Kosten von etwa 83 Euro pro Arztkontakt. Bei vielen Allgemeinärzten und Praktikern dauert ein solcher Arztkontakt nur etwa 6 Minuten – eine kurze und teure Besprechung, die sich zunehmend weniger lohnt.

Hinweise: Die obigen Zahlen variieren je nach Firma und Fachrichtung des Arztes. Die von Außendienstmitarbeitern tatsächlich geforderten Arztkontakte können zwischen drei (bei speziellen Fachärzten) und zehn (bei Allgemeinärzten) pro Tag liegen. Die geschätzten Kosten pro Arztkontakt liegen meist zwischen 60 und 150 Euro.

Außendienstmitarbeiter in den USA haben wesentlich kürzere Kontaktzeiten. Nur bei etwa 25 Prozent der Besuche sehen sie den Arzt persönlich und in 93 Prozent der Fälle für weniger als zwei Minuten (Quelle: Pharma Marketing News, Vol 7, No 3, 2008). Etwa 75 Prozent der Besuche enden an der Rezeption („No-see"-Calls, „Sample dropoffs", „Stempelholen am Empfang").

Die Auswirkungen des reduzierten Außendienstes bei Allgemeinärzten und Praktikern sind seltenere Besuche und umfangreichere Produktzuständigkeiten. Eine niedergelassene Ärztin klagte „Die Firmen werden zunehmend gesichtslos".

Auf der anderen Seite stärken viele Firmen ihre Spezialaußendienste, beispielsweise die für Onkologen. Diese Mitarbeiter sind oft hervorragend ausgebildet und motiviert. Da diese Art von Mitarbeitern zudem oft gute persönliche Beziehungen zu den betreuten Spezialisten haben, sind sie in der Branche begehrt und werden nicht selten von konkurrierenden Firmen abgeworben, wenn diese ein neues Produkt in einer entsprechenden Indikation für Fachärzte in den Markt einführen.

Aufgrund der hohen Fixkosten bedienen sich manche Firmen der Leihaußendienste oder Contract Sales Organizations (CSO). Diese haben den Vorteil, dass sie „schnell einsetzbar und schnell abschaltbar" sind. Für manche Firmen ist dies auch eine preiswerte und transparente Option, um verkaufsstarke Mitarbeiter für den firmeneigenen Außendienst zu rekrutieren. Über Qualität und Motivation der Leihaußendienste gibt es unterschiedliche Auffassungen – die einen stufen sie höher und die anderen niedriger als den firmeneigenen Außendienst ein.

Viele Ärzte stehen dem Pharma-Außendienst positiv gegenüber – einige eher skeptisch. Eine kleine Gruppe („ich bezahl mein Essen selber") verweigert sich vollständig. Was alle Ärzte hassen, ist das gebetsmühlenartige Abspulen eines einstudierten Programms mit dem Ziel des Verkaufserfolges. Solche „Gespräche" mit dem Arzt als passiven Zuhörer werden wenig Einfluss auf das Verordnungsverhalten haben. Ärzte möchten gerne Neues hören: beispielsweise Informationen über bevorstehende Veranstaltungen, aktuelle Leitlinien, veröffentlichte Studienergebnisse und dergleichen. Sie möchten gefragt werden und sie möchten, dass man ihnen zuhört.

Im hektischen Trubel mancher Praxen ist der Pharmareferent oft der einzige Mensch, der dem Arzt Zuwendung entgegenbringt und ihn fragt, wie es ihm denn geht. Einige Worte der Anerkennung über irgendeinen Aspekt der Praxis (netter Empfang, frische Blumen, schöne Einrichtung, etc) sind oft die einzige positive Bemerkung, die der Arzt während des stressigen Praxisalltages hört.

Eine große Vertriebsmannschaft kann aus Gründen des Return-on-Investment immer weniger gerechtfertigt werden. Der Vertrieb wird daher in Zukunft an Gewicht verlieren – zugunsten des Direktmarketing und der elektronischen Medien. Ein guter Außendienst wird aber auch in Zukunft die wichtigste Kontaktoption zum Arzt bleiben.

Übersicht zum Direkt-Marketing

Meist werden „Direkt-Marketing", „Direct-Response-Marketing" und „Dialog-Marketing" synonym gebraucht. „Logos" *(altgriechisch)* steht für „Wort, Sinn, Bedeutung" und „Dialog" für „sich unterhalten, sich unterreden". Diese Form des Marketings kommt ursprünglich aus dem Versandhandel, wo Kataloge verschickt wurden. Dialog-Marketing bedeutet: Potenzielle Kunden gezielt und direkt ansprechen, um eine mehrstufige Kommunikation aufzubauen mit dem Ziel, eine messbare Reaktion auszulösen. Der Vorteil liegt auf der Hand: Ich weiß, ob meine Aktivitäten tatsächlich etwas bewirken.

Direkt-Marketing nimmt an Bedeutung zu, beispielsweise in Form von Print-Mailings per Post, elektronischem Newsletter oder Telefonmarketing mittels Callcenter.

Eine aktuelle Datenbasis ist das A und O des Dialog-Marketings. Dies bedeutet: Ich muss Daten sammeln, speichern, pflegen und nutzen. So kann ich beispielsweise die Kunden, die bereits geantwortet haben, gezielter ansprechen.

Print-Mailings mit hohen Responseraten

Ja

Ja

Ja

Die Abbildung illustriert das Prinzip Ihres Textes in Mailings: Eine Kette von vielen kleinen, logischen „Ja"-Schritten – vom Briefkuvert über den Texteinstieg bis zu den Schlussformeln. Schreiben Sie den Text so, dass der Leser Ihren Aussagen innerlich Schritt für Schritt zustimmt, dass er Ihnen also symbolisch gesehen grünes Licht gibt.

Die linke Spalte der folgenden Tabelle zeigt die stummen, unausgesprochenen Fragen des Lesers, die er sich stellt, wenn er ein Mailing erhält. Wenn Sie es schaffen, dass der Leser sinngemäß die Antworten in der rechten Spalte gibt, steigern Sie dessen Aufmerksamkeit und Interesse. Jede Antwort signalisiert Zustimmung. Sie steigern so die Responserate und bereiten den Boden für einen Dialog.

Frage des Lesers	Wünschenswerte Antwort
Wer schreibt mir?	Ja, ich kenne die Firma.
Wirklich an mich?	Ja, mein Name stimmt.
Bringt mir das was?	Ja, ich erkenne einen Nutzen für mich.
Ist das gratis?	Ja, ist gratis.
Ist das unverbindlich?	Ja, ist unverbindlich.
Ist klar, was ich tun soll?	Ja, ist klar.

Hier weitere Hinweise, wie Sie den Dialog mit dem Kunden beginnen und pflegen – unter anderem basierend auf Empfehlungen des Institutes für Direktmarketing. Besonders stark wirken:

▶ Der Name des Empfängers: Ein vielfacher Verstärker.

▶ Der Name der Gruppe, zu der sich der Empfänger zugehörig fühlt. (beispielsweise: Frauenarzt, Apotheker)

▶ Bilder, die zur Botschaft passen.

▶ Gut lesbare Überschriften.

▶ Bekannte und vertraute Dinge.

In den Kapiteln „Vierzehn Fragen an Ihre Direktmarketing-Agentur" und „Tipps für effektive Mailings" finden Sie weitere Hinweise.

Telefonmarketing mittels Callcenter

Man unterscheidet Inbound- und Outbound-Aktivitäten. Im ersteren Fall beantworten die Mitarbeiter des Callcenters („Agents") eingehende Telefonate und im zweiten Fall rufen die Mitarbeiter die Zielgruppe aktiv an. In folgenden Fällen kann der Einsatz eines Callcenters sinnvoll sein:

▶ Größere Zielgruppen schnell über neue Präparate, aktuelle Studienergebnisse, Nebenwirkungen und Ähnliches zu informieren.

▶ Personeller Engpass oder Vakanz im Außendienst: Krankheit, Mutterschutz, Ausscheiden eines Mitarbeiters.

▶ Wenn sich der Einsatz des Außendienstes nicht rechnet, aber die Ärzte wichtig genug sind, um weiter gut betreut zu werden.

▶ Weiterbetreuung und Nachbereitung von konkreten Marketingaktivitäten wie Mailings, Fortbildungsveranstaltungen und Ähnlichem.

Fragen an die Zielgruppe können sein: „Wünschen Sie noch Informationen über ..." oder „Möchten Sie weitere Materialien erhalten?"

▶ Für verschreibungsfreie Marken: Aktives Verkaufen an Apotheken im Direktgeschäft.

Moderne Callcenter entwickeln sich zunehmend zu einem echten Servicepartner, der weit mehr Aufgaben für den Auftraggeber erledigen kann als das reine Abwickeln von Telefonaten. Wichtig ist dabei das Nutzen von Synergien mit anderen Kommunikationskanälen. Wie bei anderen Formen des Dialog-Marketings ist im Rahmen des Customer Relationship Management eine aktuelle Datenbasis der zu kontaktierenden Kunden das A und O.

Die Ausbildung der Callcenter-Mitarbeiter beruht auf drei Säulen: Einmal das Telefon-Training, das die Aufgabe des Callcenters ist, zum zweiten das Produkttraining, das die Aufgabe des Produktmanagers oder Medical Advisors ist und zum dritten das gemeinsam erarbeitete Telefonskript mit den einzelnen Schritten sowie Antworten auf häufige Fragen.

Es gibt Callcenter, die auch Mitarbeiter mit der Sachkenntnis nach § 75 AMG, beispielsweise Pharmareferenten, eingestellt haben, denen es erlaubt ist, „richtige" Arztgespräche zu führen.

Sie brauchen einen guten Grund, um bei Fachkreisen anzurufen. Bei Apothekern kann dies eine geplante Aktion in den Medien sein, bei Ärzten ein honoriertes Telefoninterview oder die Anfrage, ob sie an der Teilnahme an einer Studie interessiert sind.

Viele Außendienstmitarbeiter sehen Callcenter als ihren natürlichen Feind an. Es kann daher in Unternehmen sinnvoll sein, die Gruppe der Ärzte, die persönlich vom Außendienst betreut werden, von der Gruppe der Ärzte, die vom Callcenter angerufen werden, strikt zu trennen.

Wenn der Marketingverantwortliche gemeinsam mit dem Außendienst im Rahmen von integrierten Kampagnen eine nahtlose Zusammenarbeit mit dem Callcenter organisieren kann, wird das Callcenter zu einer wertvollen Unterstützung und Ergänzung für den klassischen Außendienst.

Wissenschaftliche Studien

Hier gibt es eine Vielzahl von Möglichkeiten, die den Rahmen dieses Buches sprengen würden und die Sie am besten mit Ihrer medizinisch-wissenschaftlichen Abteilung oder Ihrem Medical Advisor besprechen. Nicht-interventionelle Studien (NIS) gehören nicht in die Verantwortlichkeit des Marketings, nützen aber auch dem Produktmanagement. Bei nicht-interventionellen Studien erfolgt die Therapie gemäß Zulassung im Rahmen einer Routinebehandlung. Dem Arzt werden keine Vorschriften zur Behandlung des Patienten gemacht. Es werden auch keine weiteren Diagnoseverfahren oder Kosten durch die Studie veranlasst.

Patientenorganisationen und Selbsthilfegruppen

Die Unterstützung von Patientenorganisationen und Selbsthilfegruppen durch einzelne Pharmafirmen war in der Vergangenheit Gegenstand rechtlicher Auseinandersetzungen, in denen den Firmen vorgeworfen wurde, bestimmte, vorher wenig beachtete Erkrankungen unverhältnismäßig in die Öffentlichkeit zu „pushen". Hier ist Transparenz angesagt. Richtig gemacht, kann die Unterstützung solcher Gruppen für beide Seiten hilfreich sein.

Below-the-line-Marketing

Es gibt unkonventionelle, einfallsreiche Aktivitäten, die in keine der bisher genannten Kategorien klar einzuordnen sind und neben den klassischen Medien stehen. Man spricht in diesem Zusammenhang auch von „Below-the-line-Marketing". Bei Interesse können Sie diese Agenturen im Internet finden. Kontaktieren Sie diese Agenturen und bitten Sie um ein unverbindliches Gespräch. Vielleicht ergeben sich daraus Ideen für eine Zusammenarbeit.

Dinge, die im Konsumgüterbereich gemacht werden:

▶ Product Placement in Fernseh- und Kinofilmen
▶ Sponsoring von Events
▶ Roadshows
▶ Promotion-Teams
▶ Aktionen am Point of Sale (Point-of-Sale-Promotion)

Bis zum Jahre 2008 sponserten einige Generikafirmen Arztpraxis-Software, in denen die eigenen Produkte stets an einem bevorzugten Platz auf dem Bildschirm erschienen. Seit dem 1.7.2008 sind nur noch manipulationsfreie Arzneimittel-Datenbanken und Praxisverwaltungssoftware-Programme erlaubt.

Gewinnspiele

Eine Option des unkonventionellen Marketings sind gewinnspiel-ähnliche Aktionen, die unter bestimmten Bedingungen bei Fachkreisen möglich sind. Da diese Aktionen aber zahlreichen, rechtlichen Zwängen unterworfen sind, sollten Sie diese genau mit einem erfahrenen Rechtsanwalt abstimmen. Folgende ausgewählte Punkte sollten Sie dabei abklären:

▶ Die Gewinnspiele müssen in Verbindung mit einer fachlichen Leistung stehen.

▶ Die fachlichen Leistungen können Kommentare zu Unterlagen oder das Beantworten von Fachfragen sein.

▶ Es darf keine Verknüpfung mit dem Umsatz Ihres Produktes bestehen.

▶ Der ausgelobte Preis muss angemessen sein, das heißt dem geleisteten Aufwand entsprechen (beispielsweise 30 Euro).

▶ Es muss ein Datum für den Einsendeschluss genannt sein.

Unkonventionelle Maßnahmen: Beispiele für einfallsreiche Aktionen

▶ „Helden-der-Liebe-Trucktour"

Hier einige, verkürzte Passagen aus dem „ed-Newsletter" von Eli Lilly:

„Unser Truck fährt durch ganz Europa und macht auch in zwölf deutschen Städten halt. Wir freuen uns auf Sie! Wenn Sie möchten, laden wir Sie gern zu einem persönlichen Gespräch in die gemütliche Lounge in unserem Truck ein. Der Urologe Professor Dr. Hartmut Porst wird unsere Tour begleiten. Er ist ein Spezialist auf dem Gebiet der Erektionsstörungen. Besuchen Sie die „Helden-der-Liebe-Trucktour", die sicher auch in Ihrer Nähe Station machen wird. Termine: ..."

Pfizer hatte bei Markteinführung von Viagra® bereits eine Road-show zu diesem Thema unter dem Motto „Der gesunde Mann" (www.der-gesunde-mann.de) organisiert.

▶ Parkhausschranke

Bei der Ausfahrt aus einem Parkhaus erblickt der Autofahrer auf dem Parkscheinautomaten Werbung für Voltaren® und eine Schran-ke in Form eines Beines, welches beim Hochgehen „am Knie" ab-knickt.

▶ Gigantisches Teeglas

Passanten sehen eine „dampfende" Litfass-Säule als gigantisches Teeglas mit der plakativen Botschaft „Bringt jede Erkältung ins Schwitzen", gesponsert von Bad Heilbrunner Erkältungstee, dem Marktführer für Gesundheitstees („Winterzeit ist Erkältungszeit").

▶ Coupondienste

Beim Coupondienst von „Curationes mirabiles" erhält der Arzt ein Heft mit Praxis-Schecks für Ärztemuster, Serviceartikel, Praxisbe-darf, Medizintechnik, Literatur, etc. Die Kosten pro Einzelscheck betragen etwa 2 bis 3 Euro (www.arzt-praxis-service.de).

▶ Paketflächen

Einen Teil der etwa 850 Millionen Quadratmeter ungenutzten Pa-ketflächen, die jährlich versendet werden, hat HEXAL für *ACC akut Hustenlöser* gebucht. Die Pakete werden von diversen Internetver-sendern an Privathaushalte versendet. (Kosten je nach Menge und Größe laut PM-Report 01/09: Zwischen 0,33 und 2,00 Euro)

Koordination der Maßnahmen

Koordination

 Alle Aktivitäten

• zeitlich

• inhaltlich

miteinander verzahnen

Die obige Abbildung verdeutlicht, dass alle in den letzten Kapiteln genannten Aktivitäten auf intelligente Art und Weise miteinander verknüpft und verzahnt werden müssen, so dass sie sich wechselseitig ergänzen und verstärken.

Die **zeitliche** Komponente beinhaltet die geplante zeitliche Abfolge und die richtige Taktung der Maßnahmen. Sie sollten einen Plan haben, nach dem Ihre Aktivitäten regelmäßig zu bestimmten Terminen durchgeführt werden, beispielsweise eine Mediaplanung für das Schalten von Anzeigen in Zeitschriften. Wenn Sie sich für eine Serie von Mailings entscheiden, sollten Sie Ihre 6 und 10 Mailings pro Jahr in etwa gleichen Abständen versenden. So vermeiden Sie ungezielte Schnellschüsse.

Die **inhaltliche** Komponente beinhaltet die Stimmigkeit der vermittelten Aussagen. Die Komponenten werden also in einem klugen Zusammenspiel in ein Gesamtkonzept eingebettet und so miteinander kombiniert, dass sich statt Insellösungen eine integrierte Kommunikation ergibt.

Agenturen und Unternehmensberatungen haben in diesem Zusammenhang attraktive Begriffe geprägt wie beispielsweise:

▶ Multidimensionale Kommunikation

▶ Mehrkanal- oder Multi-Channel-Strategien

▶ Kombination der medialen Komponenten

▶ Crossmedialer Maßnahmen-Mix

▶ Vernetzte Kampagne

▶ Richtiges Medien-Menü

▶ Bündelung der Kommunikationsangebote

▶ Abgestimmter Mehrkanalvertrieb

Folgendes kann passieren, wenn die Koordination fehlt: Ein Unternehmen hatte einen bekannten, goldmedaillengekrönten Sportler als öffentlichen Fürsprecher für ihr Produkt gewonnen. Wegen des Verdachtes auf schwere Nebenwirkungen wurde das Medikament aber später vom Markt zurückgezogen. Leider vergaß das Unternehmen, den Sportler darüber zu informieren, so dass dieser weiter die positiven Seiten des Medikamentes öffentlichkeitswirksam pries, obwohl es gar nicht mehr verfügbar war – ein gefundenes Fressen für die Laienpresse, die solche Fälle gerne aufgreift.

Wenn Sie für das Marketing Ihres Produktes verantwortlicher sind, laufen die Fäden bei Ihnen zusammen. Sie sind quasi Maestro, Dirigent und Regisseur. Denken Sie an die „Ateliermethode": Sie können einzelne Stücke zwar von andern anfertigen lassen, aber für die Qualität des Gesamtkunstwerks sind Sie verantwortlich. Ihr Erfolg im Markt wird zu einem großen Teil davon abhängen, wie gut Sie das Gesamtpaket meistern.

Wirkung Ihrer Maßnahmen

Ergebnisüberwachung, Erfolgsbetrachtung und Marketing-Controlling klingen gut. Tatsache ist, dass man den präzisen Beitrag einzelner Maßnahmen im Pharma-Marketing nur schwer abschätzen kann, da meist mehrere Aktivitäten gleichzeitig durchgeführt werden – was eine exakte Zurechnung erschwert. Wenn ein Produkt erfolgreich ist, werden die jeweils Verantwortlichen für Vertrieb, Public Relations, Werbung und Internet sich alle gerne als Urheber des Erfolges feiern lassen.

Trotz dieser komplexen Situation sollten Sie versuchen, den „Return-on-Investment" abzuschätzen. Neben dem üblichen „Ergebnis pro ausgegebenem Euro" sollten Sie auch das „Ergebnis pro Stunde Ihrer investierten Arbeitszeit" abschätzen. Dies wird Ihnen helfen, Ihre kostbarste Ressource, nämlich Ihre Zeit, noch intelligenter einzusetzen nach dem Motto „Do not work harder, work smarter".

Laut einer Analyse von Accenture verpuffen 30 bis 40 Prozent des eingesetzten Marketinggeldes, wobei Kennzahlen zu Vermarktungsmaßnahmen oft unklar sind (Quelle: www.horizont.net, 25.02.2010). Fragen, die Ihnen helfen, das Ihnen anvertraute wertvolle Budget effektiver zu nutzen, sind beispielsweise:

▸ Welches sind die wahrscheinlich wirkungsvollen Maßnahmen?
▸ Gibt es „Budgetverschlinger" („Budget drains"), die nur „Geld fressen" und vielleicht nur aus historischen Gründen weitergeführt werden?

- Haben Sie von Anfang an Kenngrößen zur Erfolgsbeurteilung eingebaut? (Vorschläge dazu finden Sie in den Kapiteln über Erfolgsfaktoren und relevante Kenngrößen.)
- Investieren Sie ausreichend in nachgewiesenermaßen kosteneffektive Maßnahmen wie Dialogmarketing, Internetpräsenz und elektronische Newsletter?

Ihr Ziel ist dabei **nicht** das Erfassen und Dokumentieren vieler finanzieller Zahlen, sondern das Ermöglichen von Vergleichen und das kontinuierliche Optimieren von Vorhandenem. Trimmen Sie Ihren Mix auf mehr Wirkung. Das „Drehen an zwei oder drei Schrauben" reicht manchmal aus, um die „gesamte Maschine auf volle Leistung" und damit „Ihre PS auf die Straße" zu bringen. Denken Sie dabei kreativ auch an ganz andere Optionen, wie beispielsweise strategische Allianzen oder Line-Extensions.

Unternehmensintern muss bei der Schätzung des Return-on-Investment (ROI) oft Überzeugungsarbeit geleistet werden. Der Weg zu mehr Transparenz kann von den Betroffenen leicht als Überwachungs- oder Kontroll-Maßnahme empfunden werden. Es werden Machtverlust und Stellenabbau gefürchtet – was auch passieren kann. Bei diesen Personen sind die Ansätze unwillkommen und sie werden sie im Hintergrund blockieren und boykottieren. Die geäußerten kritischen Kommentare gehen meist in Richtung „zu einseitig", „zu kaufmännisch", „zu wirtschaftlich", „zu kommerziell" und „zu sehr an der Profitabilität ausgerichtet".

Das Mantra: Kontinuität

Um Inhalte vom Kurzzeit- zum Langzeitgedächtnis zu bringen und dort unvergesslich zu verankern, müssen sie mehrfach wiederholt werden. Für den Wiederholer kann dies auf Dauer, lästig, langweilig und anstrengend werden. Dies erfordert Beständigkeit, Beharrlichkeit und Geduld. Die Texter im Direktmarketing empfehlen: Sag es, sag es noch mal und wiederhole es („consistency"). Die Kunst besteht darin, die Marke stimmig zu kommunizieren – über Länder hinweg, über Medien hinweg und über die Zeit hinweg.

Der Versuchung widerstehen

Es gibt vier Faktoren, die mehr oder weniger subtil dazu führen können, dass der Markenauftritt geändert wird – sie werden im Folgenden kurz beleuchtet:

▶ **Der Außendienst**

Hinter der typischen Klage des Mitarbeiters „Die Ärzte können es nicht mehr hören" steckt der Wunsch nach Abwechslung und etwas Neuem. Der Spruch signalisiert eigentlich „Ich selbst kann es nicht mehr hören". Schön wäre es, wenn der Arzt sich die Botschaft wirklich gemerkt hätte. Untersuchungen haben gezeigt, dass die Botschaft viele Male wiederholt werden muss, um dauerhaft im Gedächtnis verankert zu sein.

▶ **Die neue Werbeagentur**

Während sich Markenagenturen der Bedeutung eines kontinuierlichen Markenauftrittes sehr wohl bewusst sind, verdienen andere Agenturen ihr Geld damit, ständig wechselnde Unterlagen zu erstellen. Oft wird dies gerechtfertigt mit Aussagen wie „Wir passen den etwas altmodisch wirkenden Auftritt jetzt dem Zeitgeist an, so dass das Produkt frischer aussieht" oder „Wir haben superkreative Ideen für eine neue Kampagne".

▶ **Die Vorgesetzten**

In seltenen Fällen haben Vorstände oder Marketingdirektoren ihre speziellen Meinungen zu Veränderungen im Markenauftritt, die man umsetzen muss.

▶ **Der Produktmanager**

Auch der Wunsch, eigene deutliche Fußspuren im Unternehmen zu hinterlassen, kann zu unnötigen Veränderungen des Markenauftritts führen – „Wir revitalisieren die Marke".

Widerstehen Sie der Versuchung nach unnötigen Veränderungen und bleiben Sie im prinzipiellen Markenauftritt standhaft. Natürlich gibt es Fälle, in denen eine Marke an Entwicklungen angepasst, aber eben nicht umgekrempelt werden muss. Von erfolgreichen Marken-Agenturen kommen die folgenden zwei weisen Sprüche: „Every change is poison for the long-term success of the brand" und „Brand work is boring work".

Ein Brief, den Sie niemals schreiben sollten: Beispiel

Ärzte hassen unnötige Veränderungen im Markenauftritt. Unnötig ist dabei alles, was ihnen keinen klaren zusätzlichen Nutzen bringt. Einige Passagen eines Mailings, das eine Pharmafirma an die Verordner geschickt hat, illustrieren dies:

„Durch die Umsetzung von Produktionsstandards ist es erforderlich geworden, geringfügige Modifikationen bei dem Blister vorzunehmen. Während bei Blistern aus dem alten Produktionsmodus der Aufkleber auf der Rückseite anzubringen war, ist bei den Packungen aus der neuen Produktion der Aufkleber mit den Wochentagen auf der Vorderseite anzubringen."

Mit diesem Schreiben hat die Pharmafirma ihre Verordner verunsichert und verärgert. Sie zwingt ihre Verordner, kostbare Zeit damit zu verbringen, den Anwendern all diese Veränderungen zu erklären. Wenn es das Wort „Anti-Marketing" gäbe, hier wäre es sicherlich angebracht.

Teil I
Customer-Relationship-Management

Einleitung zu Customer-Relationship-Management (CRM)

Customer-Relationship-Management (CRM, Kundenbeziehungs-management) beinhaltet die systematische Gestaltung der Kunden-beziehungs-Prozesse, unter anderem durch Erfassen und Speichern von Kundeninformationen in einer Datenbank. So kann man schneller zu den wertvollen Kunden navigieren (siehe Abbildung unten links). CRM erleichtert den Dialog mit den Kunden und trägt zur Kunden-loyalität bei.

Anmerkung: Die Abkürzung CRM wird manchmal auch als „Customer Reporting Mechanism" interpretiert.

CRM	CRM: Kontaktdaten	
Customer	Zahl der Kunden	_____
Relationship	Postalische Adresse	_____ %
Management	E-Mail-Adresse	_____ %
Daten erfassen, speichern …	➡ Dialog mit Kunden	
Navigieren ➡ Wertvollen Kunden	Datenbank aktualisieren	

Bitte fügen Sie in der obigen Abbildung rechts Ihre Zahlen ein:

▶ Wie hoch ist die Zahl Ihrer Kunden?

▶ Von wie viel Prozent der Kunden besitzen Sie (und nicht ein exter-ner Dienstleister) die postalische Adresse?

- Von wie viel Prozent der Kunden besitzen Sie die E-Mail-Adresse?
- Wie nutzen Sie diese Datenbank zum Dialog mit dem Kunden?
- Wie stellen Sie sicher, dass die Datenbank aktualisiert wird?

Ausgewählte Aspekte des CRM

Haben Sie den besten Draht zu Ihren Kunden?

Heute gewinnen nicht automatisch die Firmen mit den besten Produkten, sondern oft die Firmen mit den besten Beziehungen zu den Kunden.

CRM ist darauf angelegt, langfristig gute Beziehungen zu den Kunden aufzubauen, wobei gute Kunden bestimmte Vorteile und Privilegien erhalten, um sie an das Unternehmen zu binden.

Ein gut funktionierendes CRM bei Firmen in der Konsumgüter- und Dienstleistungsbranche dokumentiert übersichtlich und genau, was eine Firma über Kunden weiß. So kann der Mitarbeiter, der gerade Kontakt mit dem Kunden hat, Antwort auf folgende Fragen finden:

- Wann hat der Kunde das letzte Mal angerufen?
- Wofür hat er sich interessiert?
- Was hat er gekauft?
- Was hat er reklamiert?

Hinweis: Statt einem Kunden mitzuteilen „Ich habe Sie in unserer Datenbank gefunden", sagen Sie lieber „Wie kann ich Ihnen helfen?"

In vielen Firmen sind diese Informationen noch in unterschiedlichen Computern in verschiedenen Abteilungen verstreut gespeichert. CRM schafft hier Struktur: Überall und jederzeit können die Mitarbeiter auf die Kundenhistorie zugreifen und damit individuell auf Kundenanfragen reagieren („anywhere, anytime"). Um nicht allen Personen den Zugang zu allen Daten zu gestatten, können unterschiedliche Zugriffsrechte gewährt werden. Selbstverständlich gibt es persönliche oder vertrauliche Daten, die man nicht in eine CRM-Datenbank eingeben sollte.

Customer Lifetime Value (CLV) und Kundenbindung

Ein wichtiges Konzept ist der Customer Lifetime Value (CLV): Er enthält die Summe der möglichen Umsätze plus alle möglichen Empfehlungen während der Lebensdauer eines Kunden und reflektiert den wahren Wert eines Kunden für das Unternehmen. Er ist nicht direkt messbar, verdeutlicht aber allen Mitarbeitern mit Kundenkontakt, dass der wahre Wert des Kunden weit über die gegenwärtige Transaktion (Verordnung, Kauf, Verkauf) hinausgeht.

Ein Beispiel mangelnden Bewusstseins von CLV:

Die Direktmarketingabteilung einer bekannten Bank hatte eine gute Idee: Den besten Kunden der Bank schenken wir zu Weihnachten eine Kleinigkeit. Die Reaktion des Vorstandes: Wir sind doch nicht verrückt und verschenken einfach so etwas. Wenn wir Geld ausgeben, dann nur als Anreiz, bei uns Kunde zu werden, sprich zur Neukundengewinnung.

Bei Kundenbindungsprogrammen gelten die Fluggesellschaften als Pioniere. Bei ihnen kann man Treuepunkte sammeln, die in Prämien umgewandelt werden können. Für die guten Mitglieder gibt es mehr Service, mehr Prestige, mehr Privilegien, kleine Aufmerksamkeiten, rote Teppiche, kürzere Wartezeiten, freundlichere Begrüßungen und einen Hauch von Exklusivität. Diese Firmen nennen ihre umsatzstarken Kunden gerne Premiumkunden, Elitekunden, Platinum Club Members, oder VIPs. Sie behandeln diese wertvollen Kunden in bevorzugter Weise nach dem Motto „Gute Kunden wollen gehegt und gepflegt werden".

Kundenprofile und Kundenwert

Das Erstellen von Kundenprofilen hilft, die Relevanz eines Kunden abzuschätzen. Unternehmen benutzen zur Abschätzung des Kundenwertes unterschiedliche Skalen und Raster. Der „Best-Buy-Store"-Konzern in den USA verwendet beispielsweise eine Einteilung von „1" bis" 5", wobei 1 für nicht wichtig und 5 für sehr wichtig steht. Viele Pharmafirmen verwenden eine Klassifizierung von „A" (sehr wichtig) bis „D" (unwichtig), oder „high", „middle", „low" (HML) für „hoch", „mittel", „niedrig". Diese Einteilung in Wertegruppen erleichtert das Ansprechen der jeweiligen Gruppen auf die angemessene Weise und mit der angemessenen Häufigkeit („differenzierte Marketing- und Vertriebsleistung je nach Kundenwert"). So lohnt es sich beispielsweise nicht, „D"-Ärzte mit dem Außendienst zu betreuen, während es bei einem „A"-Arzt genau die richtige Wahl sein kann.

Wie die Wirklichkeit aussehen kann, verdeutlicht die Geschichte einer Firma, von der Beraterkollege Dr. Frank Trinius im Rahmen eines Seminars erzählte. Einer seiner Klienten erzählte stolz von der Einführung eines CRM-Systems im Unternehmen. Auf die Frage, wie sich die Behandlung der Kunden denn unterscheide, meinte der Klient „Wir behandeln alle Kunden gleich". Hier wurde das Potenzial des CRM-Systems offenbar weder verstanden noch ausgeschöpft.

Idealerweise empfehlen die Topkunden die Produkte oder Dienstleistungen wiederum an ihre Kollegen, Freunde und Bekannten weiter. Diese Personen im Umfeld haben meist ebenfalls ein hohes Umsatzpotenzial – ein goldenes Segment. Motto: Kunden empfehlen uns weiter („MGM – Members Get Members").

Warum manche Pharmafirmen das Potenzial von CRM nicht ausschöpfen

Während in anderen Branchen das Customer Relationship Management ein fester Bestandteil der Unternehmensphilosophie ist, fristet CRM in vielen Pharmafirmen ein Aschenputtel-Dasein. Die Gründe sind vielfältig:

▶ Oft besteht ein mangelndes Bewusstsein über den wahren Wert von CRM in der Geschäftsleitung, so dass Fürsprache und Investitionen nicht angemessen sind.

▶ Oft wird die technische Seite überbetont und die psychologischen Aspekte (Motivation und Anreize) sowie organisatorische Fragen werden vernachlässigt.

- Die Produktmanager wechseln alle zwei bis drei Jahre, so dass der jeweilige Funktionsträger die Früchte seiner Arbeit wahrscheinlich nie ernten wird. (Faustregel: Was heute investiert wird, zahlt sich frühestens in zwei Jahren aus.)

- Die Außendienstmitarbeiter sehen nicht ein, warum sie ihr kostbares Wissen über einzelne Kunden einer anonymen Datenbank anvertrauen sollen, die auch noch vom Marketing organisiert wird. Manchen Mitarbeitern erscheint es vielmehr ratsamer, dieses Wissen für sich zu behalten, was sich bei einem Wechsel in ein anderes Unternehmen auch als persönlicher Vorteil erweisen könnte.

Firmen wie Bertelsmann, Lufthansa und Payback kennen den Wert der Kundendaten in ihren Bücherclub-, Frequent-Traveller- oder Bonus-Programmen. Sie erfassen und nutzen die Transaktionsdaten (Kaufhistorie), um den Kundendialog zielgerecht zu fördern. Überlegen Sie, ob Sie auch in Ihrer Firma ein auf die Pharma-Industrie zugeschnittenes Programm entwickeln können – es könnte eine Goldmine für Ihre Firma sein.

Wenn CRM erfolgreich sein soll, erfordert dies allerdings die Befürwortung durch die Geschäftsleitung. CRM ist nicht etwas, das von der Informationstechnologie-Abteilung implementiert wird, sondern etwas, das von allen im Unternehmen gelebt werden muss – Tag für Tag.

Woher kommen in der Arzneimittelbranche die Informationen über die Kunden? Bei Apothekern oder Händlern, die beim Pharma-Unternehmen direkt bestellen, ist dies einfach. Bei Ärzten ist man auf andere Informationsquellen angewiesen, beispielsweise den Außendienst. Mitarbeiter können Informationen vom Arzt selber, von Praxisangestellten oder von den in unmittelbarer Nähe gelegenen Apotheken erhalten.

Weiterhin bieten verschiedene Dienstleister Daten über verordnete Arzneimittel aus unterschiedlichen Quellen an, um mehr Transparenz des Marktes zu erreichen.

Der Kundenwert bestimmt
die Kundenansprache

Die Relevanz des Kunden bestimmt, über welche Kanäle er bevorzugt angesprochen wird. Hier einige Beispiele, wobei mehrere Aktivitäten sinnvoll miteinander kombiniert werden können:

▶ Ein sehr wichtiger Kunde wird vom Außendienst besucht. Die Kosten eines Gespräches mit dem Arzt liegen – abhängig von Firma, Gehaltsniveau und Zahl der besuchten Ärzte – meist zwischen 60 und 150 Euro. Der Einfachheit halber kann man mit gut 100 Euro pro Praxisbesuch rechnen.

▶ Ein „mittelwichtiger" Kunde kann über Telefonmarketing betreut werden. Die Kosten des Gespräches eines Callcentermitarbeiters mit dem Entscheider hängen von vielen Faktoren ab (Wahl des Callcenters, vereinbarte Konditionen, etc). Man kann mit etwa 15 bis 25 Euro pro Gespräch mit dem Entscheider rechnen.

▶ Ein noch weniger wichtiger Kunde wird über Mailings betreut. Die Kosten liegen je nach Umfang, Beilagen, Bearbeiten der Rückläufe und anderen Faktoren oft zwischen 1 und 5 Euro.

▶ Ein unwichtiger Kunde erhält vielleicht nur den elektronischen Newsletter, bei dem ein Empfänger mehr oder weniger überhaupt keine Kosten verursacht.

▶ Die Personen, die definitiv keinen Kontakt mehr mit der Firma wünschen, sollte man selbstverständlich ganz in Ruhe lassen.

Die Einfachheit in der täglichen Handhabung der Datenbank ist ein kritischer Erfolgsfaktor. Die Abteilung für Informationstechnologie (IT) oder das Programm, das Ihr Unternehmen bereits gekauft hat, wird dem Anwender meist eine Vielzahl von Feldern vorschlagen, was wenig praktikabel ist. Denken Sie an Ihr eigenes Verhalten, wenn Sie online Daten in ein Formular eingeben sollen: Je komplexer, desto unhandlicher. Je weniger Datenfelder da sind, umso höher ist die Wahrscheinlichkeit, dass jemand tatsächlich Daten eingibt: Je einfacher, umso eher genutzt. Wenn Sie darauf Einfluss haben, eliminieren Sie die weniger relevanten Felder der Eingabemaske. Überlassen Sie den technischen Experten die Infrastruktur und kümmern Sie sich gemeinsam mit dem Vertrieb um Kriterien und Inhalte.

Die Kundendatenbank muss jederzeit auf dem neuesten Stand gehalten werden. Wenn also neue Informationen über Kunden in das Unternehmen kommen, so sollten sie in das System eingepflegt werden. Meistens erntet man zu dieser Erkenntnis bejahendes Kopfnicken – die Wirklichkeit sieht indes oft anders aus.

Eine wahre Geschichte aus der Zeit vor den leicht einscannbaren Ausweisen für Kongressteilnehmer: Ich sprach mit dem Marketingmanager, der für den Stand einer bekannten Firma in der Industrie-Ausstellung verantwortlich war. Die Firma hatte eine Art Gewinnspiel an ihrem Stand organisiert, bei dem die Ärzte ihren Namen und ihre Adresse auf eine Karte geschrieben hatten. Ich fragte ihn, was mit den circa eintausend ausgefüllten Karten passieren würde. Hinter vorgehaltener Hand flüsterte er mir zu „Die vernichten wir". Auf meine Frage „Aber warum denn?" antwortete er „Wer, glauben Sie, würde diese handschriftlichen, kaum leserlichen Angaben mühsam entziffern und dann am Computer in eine Datenbank eintippen und wer würde mich dafür belohnen, dass ich mich darum kümmere?" Eine berechtigte Frage, auf die ich keine Antwort hatte.

Das wahre Potenzial einer wachsenden Zahl von Kunden in einem CRM-System wird eben nicht überall erkannt.

Teil J
Umgang mit der Zeit und Prioritäten setzen

Ihre kostbarste Ressource: Zeit

„So, wie du deine Tage verbringst, so verbringst du dein Leben."

Annie Dillard

Die Zeit gehört zu den Gütern, die nicht vermehrbar sind. Sie können nur eines tun: Genau auswählen, womit Sie Ihre kostbare Zeit verbringen. Wir können Zeit weder einfangen noch einen einzigen Tag wiederholen. Jeder gelebte Tag ist unwiderruflich vorbei. Deswegen sollten wir das Geschenk eines jeden Tages genießen, als ob es unser letzter Tag wäre.

Ihre Zeitplanung

Beschäftigen Sie sich vorwiegend mit Dingen, die Sie mögen oder beeinflussen können. Verbringen Sie wenig Zeit mit Dingen, die Sie weder mögen noch in irgendeiner Weise beeinflussen können. Da Ihr Kalender nicht lügt, hat sich folgende Übung als hilfreich erwiesen. Bitte notieren Sie, welchen Anteil eines typischen Berufstages Sie mit welchen Aktivitäten verbringen:

Aktivität	Ihr Zeitanteil in %
1) Interne E-Mails lesen	
2) Interne Dokumente bearbeiten	
3) Interne Besprechungen	
4) Budget und Controlling	
5) Verwaltung	
6) Interne Abstimmung	
7) Denken und Strategie entwickeln	
8) Kontakte mit Leuten mit Kundenkontakt	
9) Korrespondenz mit Kunden	
10) Mit Kunden telefonieren	
11) Face-to-Face-Kundengespräche	
	100%

Wenn Sie viel Zeit mit den Punkten 1 bis 6 verbringen, ist Ihre Kunden- und Marketingorientierung niedrig – unabhängig davon, was Sie sagen oder schreiben. Je mehr Zeit Sie mit den Punkten 7 bis 11 verbringen, umso ausgeprägter ist Ihre Kunden- und Marketingorientierung. Ihr Kalender sagt die Wahrheit über Ihre Prioritäten.

Wie Sie weniger Zeit in Meetings verbringen

Hier einige Tipps, wie Sie Ihre Zeit in internen Besprechungen reduzieren können. Einige meiner Klienten blockieren Zeiträume in den elektronisch einsehbaren Firmenkalendern für kurze Besprechungen mit ihren Kollegen, um danach ungestört arbeiten zu können. Andere Klienten bitten darum, den eigenen Tagesordnungspunkt vorzuziehen, weil sie direkt danach zu einem weiteren Meeting gehen müssen. Wieder andere Klienten lassen sich während des Meetings von ihrer Sekretärin anrufen, um so einen Grund zu haben, den Raum zu verlassen.

Wie Sie einen Großteil Ihrer E-Mails fast sofort löschen können

E-Mails aussortieren   Nein

1   Absender und Betreffzeile veranlassen zu einem „Das muss ich heute lesen"

2   Sie müssen etwas konkretes tun: Man erwartet von Ihnen eine Aktion

3   Sie müssen bald damit anfangen: Termin in den nächsten 3 Wochen

4   Die Aktion ist mit Ihren Projekten verbunden oder bringt Ihnen Nutzen

Basierend auf Bill Jensen: The Simplicity Survival Handbook: 32 ways to do less and accomplish more, 2003

Viele meiner Klienten erhalten täglich mehr als 40 E-Mails, mit denen man problemlos mehrere Stunden verbringen kann. Vielleicht hilft Ihnen das obige Schema, Ihre E-Mails so zu sortieren, dass Sie mehr als die Hälfte Ihrer E-Mails sofort löschen können. Wenn Sie sich nicht trauen, tatsächlich auf den „Löschen"-Knopf Ihrer Computer-Tastatur zu drücken, legen Sie einfach einen Extra-Ordner an, in den Sie diese E-Mails verschieben. Bei mir heißt dieser Ordner „E-Mails-Später-Lesen". Etwa einmal im Monat lösche ich den kompletten (ungelesenen) Inhalt dieses Ordners, wobei ich mich hinterher erleichtert fühle.

Interne versus externe Widerstände

Einsichtsreich ist ein Studie von Hermann Simon: Der Anteil der Energie, die verbraucht wird, um firmeninterne Widerstände, also Hürden im Unternehmen zu überwinden, beträgt bei mittelständischen Weltmarktführern etwa 10 bis 20 Prozent, während sie bei Großunternehmen etwa 50 bis 70 Prozent beträgt. (Quelle: Hermann Simon: Hidden Champions des 21. Jahrhunderts. Die Erfolgsstrategien unbekannter Weltmarktführer, Campus, 2007). Mit anderen Worten, viele Großkonzerne sind überwiegend mit sich selbst beschäftigt.

Drei Arten von Menschen

Drei Arten von Menschen

| Machen wenige Dinge mit hoher Priorität | Gucken zu, wie die Dinge geschehen | Fragen, hinterher, was geschehen ist |

Die obige Abbildung basiert auf einem Zitat des US-Astronauten James Lovell: „There are people who make things happen, there are people who watch things happen, and there are people who wonder what happened. To be successful, you need to be a person who makes things happen."

Versuchen Sie zur ersten Kategorie zu gehören. Dies setzt voraus, dass Sie nur ausgewählte Dinge tun, nämlich die mit hoher Priorität. Denn egal, wie fleißig Sie sind, Sie können nicht alles machen.

Sich auf das Wesentliche konzentrieren

„Alle Kunst praktischer Erfolge besteht darin, alle Kraft zu jeder Zeit auf einen Punkt – auf den wichtigsten – zu konzentrieren."

Ferdinand Lasalle

Worte wie Balance und Interessenausgleich klingen schön, aber manchmal muss man sich entscheiden. Werden Sie sich bewusst, dass Sie wählen können. Dies bedeutet zu einigen Dingen „Ja" und zu anderen Dingen „Nein" zu sagen.

Wenn Sie die Antworten auf folgende zwei Fragen einmal schriftlich formulieren, hilft dies, Ihrem Leben die Richtung zu geben, in die Sie wirklich gehen wollen.

▶ Was sind die Prioritäten in Ihrem Leben: Was ist Ihnen wirklich wichtig?

▶ Wenn Sie wüssten, sie könnten nicht scheitern, was würden Sie dann tun?

Hier sechs einsichtsreiche Zitate von unterschiedlichen Personen:

▶ Der Philosoph Lin Yu Tang sagte prägnant: „Neben der edlen Art, Dinge zu erledigen, gibt es auch die edle Art, Dinge unerledigt zu lassen."

▶ Der Romanautor Paolo Coelho sagt in seinem „Handbuch des Kriegers des Lichts" sinngemäß „Schlage nur die Schlachten, die die Deinen sind."

▶ Der Business-Coach Dan Kennedy schreibt in seinem Buch: „No B.S. Time Management for Entrepreneurs" dazu: „Nur weil Sie etwas machen können, heißt noch lange nicht, dass Sie es tun sollten".

▶ Der US-amerikanische Schriftsteller und Philosoph Henry David Thoreau sagte: „Beschäftigt zu sein, reicht nicht. Die Frage ist: Womit sind wir beschäftigt?"

▶ Der amerikanische Erfolgsautor Earl Nightingale zitiert in seiner millionenfach verkauften Tonaufnahme „The Strangest Secret" den Philosophen Ralph Waldo Emerson „Sie werden das, worüber Sie den ganzen Tag nachdenken".

▶ Der Gründer des Computerkonzerns Dell, Michael Dell, sagte: „Zu entscheiden, was man tun soll, ist einfach. Schwierig ist, zu entscheiden, was man **nicht** machen wird."

Manchmal komme ich in Firmen, die von emsiger Betriebsamkeit und operativer Hektik geprägt sind. Geschäftigkeit ist aber nicht gleich Geschäft. Viele Firmen verzetteln sich in internen Meetings, komplexen Freigabe-Prozessen und schwelenden Machtkämpfen.

Da wenig direkter Feedback vom Markt in das Innere des Unternehmens dringt und keine relevanten, ergebnisorientierten Kenngrößen gemessen werden, hat man keinen Überblick darüber, welche Aktionen tatsächlich etwas bewirken.

Sinnvolle Maßnahmen mit nachgewiesener Wirkung wie beispielsweise das Schaffen einer hervorragenden Webpräsenz, das Erstellen eines effektiven Newsletters an eine zunehmende Zahl von Kunden oder der Aufbau eines Customer-Relationship-Programms bleiben so häufig auf der Strecke.

Der Mangel an Zeit ist oft nur ein Ausdruck des Mangels von klaren Prioritäten. Fragen Sie sich im geschäftigen Treiben des Arbeitsalltages öfters „Was würde passieren, wenn ich diese eine Sache vor mir nicht erledige?" Oft werden Sie erkennen, dass ein Großteil der Dinge, die auf Ihrem Schreibtisch, in Ihrer Voicemail oder in Ihrem E-Mail-Eingangskorb landen, in Wirklichkeit nicht zielführend ist. Diese nebensächlichen Dinge sollten Sie daher nicht als Vorwand dazu benutzen, Wichtigeres aufzuschieben. Daher der Rat: Setzen Sie brutal Prioritäten und halten Sie sich daran. Diese Haltung erleichtert es Ihnen, sich auf die wichtigen Dinge konzentrieren, also die Dinge, die Ihnen, Ihren Kunden und dem Unternehmen wirklich etwas bringen.

Entscheiden Sie, womit Sie Ihre Zeit verbringen möchten. Tun Sie die wichtigen Dinge mit vollem Einsatz – geben Sie diesen 100 Prozent Ihrer Aufmerksamkeit. Lassen Sie die unwichtigen Dinge einfach unter den Tisch fallen, denn sonst werden die kleinen Dinge Sie mit sich reißen und Sie werden sich abends fragen, wo die Zeit geblieben ist.

Die 70/30-Regel

Das sogenannte Pareto-Prinzip besagt, dass rund 80 Prozent der Ergebnisse von nur rund 20 Prozent des Aufwands herrühren. Meine Erfahrung ist eher das 70/30 Verhältnis: 70 Prozent der Ergebnisse stammen von rund 30 Prozent des Aufwands. Für manche Autoren gilt das 90/10-Prinzip. Das Wesen dieser Prinzipien steht im Widerspruch zum „50/50-Glauben", also der Annahme, dass 50 Prozent der Anstrengungen zu rund 50 Prozent der Wirkungen führen. Hierbei werden alle Aktivitäten, Kunden und Projekte irgendwie als gleichwertig betrachtet, was natürlich zu einer Zerstreuung kostbarer Ressourcen nach dem Gießkannen-Prinzip führt.

Wie kann ich diese Erkenntnis nun in der Praxis umsetzen? Um Dinge zu priorisieren, ist es hilfreich, den Return-on-Investment (ROI) mehrerer Optionen abzuschätzen. Wenn Option A mehr Return (wie immer sie dieses Ergebnis definieren) verspricht als Option B, konzentrieren Sie Ihre Zeit und Ihr Budget auf Option A und vernachlässigen Sie Option B. Seien Sie beim Einführen von derartigen ROI-Schätzungen auf Widerstände gefasst. Das Trägheitsmoment ist in manchen Firmen sehr groß. Motto: „Haben wir schon immer so gemacht".

„Aktueller Aktionsplan" und „Irgendwann-tun"-Liste

Wie können Sie Ihr Handeln auf das Wesentliche konzentrieren? Die linke Hälfte der Abbildung zeigt den Beginn mit „Alles Erfassen". Sie erstellen eine umfassende Aktionsliste, in die Sie alle Punkte schreiben, die Ihnen in den Sinn kommen.

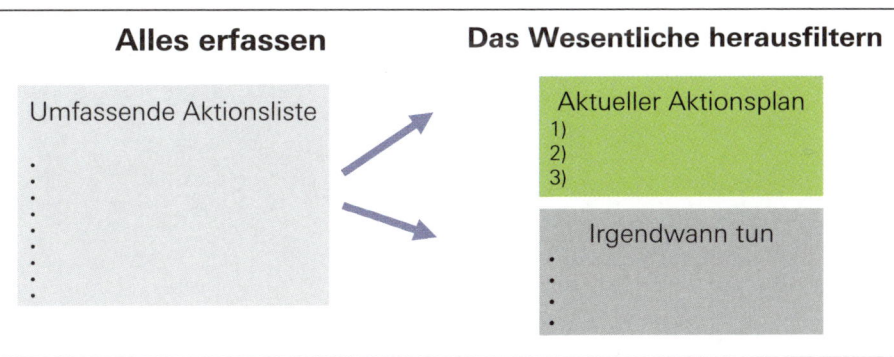

Sortieren Sie nun die Dinge in zwei Blöcke, so dass zwei Listen entstehen (Abbildung rechts). Die obere Liste „Aktueller Aktionsplan" enthält die herausgefilterten wirklich wichtigen Dinge. Dies ist Ihre „To-do-List".

Die untere „Irgendwann-tun" Liste enthält all die unwichtigen und nebensächlichen Dinge, die Sie in den Hintergrund rücken, um sie später zu tun – wenn Sie einmal Zeit haben. Sie unterlassen also bewusst manche Dinge oder eliminieren sie ganz. Bildlich gesprochen: Sie werfen Ballast ab, werden Mühlsteine los und haben den Kopf wieder frei für die wesentlichen Dinge. Sie werden wieder Herr über Ihre kostbarste Ressource – Ihre Zeit.

Schauen Sie sich morgens Ihren aktuellen Aktionsplan an und beginnen Sie mit dem wichtigsten Punkt. Ihre niedergeschriebenen Worte helfen Ihnen, Ihre Aktivitäten in die richtige Richtung zu lenken. Sie werden sich manchmal wundern, wie schnell Sie Ihren Zielen näher kommen.

Schön wäre es beispielsweise, wenn die Tipps in einem Kapitel dieses Buch Ihnen helfen würden, nächste Woche zehn nebensächliche Dinge auf später zu verschieben oder ganz zu streichen und dafür drei neue, wichtige, zielführende Dinge direkt in Angriff zu nehmen.

Teil K
Effektive Umsetzung und Projektmanagement

Schnelles Denken und schnelles Handeln

„Erfolg beruht auf der Fähigkeit, den Graben zwischen Entschluss und Ausführung möglichst schmal zu halten."

Peter F. Drucker, Management-Guru

„Unternehmen unterscheiden sich heute kaum noch in ihren Strategien, sondern in der Geschwindigkeit und Qualität, mit der sie diese implementieren."

Basierend auf: Oliver Greiner, Managementberatung Horváth & Partner

„Für den Erfolg im Markt brauchen Sie sowohl schnelles Denken (Quick Thinking) als auch schnelles Handeln (Fast Action)"

Jason Jennings & Laurence Haughton in „It's Not the Big That Eat the Small...It's the Fast That Eat the Slow: How to Use Speed as a Competitive Tool in Business".

Viele Firmen denken viel, analysieren viel und entwickeln große Strategien. Oft wird dann aber nur ein Bruchteil der entwickelten Strategien tatsächlich verwirklicht. „Wir sind Wissensriesen, aber Realisierungszwerge", so Buchautor Helmut Fuchs (siehe nächste Abbildung).

Theorie	Praxis
Gedacht	Umgesetzt
„Wissens-Riesen"	„Realisierungs-zwerge"

David Kelley, der Chef von IDEO Product Development war überrascht, dass viele Manager mit dem Reden über innovative Methoden zufrieden waren und dass sie Besprechen dem Handeln vorzogen. (In: Jeffrey Pfeffer & Robert Sutton: The Knowing-Doing Gap). Auch ich bemerke oft zu meinem Erstaunen, dass der Output mancher Firmen hauptsächlich in Dokumenten (insbesondere Powerpointcharts und E-Mails) und Besprechungen zu bestehen scheint. Eine humorvolle Darstellung war das Schild, das ich an der Tür eines Besprechungsraumes in einem Unternehmen fand: „Meetings: Die praktische Alternative zur Arbeit".

Ein Tipp, wie Sie durch entsprechende Zeitplanung Ihre Meetings kürzer machen können: Planen Sie Ihre Besprechungen unmittelbar vor dem Mittagessen oder kurz vor Feierabend – die Teilnehmer werden eher gehen wollen.

Die Ursache für das Scheitern am Markt sind also häufig nicht Fehler in der Strategie, sondern Fehler bei der Umsetzung der Strategie, was wiederum häufig auf ineffektivem Projektmanagement basiert.

Wie Ihre Projekte leichter gelingen

Umsetzungsgrad

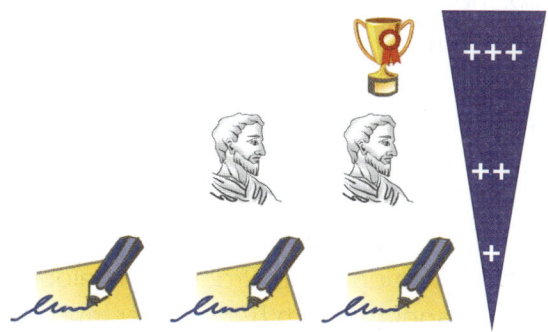

Wenn Sie den Umsetzungsgrad Ihrer Projekte erhöhen wollen, gibt Management-Guru Tom Peters sinngemäß folgende Empfehlung: Was aufgeschrieben wird, wird wahrscheinlich getan. Was gemessen wird, wird noch wahrscheinlicher getan. Was belohnt und gewertschätzt wird, wird am wahrscheinlichsten getan (siehe Abbildung). Belohnen Sie also die Dinge, von denen Sie zukünftig mehr sehen wollen – es wirkt wie eine Art Treibstoff oder Kraftstoff.

Die Kunst, Dinge getan zu bekommen

Das Projektmanagement ist die Kunst, Dinge getan zu bekommen (*„The art of getting things done"*). Es beinhaltet Leadership und Management für zeitlich befristete Vorhaben („Projekte").

Sie werden erfolgreicher, wenn der Großteil Ihrer Arbeit aus konkreten Projekten besteht – mit einem Anfang, einem Ende, einem Ziel und einem konkreten Ergebnis.

Übersicht über Projektphasen

Hier die Phasen eines Projektes aus Marketingsicht:

1 Ziel festlegen
2 Maßnahmen planen
3 Menschen begeistern
4 Maßnahmen delegieren und / oder durchführen
5 Projektfortschritte regelmäßig prüfen

Ziel festlegen

In den Kapiteln „Woran wird Ihr Erfolg gemessen?" und „Übersicht über Erfolgskriterien" finden Sie nützliche Hinweise, wie Sie Ziele festlegen.

Maßnahmen planen

Projekte kommen Stück für Stück voran. Teilen Sie daher das Projekt in kleine, überschaubare Elemente auf. Erstellen Sie gemeinsam einen Aktionsplan: Wer macht was bis wann? Ein solcher Aktionsplan sollte maximal auf zwei Seiten passen. Widerstehen Sie der Versuchung, Dinge komplexer zu planen als notwendig – Sie ruinieren damit die Realisierung. Halten Sie für jede Besprechung eine aktuelle Version des Aktionsplans bereit.

Menschen begeistern

Erfolgreiche Projektmanager schaffen es, andere zu begeistern.

Welche Möglichkeiten stehen Ihnen offen, um andere zu motivieren und vielleicht zu begeistern? Hier einige Optionen:

- Menschen nicht demotivieren! (klingt banal, wird aber leider oft missachtet)
- Teammitgliedern persönliche Freiräume geben.
- Regelmäßig über Projektfortschritte informieren.
- Aufmerksamkeit schenken (dies bedeutet Zeit schenken).
- Anerkennen und öfters ein Lob aussprechen.
- Erreichte Etappenziele gebührend feiern.

Maßnahmen durchführen

> *„Es ist nicht genug zu wissen, man muss es auch tun."*
>
> Goethe

Irgendwann muss irgendwer tatsächlich die Arbeit machen („Somewhere, sometimes, somebody has to go out and do the job", Don Aslett: Have a 48-hour day). Schauen Sie öfters auf Ihren Aktionsplan, damit Sie stets an die wichtigsten Aktionen erinnert werden. Fangen Sie morgens mit der jeweils wichtigsten Aktion an und beenden diese, bevor Sie mit der nächsten Aufgabe anfangen.

Projektfortschritte regelmäßig prüfen

Wer wacht?	**Regelmäßige Projekt-Meetings**
Wer fragt nach und • erinnert an Fristen • ermahnt die Säumigen	Monitoring / Follow-up / Tracking
Deadline Drachen Projekt-Manager / Koordinator ?	 Jour fixe Review meetings Sind wir im Zeitplan? Halten wir Termine ein? Verwirklichen wir unsere Pläne?

Die linke Hälfte der Abbildung zeigt den „Deadline Drachen", also die Person, die die Rolle des Projekt-Managers oder Projekt-Koordinators übernimmt. Diese Person wacht darüber, dass die geplanten Aktionen tatsächlich umgesetzt werden. Sie erinnert an Fristen, ermahnt Säumige und bedankt sich bei den Mitgliedern, die ihre Aufgaben tatsächlich fristgerecht erledigt haben.

Diese Person beruft auch die regelmäßigen Teambesprechungen („Review-Meetings, „Jour fixe") ein, um die Projektfortschritte auf der Zeitachse zu überprüfen. Typische Fragen bei diesen Besprechungen sind aus der rechten Abbildung ersichtlich.

Die Tatsache, dass alles im „grünen Bereich" ist, ist für alle Beteiligten sehr motivierend. Das Gefühl, dass ein Projekt auf der Spur ist, ist immens attraktiv für das Umfeld. Ihr Projekt wird so leichter Menschen und Ressourcen anziehen.

Teil L
Leadership und
Netzwerke

Hochleistungsteams

„Unhappy teams have a hard time winning."

Jim Collins untersuchte, warum Firmen erfolgreich werden („Der Weg zu den Besten: Die sieben Management-Prinzipien für dauerhaften Unternehmenserfolg" – englische Originalversion *„Good to Great: Why Some Companies Make the Leap ... And Others Don't"*). Einer seiner Schlussfolgerungen ist, dass die Unternehmensleitung – bevor sie eine neue Vision und Strategie verkünden – zunächst die falschen Leute rauswerfen und die richtigen an Bord holen. Die richtigen Leute sind die, die mit Begeisterung bei der Sache sind.

„Das wirkliche Geheimnis des Erfolges ist Enthusiasmus" sagte Walter Chrysler, der Gründer des gleichnamigen US-Autokonzerns.

Da Sie meist nicht in der Position eines Unternehmensführers sind, der Top-Talente einfach an Bord holen und unpassende Leute feuern kann – was bedeutet das für Sie?

Ihr Team zieht Toptalente an

Machen Sie Ihr Team, Ihre Abteilung, Ihren Bereich so attraktiv, dass Leute freiwillig bei Ihnen anklopfen und fragen, ob sie mitmachen dürfen. Ihre Projekte sind interessant und Sie strahlen Energie, Zuversicht und Optimismus aus. Sie wissen ja: Erstklassige Leute ziehen erstklassige Leute an und zweitklassige Leute ziehen drittklassige Leute an.

Wenn Sie ein anscheinend durchschnittliches Projekt bekommen, machen Sie ein besonderes Projekt daraus. Sie starten oder leiten die Projekte, wo man gerne morgens hingeht und wo man Dinge ausprobieren darf. Bei Ihnen kann man was lernen.

Ermuntern und ermutigen Sie Ihre Teammitglieder zu außergewöhnlichen Leistungen. Soweit es in Ihrer Macht steht, erhöhen Sie den Grad der Autonomie und Selbstbestimmung in Ihrem Team im Sinne von Ermächtigung oder „Empowerment". Fördern Sie Eigeninitiative. Stärken Sie die Selbstverantwortung. Belohnen Sie selbständiges Handeln. Geben Sie den Teammitgliedern die Gestaltungsspielräume, um erfolgreich zu sein. Machen Sie die gemeinsamen Ziele für jedermann jederzeit sichtbar. Wenn Sie noch keine gemeinsamen Ziele haben, finden Sie welche.

Sie setzen so eine erstaunliche Spirale in Gang: Attraktive Projekte ziehen hervorragende Leute an, die wiederum Projekte noch attraktiver machen. Denken Sie daran: Ihre Konkurrenten können vielleicht Kopien Ihrer Produkte machen, aber sie können keine Kopien Ihrer Teammitglieder machen. Behandeln Sie daher Ihre Teammitglieder so, dass sie gerne in Ihrer Gesellschaft und in Ihrer Gemeinschaft, der „community", bleiben. Im Englischen gebraucht man in diesem Zusammenhang auch gerne Sätze wie *„Welcome to the Examplex Family"* (ersetzen Sie Examplex durch Ihre eigenen Markennamen).

Networking

Instinktive Netzwerker weben ein Netz von potenziellen und gegenwärtigen Freunden und Geschäftspartnern. Sie schaffen Verbindungen zu Menschen. Sie investieren Zeit in den Aufbau und die Pflege von zwischenmenschlichen Beziehungen. Sie vernetzen sich mit Gleichgesinnten und schöpfen daraus Kraft und Ideen. Sie sind gut verbunden. Sie wissen, dass sie mit einem guten Netzwerk wertvoller sind und sie sind sich darüber im Klaren, dass die Verlierer die Leute ohne Netzwerk sein werden.

In der globalen Wirtschaft ist man immer mehr auf das Wohlwollen und die Mitarbeit von Menschen angewiesen, die einem nicht disziplinarisch unterstellt sind. Ich kenne Personen, die es versäumt haben, rechtzeitig ihr eigenes persönliches Netzwerk aufzubauen und nach dem unerwarteten Verlassen des Unternehmens ein einsames Leben führen – fürwahr ein tragisches, aber selbstverschuldetes Schicksal.

Zeit für Menschen

Bei Workshops beobachte ich öfters mit Erstaunen, dass manche Teilnehmer wegen anscheinend dringender Fälle im Unternehmen mit ihren Mobiltelefonen und Blackberries so beschäftigt sind, dass sie keine Zeit haben, die wirklichen Menschen aus Fleisch und Blut kennenzulernen, die neben ihnen sitzen. So verpassen sie eine einfache und angenehme Chance zum Ausbau ihres persönlichen Netzwerkes.

Wen Sie in Ihrem Netzwerk haben möchten

Sie entscheiden, mit wem Sie kommunizieren. Hier kann man zwischen „online" und „off-line" unterscheiden. In Ihrem virtuellen Netzwerk im Web (beispielsweise XING und Linkedin) können Sie viele Leute haben. Wählen Sie aber sorgfältig, in wessen Gesellschaft Sie Ihre wertvolle Zeit im wirklichen Leben verbringen. Diese Menschen werden auf Sie abfärben – in positiver wie in negativer Sicht. So umgeben sich Macher meist mit anderen Machern, Literaturbegeisterte mit anderen Literaturbegeisterten und Reiche mit anderen Reichen. Prominente Beispiele sind die Milliardäre Bill Gates und Warren Buffett oder die Erfinder Henry Ford und Thomas Edison, die viel Zeit gemeinsam verbrachten. Umgeben Sie sich im privaten und beruflichen Umfeld vorwiegend mit positiv denkenden, optimistischen Menschen, in deren Gegenwart Sie sich wohlfühlen.

Jim Rohn, einer der bekanntesten Seminartrainer der USA, stellte die These auf, dass wir den „Durchschnitt" jener fünf Personen bilden, mit denen wir die meiste Zeit verbringen.

Gestalten Sie Ihr Netzwerk so, dass Menschen darin vorkommen, die bereits über ein hohes Maß der Eigenschaften verfügen, die Sie bei sich stärken wollen. Finden Sie Gruppen, in denen sich Menschen wechselseitig ermuntern und ermutigen. Diese Menschen sollten gleichzeitig stark genug sein, Ihnen gegebenenfalls als Sparringpartner und konstruktive Kritiker zur Verfügung zu stehen. Dieses Umfeld wird Sie beflügeln.

Der Wert regelmäßiger Telefonate

Ihr Telefon ist ein mächtiges Kommunikationsinstrument – nutzen Sie es. Es ist erstaunlich, wie viele Menschen eher auf der Tastatur ihres Computers ein E-Mail schreiben als zum Telefon zu greifen. Ein Telefonat geht schneller und ist wirkungsvoller als eine E-Mail. Stellen Sie eine Liste von Leuten zusammen, mit denen Sie regelmäßig in Kontakt bleiben wollen. Wenn Sie Menschen eine Weile nicht persönlich getroffen haben, rufen Sie sie einfach an. Fragen Sie, ob Sie bei bestimmten Angelegenheiten helfen können. In diesen Gesprächen werden Sie oft nebenbei Dinge erfahren, die Ihnen bei Ihren Projekten enorm helfen – und die Sie über schriftliche Kommunikationswege nie erfahren hätten.

Teil M
Ausgewählte weiche
Erfolgsfaktoren

Gute Fragen stellen

*„My greatest strength as a consultant is to be
ignorant and ask a few questions."*

Peter Drucker

Lernen Sie, gute Fragen zu stellen. Sie erfahren dann, was Ihr Gegenüber wirklich bewegt. Diese Fragen führen Sie zu Antworten, welche beispielsweise die wahren Motive für Kauf / Empfehlung / Verordnung aufdecken. Mit diesen Hintergrundinformationen wird es Ihnen leichter gelingen, Ihren potenziellen Kunden genau das anzubieten, was diese brauchen. Statt direkt „Warum" zu fragen ist es oft ratsamer, Formulierungen zu verwenden wie „Gibt es spezielle Gründe, dass Sie …?" Weitere Hinweise zu Fragetechniken finden Sie im Kapitel „Die Macht der Sprache: Lexikon der effektiven Formulierungen". Schreiben Sie eine Liste von Fragen auf, die Sie stets bei sich führen, so dass Sie schnell noch einmal einen Blick darauf werfen können.

Aktiv zuhören

„Gutes Zuhören ist stets auch ein Akt der Wertschätzung."

Gutes Zuhören erfordert Achtsamkeit und das Lenken des Bewusstseins auf das Hier, das Jetzt und das gegenwärtige Gegenüber. Daher bevorzugen manche Autoren statt des Wortes „Zuhören" das

Wort „Hinhören", weil darin die Hinwendung zum anderen besser zum Ausdruck kommt. Laut dem amerikanischen Soziologen Milton Bennett erhält man die meiste Aufmerksamkeit, wenn man gut zuhören kann.

Es gibt unterschiedliche Kommunikationsfertigkeiten wie beispielsweise Körpersprache, Schlagfertigkeit, Stimme und die Fähigkeit, aktiv zu zuhören. Am geringsten entwickelt und am leichtesten optimierbar ist offenbar die Fähigkeit, aktiv zu zuhören (siehe die Bücher „Verkaufen mit offenen Ohren" von Martina Junge und Wolfgang Junge sowie „Einfach mal die Klappe halten: Warum Schweigen besser ist als Reden" von Cornelia Topf).

Wir haben einen Mund und zwei Ohren und wir wissen, dass die Stimme, die die meisten Menschen am liebsten hören, ihre eigene ist. Sie werden feststellen, dass Kunden angenehm überrascht sind, wenn jemand seinen Mund geschlossen hält und ihnen zuhört – und dass sie diesen Leuten eher vertrauen als Leuten, die viel reden. Reden Sie weniger und hören Sie mehr zu. Neben der Wertschätzung, die Sie dem anderen dadurch erweisen, lernen Sie enorm dazu. Die Qualität Ihrer Fragen sagt dabei mehr über Sie aus als Sie manchmal wahrhaben wollen. Trauen Sie sich dabei auch, Dinge zu fragen, die andere sich nicht zu fragen trauen.

Wie gut beherrschen Sie die Kunst des Zuhörens? Üben Sie sich darin. Lassen Sie den Anderen über seine Interessen, Wünsche und Probleme reden. Machen Sie eine kurze Pause, bevor Sie selber anfangen zu reden. Lernen Sie zu paraphrasieren, also das Gesagte mit anderen, einfachen Worten wiederzugeben, um sicher zu stellen, dass Ihr Verständnis des Gehörten richtig ist. Beispiel „Habe ich Sie richtig verstanden, dass …". Es geht hier um mehr, als um reine Informationen einzuholen. Durch gutes Zuhören verbessern Sie Ihre Beziehungen zu anderen Menschen.

Stimmt Ihre Stimme?

Die Stimme ist ein wichtiger Teil des Gesamtauftritts eines Menschen und gibt oft mehr Dinge preis, als dem Sprechenden lieb ist. Sie können Ihren Auftritt bereichern, indem Sie ihm mit einer ausdrucksstarken Stimme mehr Ausdruck verleihen. Sie wirken präsenter.

Die Stimme ist ein Instrument, das man gut oder weniger gut spielen kann – abhängig davon wie viel man übt. Üben Sie daher den bewussten Umgang mit Ihrer Stimme. Trainieren Sie Ihre Stimme. Lassen Sie die angenehmen, wohlklingenden Aspekte Ihrer Stimme voll zum Tragen kommen. Verfeinern Sie Ihre Stimm- und Sprechtechnik. Einige Tipps dazu:

▸ Langsam und souverän sprechen.

▸ Ausreichend laut sprechen.

▸ Klar und deutlich artikulieren.

▸ Resonanzräume in Ihrem Kopf nutzen.

▸ Kurze Pausen einlegen.

▸ Nehmen Sie sich auf Band auf und hören Sie sich die Aufnahme an.

Als kostenloses Anschauungsmaterial bieten sich auf Youtube die Vorträge von großen Rednern an. Erwägen Sie auch ein Training durch einen erfahrenen Stimm- und Sprachtrainer.

Lebenslanges Lernen

Das Leben kann faszinierend sein – ein ständiges Ausprobieren, Entdecken und Entfalten. Dies ist aber nur möglich, wenn im Alltag Platz ist für Neugierde, Begeisterungsfähigkeit und die Freude am Lernen.

Sie kennen wahrscheinlich die Geschichte vom Waldarbeiter, der mühsam mit einer stumpfen Säge einen Baum nach dem anderen sägt. Auf den Vorschlag, seine Säge zu schärfen, um effektiver arbeiten zu können, erwidert er „Dafür habe ich keine Zeit – Sie sehen doch, wie viele Bäume ich noch sägen muss".

Geben Sie Ihrer Neugierde und Ihrem Erkenntnisdrang ausreichend Raum – sie sind hervorragende Triebfedern zum Lernen. Verbringen Sie täglich mindestens eine Viertelstunde damit, etwas Neues zu lernen. Neben Gesprächen mit Mitgliedern Ihres Netzwerkes und Ihren Kollegen bieten sich an: Workshops, Tagungen, Bücher, Zeitschriften, Zeitungen, das Internet und Newsletter (in diesem Buch finden Sie eine Liste gratis abonnierbarer Newsletter). Entwickeln Sie aus dem Gelernten einen Aktionspunkt, den Sie innerhalb von 24 Stunden in die Tat umsetzen können.

Umgeben Sie sich mit Leuten, von denen Sie etwas lernen können. Hören Sie ihnen zu, lernen Sie von ihren Erfolgen. Der Umgang mit diesen Menschen wird Ihnen helfen, neue Ideen zu generieren und selber erfolgreicher zu werden.

Optimismus

„Eine gute Einstellung bringt meist gute Resultate und eine sehr gute Einstellung meist sehr gute Resultate."

Eine heitere und freudige Grundhaltung zum Leben erleichtert den Erfolg. Sie können eine positive Einstellung mit Worten und mit der Art, wie Sie diese Worte sagen, ausstrahlen. Ermutigen und ermuntern Sie die Menschen in Ihrem beruflichen Umfeld.

Ein Beispiel sind die Gründer von Hexal, die Brüder Thomas und Andreas Strüngmann. Sie haben innerhalb von etwa 20 Jahren eine Firmengruppe geschaffen, für die der internationale Pharmakonzern Novartis bei der Übernahme 5,65 Milliarden Euro zahlte. Die beiden Brüder sind in ihrem Umfeld beliebte Menschen, die Optimismus und Zuversicht ausstrahlen.

Tipp: Zu den Autoren, die gute Bücher zur positiven, inneren Einstellung geschrieben haben, gehören unter anderem: Napoleon Hill, Maxwell Maltz, Dale Carnegie, Earl Nightingale, Jim Rohn, Jeffrey Gitomer. Lesen oder hören Sie einige dieser Autoren.

Humor

„Kinder lachen angeblich etwa 400mal am Tag,
Erwachsene angeblich nur 15mal, Tote gar nicht."

Sie werden sich wundern, dieses Kapitel in diesem Buch zu finden. Gehen Sie manchmal über die Begrenzungen der alltäglichen Arbeit hinaus und lächeln Sie. Nicht immer ist Leichtigkeit möglich, aber manchmal schon. Eine gewisse entspannte Heiterkeit ist auf der Beziehungsebene oft hilfreich.

Wie ausgeprägt ist die humorvolle Seite Ihrer Persönlichkeit? Entwickeln Sie diese Seite weiter. Ein herzerfrischendes Lachen ist ein universelles Band, das Menschen verbinden kann. Wenn Sie lachen, strahlen Sie gute Laune aus. Mit Menschen, die „gut drauf" sind, ist man lieber zusammen als mit Menschen, die „schlecht drauf sind". Menschen, die ab und zu lachen können, wirken irgendwie sympathischer als Menschen, die stets ernst bleiben. Denken Sie bei Ihrem nächsten Gespräch daran, dass sympathisch wirkende Menschen erfolgreicher sind als unsympathische Menschen. Nehmen Sie Ihre Arbeit ernst, aber nehmen Sie sich selber nicht zu ernst.

Teil N
Marketingplan: Hinweise und Checklisten

Orientierende Fragen zur Entwicklung einer Strategie

Zur Entwicklung einer Strategie kann es vor dem Schreiben eines Marketingplanes hilfreich sein, sich über 31 Punkte klar zu werden. Dies lenkt die Gedanken in die richtige Richtung und beschleunigt den Prozess. Entscheiden Sie jeweils, ob für Ihre Situation eher „A" oder „B" zutrifft.

Nr	Kriterium	A	B
1	Unternehmenstyp	Mittelständisch	Konzern
2	Ansprechpartner	Zentrale	Niederlassung
3	Art des Produktes	Arzneimittel	Medizinprodukt
4	Falls Arzneimittel: Typ	Original-Präparat	Generikum
5	ggfs. Zulassungsstatus	Verschreibungspflichtig	Verschreibungsfrei
6	Falls Original-Präparat	1. oder 2. im Markt	„Me-too"-Produkt
7	Falls Medizinprodukt: Art	„High technology", z.B. Innovative Systeme	„Low technology", z.B. Infusionsschläuche
8	Phase im Produkt-Lebenszyklus	Prämarketing oder Launch-Phase	Lebenszyklus-Management

9	Anwendungsgebiet / Art der Indikation	Akut, z.B. Harnwegsinfektion	Chronisch, z.B. Bluthochdruck
10	Relevanz der Ärzte	Hoch	Gering
11	Ärztliche Zielgruppe	Allgemeinärzte	Fachärzte
12	ggfs. Art der Fachärzte	Niedergelassene	Krankenhaus
13	Relevanz wissenschaftlicher Daten	Groß, z.B. neue Studienergebnisse	Gering
14	Relevanz des Apothekers	Groß, z.B. OTC-Präparate	Gering
15	Relevanz der Krankenkassen	Groß, z.B. Rabattverträge	Gering
16	Relevanz des Patienten	Groß, z.B. Lifestyle-Produkt	Gering, z.B. Herzrhythmusstörungen
17	Relevanz von Patienten-Gruppen	Groß, z.B. Multiple Sklerose	Gering
18	Relevanz von Familienangehörigen	Groß, z.B. Impfungen	Gering
19	Relevanz von medizinischem Fachpersonal	Groß, z.B. Impfungen	Gering
20	Außendienst	Vorhanden	Nein
21	Kunden-Datenbank	Vorhanden	Nein
22	Kundenprofile	Ja, z.B. A, B, C, D	Nein
23	Telefon-Marketing	Hohe Bereitschaft	Geringe Bereitschaft
24	Mailings	Hohe Bereitschaft	Geringe Bereitschaft
25	Public Relations	Hohe Bereitschaft	Geringe Bereitschaft
26	Web	Hohe Bereitschaft	Geringe Bereitschaft
27	Strategische Allianzen	Hohe Bereitschaft	Geringe Bereitschaft
28	Ergebnisse erwartet	in 3 bis 6 Monaten	in 1 bis 3 Jahren
29	Wettbewerb	Schwach	Intensiv
30	Interne Widerstände	Gering	Groß
31	Marketing-Budget	Relativ hoch	Relativ niedrig

Zeitlicher Ablauf der Strategie-Entwicklung und Umsetzung: 12 Phasen

Hier finden Sie Punkte und Fragen, die Ihnen helfen, ein Projekt durch die verschiedenen Phasen von Konzept, Strategie und Umsetzung zu steuern.

1) Sammeln von Informationen („Lesen, Fragen, Zuhören")

▶ Einholen von relevanten Daten
▶ Recherche in Büchern, Zeitschriften, Web
▶ Telefonate und persönliche Interviews

2) Analyse

▶ Auswerten und Aufarbeiten der erhaltenen Informationen
▶ Nachfragen, Plausibilitätskontrollen und Cross-Checks
▶ Daten verdichten und einzelne Ergebnisse in ein Gesamtbild integrieren
▶ Basis für Stärken-Schwächen-Analyse legen
▶ Kritische Erfolgsfaktoren identifizieren

3) Die richtige Frage stellen („Framing")

▶ Lohnt es sich überhaupt, den anvisierten Markt ins Auge zu fassen?
▶ Sind die Zielgruppen richtig gewählt?
▶ Welches Problem der Zielgruppe lösen wir?
▶ Sind die gewählten Produkte geeignet?
▶ Welche Preis-Strategie ist machbar?

4) Kreative Optionen entwickeln

▶ Welche realistischen Möglichkeiten gibt es, die Ziele zu erreichen?
▶ Haben wir neue Ideen erhalten, die alternative Wege aufzeigen?

▶ Welche Marktchancen und Trends sollte man berücksichtigen?

5) Risiko-Nutzen-Relation bewerten

Chancen und Risiken bzw. Vorteile und Nachteile der verschiedenen Alternativen abschätzen und wahrscheinliche Outcomes prognostizieren.

6) Eine bestimmte Alternative empfehlen

Logische Schlussfolgerungen aus den Phasen 3 bis 5 ziehen.

7) Entscheidung

Das Management muss beschließen, wie der weitere Weg aussieht und welche Ressourcen bereitgestellt werden.

8) Den Wandel planen

Präzisen Aktionsplan entwickeln: Wer macht was bis wann?

Maßnahmen-Katalog mit Terminen und Verantwortlichkeiten aufstellen.

9) Umsetzen in der Pilotphase

Durchführen der Testphase, Feedback von den Zielgruppen einholen.

10) Anpassen

Adjustieren des Planes an das erhaltene Feedback und Optimieren der geplanten Aktivitäten.

11) Roll-out

▶ Start der Realisierung des Planes im Feld

▶ Flächendeckende Umsetzung durch Durchführen der geplanten Maßnahmen

12) Monitoring: Tracking

▶ Sicherstellen der Umsetzung des Planes durch Projektmanagement

▶ Review-Meetings: Werden Termine eingehalten und Meilensteine erreicht?

▶ Regelmäßiges Messen der Leistungskennziffern

Einleitung zum Marketingplan

Ein guter Marketingplan ist Gold wert. Der Marketingplan enthält den Plan für das übergeordnete Vermarktungskonzept und erleichtert ein strukturiertes und gezieltes Vorgehen. Er zeigt den Weg, um im Markt erfolgreich zu werden. Der Plan ist idealerweise ein professionelles Dokument, welches Ziele, Strategien und Aktionen überzeugend vereint und alle Beteiligten zum Handeln anregt.

Gliederung eines Marketingplans

Es gibt unterschiedliche Gliederungen für Marketingpläne, die alle ihren Zweck erfüllen. Hier finden Sie eine Option. Bitte beachten Sie:

▶ Die Gliederung sollte an Produkt und Firma angepasst werden.

▶ Einige Punkte können entfallen.

▶ Das Wichtigste ist der resultierende Aktionsplan.

1   Zusammenfassung

2   Marketingaspekte der Krankheit

2.1 Definition (ICD-Code)

2.2 Epidemiologie

2.3 Diagnose und Behandlung

3   Produkt-Hintergrund

3.1 Pharmakologie

11 Zielgruppen

- ▶ Verschreibende Ärzte
- ▶ Experten und Meinungsbildner
- ▶ Patienten
- ▶ Patienten-Organisationen
- ▶ Familienangehörige und Partner
- ▶ Apotheker
- ▶ Medizinisches Fachpersonal und Arzthelferinnen
- ▶ Krankenkassen-Manager
- ▶ Behörden und staatliche Stellen
- ▶ Andere

12 Unternehmensinterne Kommunikation

- ▶ Schlüsselpersonen-Betreuung
- ▶ Präsentationen bei Komitees
- ▶ Publikationen in Firmen-Blättern
- ▶ Interne Interviews
- ▶ Intranet-Auftritt
- ▶ Kommunikations-Plattform
- ▶ Außendienst
- ▶ Zentrale und Niederlassung
- ▶ Regelmäßige Information

13 Externe Kommunikation

- ▶ Experten → Fachbeirat, Fachgesellschaften …
- ▶ Veranstaltungen → Vorträge, Workshops, Kongresse …
- ▶ Wissenschaftliche Publikationen → Originalartikel, Übersichtsartikel …
- ▶ Persönliche Kontakte → Schlüsselpersonen, Networking
- ▶ Marktforschung → Fragebogen, Interviews, Workshops
- ▶ Elektronische Medien → Webseiten, Online-Videos …
- ▶ Presse- und Öffentlichkeitsarbeit → Journalisten, Medien …
- ▶ Klassische Werbung → Anzeigen, Broschüren …
- ▶ Vertrieb → Außendienstmitarbeiter, Muster

- ▶ Direkt-Marketing → Print- und elektronische Mailings, Telefonische Hotline, Callcenter …
- ▶ Weitere Optionen → Continuing Medical Education, klinische Studien, Praxispersonal, Selbsthilfegruppen, einfallsreiche Aktionen …
- ▶ Zeitliche und inhaltliche Verzahnung

14 Verpackung

15 Preis-Strategie

16 Market Access: Health Economics and Outcomes Research, Erstattung

17 Kooperationen, Lizenzen, Allianzen mit anderen Produkten oder Firmen

18 Lebenszyklus-Management

- ▶ Phase-IV-Studien
- ▶ Indikations-Ergänzungen
- ▶ Brand Defense Strategie
- ▶ Line-Extensions
- ▶ Switch to OTC-Status
- ▶ Early Entry Strategy

19 Kritische Erfolgsfaktoren

20 Kontaktpersonen

21 Anhang

Patientenbasierte Umsatzprognose erstellen

Hier finden Sie die Variablen und das Rechenschema, um aufgrund bestimmter Annahmen eine transparente und langfristige Umsatzprognose („Sales Forecast") zu entwickeln. Die Zahlen sind natürlich nur als Platzhalter zu betrachten, die Sie durch Ihre eigenen Annahmen ersetzen. Geben Sie das Rechenschema in eine EXCEL-Tabelle ein und verändern Sie Ihren Input, um ein Gefühl dafür zu bekommen, wie sich das Ergebnis ändert. Selbstverständlich kann Ihre Vorhersage nur so gut wie Ihre Annahmen sein.

Bevölkerung in Deutschland	80 Mio.
Prävalenz der Erkrankung	1%
Betroffene Personen	800 000
Diagnoserate	50%
Diagnostizierte Personen	400 000
Therapierate	50%
Behandelte Patienten	200 000
Tage pro Jahr:	365
Compliance	55%
Behandlungstage pro Patient	200
Behandlungstage	40 Mio.
Tagesbehandlungskosten	1 Euro
Umsatz der neuen Substanzklasse	40 Mio. Euro
Ausgangsjahr:	2010
Zeitdauer der Marktexklusivität:	10 Jahre
Marktanteil des eigenen Produktes	25%
Umsatzprognose für das eigene Produkt für das Jahr 2020	**10 Mio. Euro**

Teil O
Zusammenarbeit mit Dienstleistern

Einleitung

Externe Dienstleister können wertvollen Input liefern. Kreative Agenturen können neue Ideen einbringen, auf die Sie selber nie gekommen wären. Es gibt aber auch Werbeagenturen, welche die Illusion nähren, sie könnten aus kreativen Ideen und originellen Konzepten einen Zaubertrank mit magischer Wirkung brauen. Die Realität: Gutes Marketing kann man nicht einfach bestellen, sondern vieles muss man selber planen, probieren, koordinieren und kommunizieren.

Manche Werbeagenturen bieten als Lösung für all Ihre Probleme mehr Werbung an. Am leichtesten ist dies mit bunt bedrucktem Werbematerial zu erreichen, wie Anzeigen, Folder und Broschüren. Seien Sie wachsam, wenn nur das als Lösung angeboten wird.

Beauftragen Sie nicht die Agenturen mit den größten Kreativpreisen, sondern diejenigen, die für erfolgreiche Marken gearbeitet haben. Weniger der Name der Agentur, sondern die Qualifikation der ein oder zwei Leute, die tatsächlich für Sie arbeiten, ist relevant. Finden Sie heraus, wer tatsächlich für Sie arbeitet und laden Sie diese Person oder Personen zu Ihren relevanten Meetings ein.

Die richtige Agentur finden

Agentursuche	Agentursuche
 Wirf Dein Netz weit aus	• Im Web suchen • Personen der Agenturszene fragen • Kollegen und Ex-Chefs fragen • Externes Netzwerk konsultieren

Wenn Sie nach Kandidaten für einen neuen externen Dienstleister suchen, sollten Sie an vielen Stellen schauen und Ihr Netz weit auswerfen. Gehen Sie auf „Sammelseiten" wie „www.gwa.de", geben Sie in Suchmaschinen wie Google Ihre Stichworte ein, fragen Sie Personen aus der Agentur- und Kreativ-Szene, fragen Sie Kollegen und ehemalige Vorgesetzte, konsultieren Sie Ihr externes Netzwerk. Wenn Sie in einer Business-Plattform wie Xing oder Linkedin sind, können Sie Ihre Kontakte dort zu Anfragen nutzen. Beachten sie den Ratschlag des Chefs einer bekannten Agentur „Ich kann nur raten: Nachfragen, nachfragen, nachfragen!"

Wenn Sie sich viel Mühe und Arbeit ersparen möchten, nehmen Sie eine auf Pharma oder Healthcare spezialisierte Agentur – sonst verbringen Sie Ihre wertvolle Zeit damit, kreativen Agenturmitarbeitern zu erklären, was es mit dem Heilmittelwerbegesetz auf sich hat.

Abschätzen der Eignung einer Agentur

Die meisten Agenturen nehmen Dinge wie die Folgenden für sich in Anspruch „Wir helfen Ihnen, klar und überzeugend zu kommunizieren". Wie können Sie im Vorfeld einfach und schnell herausfinden, ob die Agentur dies wahrscheinlich leisten wird? Ein guter Gradmesser hierfür ist der Internetauftritt der Agentur. Wirkt dieser kreativ, innovativ, seriös und überzeugend?

Neben dem visuellen Eindruck können Sie die Agenturwebseiten auch nach den Kriterien analysieren, die Sie im Kapitel „Drei Text-Analyse-Instrumente" finden. Erstaunlicherweise ist der Text auf vielen Agenturwebseiten stark auf die Agentur und wenig auf den Kunden und den Kundennutzen ausgerichtet. Dies sollte Ihnen zu denken geben, denn wahrscheinlich werden die Texte dieser Agentur, die Sie später auf Ihren Schreibtisch bekommen, ähnlich aussehen.

In Frage kommende Agenturen kontaktieren

Wenn Sie die näher erwogenen Agenturen kontaktieren, sollten Sie folgende Punkte klären:

▶ Projekt kurz beschreiben
▶ Wettbewerbspräsentation („Pitch"): Datum bzw. Datumsoptionen
▶ Honorar und Pauschalsumme für Anreise anbieten. (Viele Produktmanager halten einige Tausend Euro für angemessen.)
▶ Verschwiegenheits-Vereinbarung unterschreiben lassen

Fragen, die Sie den ins Auge gefassten Agenturen stellen sollten

Die zwei bis vier Agenturen, welche die erste Phase erfolgreich durchlaufen haben, kontaktieren Sie erneut mit einer Liste von Fragen:

▶ Was ist Ihre Kernkompetenz?
▶ Welche Erfahrung haben Sie im Pharma-Markt?
▶ Mit welchen drei Kampagnen können Sie dies illustrieren?
▶ Welchen Erfolg hatten die Kampagnen?

- Nennen Sie mindestens zwei Kunden, die man selber kontaktieren kann.
- Warum gerade Sie als Agentur?

  (Wenn die Agentur ihren eigenen Wettbewerbvorteil nicht schlüssig darlegen kann, wird sie das auch kaum für Ihre Produkte leisten können)
- Kundenliste: Für welche Firmen haben Sie schon gearbeitet?
- Gibt es Interessenkollisionen (Wettbewerbsausschlüsse)?

Scheuen Sie sich nicht, offene, kritisch-konstruktive Fragen zu stellen. Es ist schließlich Ihr Budget und Sie sind der Auftraggeber.

Wie sieht ein gutes Agentur-Briefing aus?

Die Agentur muss wissen, was von ihr erwartet wird. Daher müssen die wesentlichen Punkte der Strategie und des Marketingplanes skizziert werden (siehe Kapitel „Strategie: Struktur und Eckpfeiler"). Dabei sollten beispielsweise folgende Punkte erläutert werden:

- Analyse des Marktes: Zielgruppe und Umfeld
- Nicht erfüllter Bedarf (Problem) der Zielgruppe
- Welchen (datenbasierten) Nutzen das Produkt bringt
- Einzigartigkeit: Wie Überlegenheit sichtbar gemacht werden kann (USP)
- Beleg: Mit welchen Quellen die Positionierung untermauert werden kann
- Gewünschte Aktionen: Zu welchen Handlungen motiviert werden soll
- Welche Worte das Markenvokabular enthält
- Wie Entwürfe getestet werden sollen
- Welches die wahrscheinlich besten Kommunikationswege sind
- Nach welchen Kenngrößen oder Erfolgskriterien der Erfolg gemessen wird
- Wie Kontaktdaten der Kunden gesammelt werden

- Ungefährer Budgetrahmen (denn sonst macht die Agentur Vorschläge, die gar nicht ins vorhandene Budget passen)

Die „7-K-Regel" des Briefings

Die Regel mit den 7 „K"s fasst die Aspekte eines guten Agenturbriefings zusammen:

Kurz, Kompakt, Klar, Konkret, Komplett, Konstruktiv, Kooperativ. Wenn Sie möchten, können Sie noch „Knackig" hinzufügen, dann haben Sie die „8-K-Regel".

Häufige Fehler bei Beauftragung einer Agentur

Ein Grund für suboptimale Arbeiten von Agenturen sind suboptimale Briefings. Bei Briefings sollte man folgende Fallstricke vermeiden:

- Schwammig formulierte Ziele
- Unklare Erfolgskriterien
- Unvollständige Antworten auf Fragen der Agentur
- Unklarheit, wer der eigentliche Auftraggeber ist (mehrere Personen mischen mit)
- Fehlerhafte oder unabgestimmte Weitergabe von Daten an die Agentur

Fragen bei erbrachten Leistungen Ihrer Agentur

Legen Sie vorher fest, wer die Entwürfe einer ersten Testung unterzieht. Am besten beziehen Sie diese Tests in den Auftrag mit ein – kostet etwas mehr, sorgt aber für eine Dosis Realität bei den Agenturkreativen. Wenn Ihre Agentur dann eine Kampagne, einen Folder, einen Brief oder etwas anderes präsentiert, sollten Sie folgende Fragen stellen:

▶ Haben Sie den Entwurf getestet? Bei wem?

▶ Was haben Sie daraufhin verbessert?

▶ Wo finde ich das Markenvokabular?

▶ Wo kommt der Nutzen des Produktes zum Ausdruck?

▶ Wo kommt der Wettbewerbsvorteil des Produktes zum Ausdruck?

Fordern und fördern Sie Ihre Agentur! Stellen Sie dabei hohe Ansprüche. Denken Sie dabei an den „Werbepapst" Sir David Ogilvy. Auf die Frage, wie man Werbeagenturen zu Höchstleistungen anspornen kann, empfahl er sinngemäß folgende Aufforderung an die Agentur „Wir haben ein hervorragendes Produkt und Ihre Aufgabe ist es, hervorragende Werbung dafür zu machen".

Wie Sie Agenturkosten im Rahmen halten

Hier einige Hinweise, wie Sie verhindern, dass die Agenturkosten aus dem Ruder laufen:

▶ Unterschreiben Sie einen Rahmenvertrag als rechtliche Hülle.

▶ Teilen Sie das Vorhaben in klar definierte Teilprojekte ein.

▶ Machen Sie präzise Vorgaben zu Budget und Zeitschiene für jedes Teilprojekt.

▶ Beauftragen Sie jeweils nur das nächste Teilprojekt.

▶ Zahlen Sie pro erfolgreich abgeschlossenem Teilprojekt.

Fallstricke bei der Zusammenarbeit mit Agenturen

Die folgenden Abschnitte basieren – wie alle Geschichten in diesem Buch – auf wahren Begebenheiten. Ich habe Produktmanager getroffen, die man fast als Gefangene ihrer Agenturen betrachten kann. Die Agentur liefert stark verbesserungswürdige Arbeit und der Produktmanager verbringt seine Abendstunden damit, selber die notwendigen Verbesserungen durchzuführen. Hinterher erhält die Agentur Geld aus seinem kostbaren Budget. Folgende Punkte können dem zugrunde liegen:

▶ Der Agenturleiter und der Geschäftsleiter oder Marketing- & Vertriebsleiter Ihrer Firma sind miteinander befreundet. Wenn diese beiden beispielsweise zusammen Golf spielen, werden Sie sich mit der gegenwärtigen Agentur wahrscheinlich arrangieren müssen, egal wie suboptimal deren Leistungen sind. Tipp: Finden Sie heraus, ob eine ähnliche Konstellation vorliegt.

▶ Ihre Zentrale oder Ihr Vorstand hat leider langfristige Verträge abgeschlossen, aus denen man kurzfristig nicht herauskommt. Auch hier werden Sie sich für einige Zeit mit der gegenwärtigen Agentur arrangieren müssen. Tipp: Entwickeln Sie Projekte, bei denen Spezialwissen gebraucht wird, das die gegenwärtige Agentur nicht im ausreichenden Maße hat und finden Sie heraus, wie Sie dann möglichst schnell wechseln können.

▶ Der Produktmanager ist zu bequem oder bringt nicht den Mut auf, zu wechseln.

Tipp: Verlassen Sie Ihre Komfortzone, zeigen Sie mutig Eigeninitiative und schauen Sie sich auf dem Agenturmarkt um.

Berater finden und nutzen

Wenn Sie Rat, Ideen und Unterstützung für Projekte haben möchten, kann es sinnvoll sein, einen erfahrenen Berater hinzuzuziehen, der Ihnen neue Perspektiven aufzeigt. Ein guter Berater hilft Ihnen, persönliche Chancen schneller zu erkennen, Ihre Vorhaben souveräner zu verwirklichen und Ihren Vorsprung im Unternehmen und im Markt auszubauen.

Wenn Sie einen Berater suchen, fragen Sie in Ihrem Umfeld nach Empfehlungen oder geben Sie in den Suchmaschinen Ihre relevanten Stichworte ein. Gehen Sie dann auf die Webseiten der Kandidaten. Diese ermöglichen es Ihnen, sich innerhalb weniger Minuten ein erstes gutes Bild zu Erfahrung, Qualifikation, Methodik und erzielten Ergebnissen zu machen.

Teil P
12 Tipps für Ideen und Inspirationen

Erfolgreich bleiben Sie heute nur, wenn Sie neue und gute Ideen haben. Die Frage ist: Wie können Sie sich dazu inspirieren lassen?

Hier finden Sie zwölf praktische Anregungen, die Ihnen helfen, Ihre kreativen, originellen oder genialen Gedanken zu fördern und schneller ans Tageslicht zu bringen.

1) Zuversicht

Vertrauen Sie Ihrer natürlichen Neugierde, Ihrem angeborenen Wissensdurst und der Prise Abenteuerlust, die in uns allen steckt. Seien sie offen für frische und unkonventionelle Gedanken. Vieles in Ihnen wartet nur darauf, entdeckt zu werden.

2) Bücher lesen oder hören

Fragen Sie andere Menschen, was sie gerade lesen. Geben Sie bei „www.amazon.de" Ihre Stichworte ein. Manchmal werden Sie fündig und entdecken Bücher oder Audio-CDs von Autoren, die Ihnen unerwartete Impulse, Anregungen und Denkanstöße bieten – gleichsam ein Nährboden, auf dem Ihre eigenen Ideen gut wachsen und gedeihen können.

3) Newsletter beziehen

Abonnieren Sie selektiv Newsletter. So bleiben Sie über aktuelle Trends leichter auf dem Laufenden. Ich selber beziehe etwa 30 unterschiedliche Rundbriefe (siehe Kapitel „Liste gratis abonnierbarer elektronischer Newsletter"), die wie Vitamine für neue Ideen wirken.

4) Videos anschauen

Nutzen Sie die Vorzüge des digitalen bewegten Bildes im Internet: Geben Sie auf „www.youtube.com" Ihre Schlüsselwörter in Deutsch oder Englisch ein. Prüfen Sie, ob unter den Millionen verfügbarer Videos bereits ein „How-to-Video" für Ihr Thema dabei ist: Eine informative, kurzweilige und unterhaltsame Form Ihrer persönlichen Weiterbildung.

5) Suchmaschinen nutzen

Spielen Sie Detektiv und lassen Sie die Online-Suchmaschinen als Spürhunde für sich arbeiten: Geben Sie verschiedene Fragen oder Begriffe ein. Lassen Sie neben Google auch noch andere Suchmaschinen für sich arbeiten, die Ihnen vielleicht ungeahnte Einblicke ermöglichen.

6) Brainstorming veranstalten

Laden Sie Ihr Team zu einer Brainstorming-Session ein, vorzugsweise in einer anderen Umgebung als bisher. Geben Sie allen Teammitgliedern die Freiheit zum Träumen. Manchmal kann Fantasie wichtiger als Wissen sein. Lassen Sie Ihrem Einfallsreichtum freien Lauf. Lassen Sie die Ideen fließen und führen Sie die Vorschläge in der Gruppe zusammen. Wenn die geistigen Funken sprühen, stellen Sie Ihre Antennen auf Empfang.

7) Events als Elixier

Begeben Sie sich in Situationen, die Ihren Geist und Ihre Vorstellungskraft anregen: Besuchen Sie einen Kongress, einen Workshop oder sogar ein Theaterstück. Lassen Sie dort Worte, Bilder und Gespräche als Katalysatoren wirken. Sie entdecken so neue Sichtweisen, ungewöhnliche Lösungsansätze und Sie erweitern gleichzeitig Ihr Netzwerk.

8) Kunden fragen

Kontaktieren Sie Ihre Zielgruppen, beispielsweise Ärzte, Apotheker oder Patientengruppen. Fragen Sie, was ihre aktuellen Probleme sind und was sie sich wünschen: Vielleicht spezielle Weiterbildungen,

Patientenbroschüren oder Expertenworkshops? Intensivieren Sie den Dialog mit Ihren Kunden, indem Sie mehr fragen und mehr zuhören.

9) Unkonventionelle Menschen ansprechen

Erwägen Sie den Rat des Werbegurus David Ogilvy: „Sprechen Sie mit Leuten, die Ihre Konkurrenten niemals ansprechen würden". Gehen Sie auf Entdeckungstour. Fragen Sie in Ihrem Bekannten-, Kollegen- und Freundeskreis: „Wer sind die zwei interessantesten oder faszinierendsten Menschen, die Sie im letzten halben Jahr kennengelernt haben?" Lernen Sie sie ebenfalls kennen!

Gehen Sie ab und zu dorthin, wo die Messlatte höher und anders gelegt wird. Unterhalten Sie sich mit Pionieren, Querdenkern und Trendsettern. Suchen Sie ab und zu das Gespräch mit zufälligen Bekanntschaften. Alle diese Gespräche können Ihre Kreativität anspornen. Sie erfahren dabei oft kreative oder originelle Dinge, die Sie gut in Ihre berufliche Welt einfließen lassen können.

10) Notizbuch führen

Es ist erstaunlich, wie schnell kreative Gedanken plötzlich auftauchen und genauso plötzlich wieder in der Dunkelheit verschwinden können. Viele gute Ideen gingen verloren, weil sie nicht aufgeschrieben wurden. Deshalb haben innovative Denker wie Leonardo da Vinci Tagebücher und Notizhefte geführt, um ihre augenblicklichen Beobachtungen, Einfälle und Eingebungen schriftlich festzuhalten. Sie waren „Notizbuchfanatiker". Notieren auch Sie sofort Ihre Ideen. Halten Sie dazu Ihr persönliches „Ideennotizheft" stets griffbereit – auf Papier oder in elektronischer Form. Am Ende des Monats werden Sie sich wundern, wie viele brillante Ideen am Horizont Ihres Bewusstseins aufgetaucht sind. Das Schöne daran ist, dass Sie viele davon in Ihre laufenden Projekte direkt einarbeiten können.

11) Sich Muße gönnen

Geben Sie Ihrem Gehirn Zeit, Ihr jetziges Wissen mit neuen Informationen zu verbinden und alles zu einer stimmigen Kombination oder gar einem Geistesblitz zusammenzufügen. Oft brauchen wir einen Traum oder einen Spaziergang, um neue Einsichten zu gewinnen.

12) Freude haben

Lassen Sie Ihrer Fantasie spielerisch freien Lauf. Erlauben Sie sich, von Ihren Ideen begeistert zu sein. Lassen Sie sich beflügeln, denn je mehr Spaß, Freude und Vergnügen Sie empfinden, umso produktiver wird Ihr Gehirn bei der Ideengenerierung sein.

Vielleicht helfen Ihnen die obigen Tipps, Ihr kreatives Potenzial noch besser zu nutzen und so erfolgreicher zu werden.

Teil Q
14 Fragen an Ihre Direkt-marketing-Agentur

Sie haben Ihre Agentur mit der Entwicklung eines Mailings an Ärzte oder Apotheker oder Patienten beauftragt. Gleichzeitig erhält jeder Ihrer Kunden von Ihren Mitbewerbern Hunderte weiterer Mailings. Was können Sie tun, damit gerade Ihr Mailing von den Empfängern gelesen wird und wirkt? Welche vierzehn Fragen möchten Sie Ihrer Agentur stellen?

1) Empfängerkreis ändern

Gibt es Hinweise dafür, dass man die Zielgruppe beispielsweise um weitere Facharztgruppen erweitern oder im Gegenteil auf Ärzte mit bestimmten Zusatzbezeichnungen konzentrieren sollte?

2) Ziel des Mailings

Ist der nächste Schritt klar erkennbar und weiß der Empfänger genau, was er tun soll? Hinweis: Da die Konversionsrate von Mailing zu Web gering ist, sollte man daneben stets Post, Fax und Telefon als Responsewege anbieten.

3) Anreiz für Response

Was erhalten Arzt oder Apotheker oder Helferin dafür, wenn sie antworten und welchen Nutzen hat das für sie? Beachten Sie dabei die Regeln für die Zusammenarbeit zwischen Pharma-Industrie und Fachkreisen.

4) Auswerten der Antworten

Lässt man eingehende Daten einfach schlummern oder werden die wertvollen Informationen genutzt, um eine eigene Datenbank aufzubauen oder eine bestehende Datenbank zu pflegen?

5) E-Mail-Adressen

Fragt das Print-Mailing nach den E-Mail-Adressen der Empfänger, um eine eigene Datenbank für zukünftige elektronische Mailings aufzubauen?

6) Promotion von Homepages

Schafft das Mailing Anreize, bestimmte relevante Webseiten im Internet zu besuchen? Sind diese Seiten auf die Inhalte des Mailings abgestimmt?

7) Hat das Response-Element eine Kennung?

Kann man die eingehenden Antworten mittels einer Kennung, beispielsweise eines „Bar-Codes" (mit einem Scanner einfach zu erfassen), der jeweiligen Kampagne eindeutig zuordnen? (Hinweis auf gemeinnützige Organisationen: Bei Spenden ist dieser Code schon auf dem Überweisungsträger aufgedruckt).

8) Gesamtpreis einer Aussendung

Was ist die Summe der Kosten für Adressenmiete, Text, Gestaltung, Lettershop (Papier, Druck, Falzen, Kuvertieren), Frankieren und Projektmanagement? Hinweis: Kosten für die Responsebearbeitung kommen noch hinzu.

9) Was kostet das einzelne Mailing pro Empfänger?

Ihr Investment dividiert durch die Zahl der Mailings.

Rechenbeispiel: 20 000 Euro / 10 000 Mailings = 2 Euro pro Mailing

10) Wie hoch ist die Responserate?

Zahl der Responses dividiert durch die Zahl der verschickten Mailings.

Rechenbeispiel einer solchen Erfolgskontrolle:

500 Responses / 10 000 Mailings = 5 % Responserate

11) Kosten einer Response

Ihr Investment dividiert durch die Zahl der Responses

Rechenbeispiel: 20 000 Euro / 500 Responses = 40 Euro pro Response

Hinzu kommen noch Kosten für Responsebearbeitung, Kauf und Versendung des bestellten Artikels im Sinne von Fulfillment.

12) Testen und optimieren

Kann Ihre Agentur zwei (sich beispielsweise nur in der Überschrift unterscheidende) Versionen eines Mailings entwickeln und verschicken, um kontinuierlich zu lernen, was besser ankommt?

13) Response erhöhen

Welche Anregungen und Verbesserungsvorschläge bietet Ihnen Ihre Agentur von sich aus, um die Rücklaufquote Ihrer Mailings zu erhöhen? Haben Sie eigene Ideen für Verstärker?

14) Mehr Return-on-Investment

Rechenbeispiel: Wenn eine Änderung die Responserate von 5 auf 6 Prozent (also die Responses von 500 auf 600) steigert, so erhalten Sie bei gleichem Investment zusätzliche Responses, die 100 x 40 Euro, also 4 000 Euro entsprechen – also eine sehr lohnenswerte Verbesserung.

Teil R
Tipps für effektive Mailings

Sie finden hier Tipps, wie Sie Ihre Mailings erfolgreicher gestalten können. Der grüne Pfeil bzw. der grüne Punkt markiert jeweils die Version mit der höheren Responserate.

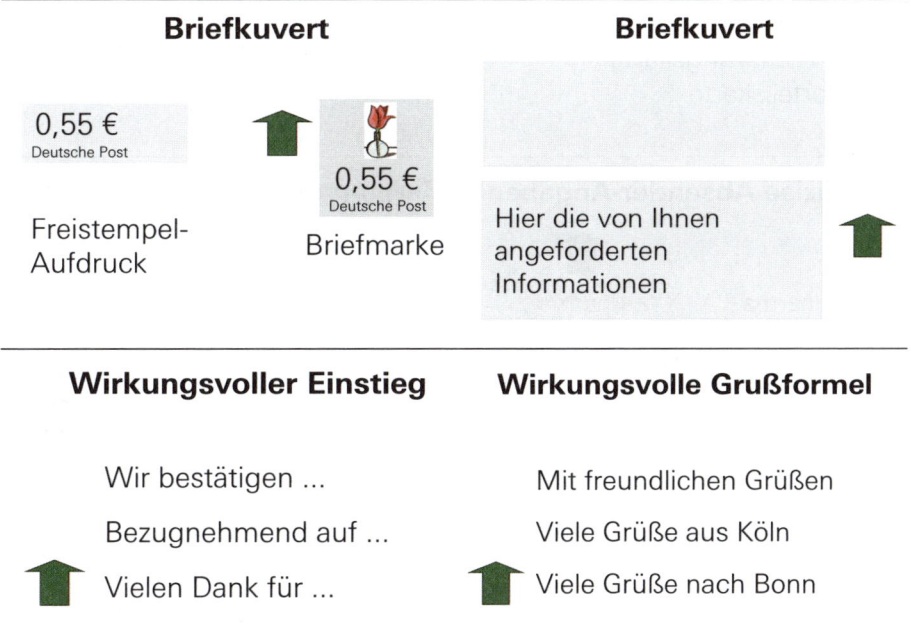

Briefkuvert

0,55 €
Deutsche Post

Freistempel-Aufdruck

0,55 €
Deutsche Post

Briefmarke

Briefkuvert

Hier die von Ihnen angeforderten Informationen

Wirkungsvoller Einstieg

Wir bestätigen ...

Bezugnehmend auf ...

Vielen Dank für ...

Wirkungsvolle Grußformel

Mit freundlichen Grüßen

Viele Grüße aus Köln

Viele Grüße nach Bonn

Höchste Response-Rate?

1 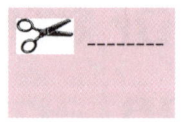 ------------------

2 ✂ — — — — — —

3 Schneiden — — —

Höhere Response-Rate?

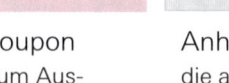 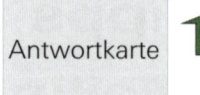

Coupon	Anhaftende Karte
zum Aus-schneiden	die auf Briefpapier oder Anzeige klebt

Antwort-Element

~~Bestellkarte~~

- Gutscheinkarte
- Vorzugskarte
- Abrufkarte
- Anforderungskarte
- Vorteilskarte

Viele „Ja"-Schritte schaffen

- Präzise Absender-Angaben
- Zielgruppenspezifische Einleitung
- Vorteil herausstellen
- Handlungsaufforderung

Präzise Absender-Angaben

XYZ Pharma
Postfach 123
53179 Bonn

XYZ Pharma
Kardiologie-Team
Neustrasse 16
53179 Bonn

Zielgruppenspezifische Einleitung

Frau Dr. med. Ute Maier
Frauenärztin

Sehr geehrte Frau Doktor,
sehr geehrter Herr Doktor,

Sehr geehrte Frau Dr. Maier,

Sie als niedergelassene
Frauenärztin kennen ....

Vorteil herausstellen

Sie erfahren die neuesten Trends

Sie erhalten zwei Fortbildungspunkte

Sie erhalten den praktischen Stempel

Handlungsaufforderung

- Formular ausfüllen und faxen
- Coupon ausfüllen und schicken
- E-Mail senden
- Telefonnummer anrufen
- Auf Webseite gehen
- Veranstaltung besuchen
- Produkt in Apotheke kaufen
- Produkt empfehlen
- Produkt verordnen

Teil S
21 Tipps für eine erfolg-
reiche Internetpräsenz

Hier 21 Punkte, mit denen Sie schnell abschätzen können, wie gut Ihre Webpräsenz in Wahrheit ist und die Ihnen helfen, sich vorteilhaft von der Konkurrenz abzuheben

1) Wenn man auf Ihre Webseite geht, muss man länger auf das Herunterladen von aufwendigen Animationen und Bildern warten oder kommt man direkt zur Sache? Ist sofort erkennbar, was Ihr Unternehmen bietet?

2) Wie übersichtlich und klar ist das Layout Ihrer Webseite? Sind Schriftgröße und Kontrast ausreichend? Arbeiten Sie mit Absätzen und Hervorhebungen, um den Text leicht lesbar zu machen?

3) Wie einfach und intuitiv nachvollziehbar ist die Navigation Ihrer Website? Testen Sie dies, indem Sie unbeteiligte Personen fragen, welche Informationen Sie hinter den Menüpunkten erwarten – werden die Erwartungen erfüllt?

4) Weiß der Leser immer, wo er sich auf Ihrer Webseite gerade befindet und wohin er als nächstes navigieren kann?

5) Wie attraktiv sind die Überschriften und Zwischenüberschriften? Wie klar ist ein Nutzen für den Leser erkennbar?

6) Sind Bilder, Grafiken und Illustrationen professionell? Passen sie zum Inhalt und sind sie für Ihre Zielgruppe tatsächlich relevant?

7) Erscheinen im sichtbaren Text der Seiten, insbesondere der „Startseite", Ihre wichtigen zielgruppenspezifischen Schlüsselwörter? Bieten Ihre Seiten relevante Inhalte, in deren Zusammenhang diese Worte stets wieder auftauchen?

Punkte 8) bis 12) sind Hinweise zur Suchmaschinenoptimierung

Klicken Sie bei der jeweiligen Seite auf die rechte Maustaste, wählen „Seitenquelltext anzeigen" und lokalisieren über „Bearbeiten" / „Suchen" den „Title-Tag" und die „Meta-Tags":

8)   <title> *Erscheint hier eine aussagekräftige Überschrift?* Jede Ihrer Webseiten sollte einen eigenen, zum Inhalt passenden Titel bekommen – mit etwa 60 bis 80 Zeichen. Bringen Sie Ihren Firmennamen nur auf ausgewählten Seiten.

9)   <meta name="description" content = *"Erscheint hier eine prägnante Zusammenfassung?"* > Etwa 200 bis 240 Zeichen sind empfehlenswert.

10) <meta name="keywords" content = *"Erscheinen hier treffende Schlüsselwörter?"* > *Hinweis:* Für Google sollen Keywords aktuell angeblich nicht mehr relevant sein.

11) Sind auf den Seitenquelltexten von unterschiedlichen Seiten jeweils unterschiedliche, genau zur Seite passende „Title-Tags" und „Meta-Tags" (siehe oben)?

12) Haben alle Grafiken zusätzlich einen alternativen Text, der von den Suchmaschinen gefunden werden kann? Beispiel: Eine Glühbirnenbild, das neue Ideen symbolisieren soll, sollte neben dem technischen Dokumentennamen „birne.jpg" auch den Zusatztext alt = "Ideen" aufweisen, damit Bild- und Textebene übereinstimmen.

13) Inwieweit sind die Elemente „clickable", also verlinkt: Sind alle wichtigen Textpassagen oder Grafiken mit funktionierenden internen oder externen Links hinterlegt? Sind diese aussagekräftig und sofort als Links erkennbar?

14) Findet sich der Leser am Ende der jeweiligen Webseite in einer „Sackgasse" oder wird ihm eine Weiterleitung auf eine andere attraktive Seite angeboten?

15) Wird der Leser nach seiner E-Mail-Adresse gefragt? Wenn ja, welchen Anreiz hat er, diese anzugeben? Anreize können sein: Artikel, Newsletter und ähnliches. Wie einfach ist die Eingabe für den Leser? Mit den gesammelten E-Mailadressen können Sie eine Kundendatenbank für einen zukünftigen kostengünstigen elektronischen Newsletter aufbauen.

16) Wie aktuell werden die Seiten gepflegt? Wenn die Datumsangaben ausschließlich vom Vorjahr stammen, wäre ein Update sinnvoll.

17) Sind attraktive Texte, also nutzenversprechende Aussagen sofort und ohne Scrollen auf dem Computer-Bildschirm lesbar („above the fold") – Motto „Das Wichtigste zuerst"?

18) Gibt es eine Fragen-und-Antwort-Sektion, welche die häufigsten Fragen des Lesers beantwortet – und Ihnen so manche E-Mail und manches Telefonat ersparen kann?

19) Wie leicht kann der Leser Sie kontaktieren: Wie schnell findet er Ihre Kontaktdaten (Telefonnummer und E-Mail-Adresse), wenn er einen Dialog mit Ihnen beginnen möchte?

20) Haben Sie erwogen, dem Leser das Angebot zu machen, sich einen speziell erstellten Videoclip zu Ihrem Thema anzuschauen?

21) Wie gut sind Ihre Online- und Offline-Aktivitäten miteinander verzahnt: Nutzen Sie die Synergien zwischen Ihrer Website und Ihren Anzeigen-, Presse-, Event- und Außendienst-Aktionen?

Über Webanalyse-Tools (beispielsweise Google Analytics) lassen sich viele Details zu Ihrer Webseite sammeln: Woher ein Besucher kommt, wohin er klickt und wie lange er auf welchen Webpages bleibt. Fragen Sie hierzu am besten die Spezialisten.

Empfehlung

Gehen Sie online, prüfen Sie die obigen Aspekte und veranlassen Sie in verbesserungsfähigen Punkten eine Optimierung. Ihr Investment ist gut angelegt, denn ein professioneller Webauftritt ist eines Ihrer effektivsten Marketinginstrumente. Mehr Know-how finden Sie in den Kapiteln zu „Online-Marketing" und „Search Engine Optimization" in diesem Buch.

Teil T
Hürden, die Sie umgehen können

15 häufige Fallstricke, die Sie vermeiden sollten

Hier finden Sie häufig begangene Fehler, die Sie bei entsprechender Vorbereitung leicht vermeiden können:

▶ Keine Kenngrößen definiert oder gemessen
▶ Falsche Zielgruppe gewählt
▶ Kein Customer-Relationship-Management
▶ Kein Nutzen für die Zielgruppe erkennbar
▶ Dinge komplexer als notwendig gemacht
▶ Unklare oder komplizierte Botschaften
▶ Mangelhafte Visualisierung
▶ Daten und nicht die Marke verkauft
▶ Entwürfe bei Ärzten und Außendienst nicht getestet
▶ Keine Pilotprojekte durchgeführt
▶ Potenzial des Internets nicht ausgeschöpft
▶ Einzelne Aktivitäten ergänzen sich nicht
▶ Mangelndes Projektmanagement („Trödeln auf der Zeitschiene")
▶ Meinungsbildner allein den Agenturen überlassen
▶ Die Projektbeteiligten in keiner Weise belohnt

Die folgenden vier Geschichten beruhen auf wahren Gegebenheiten.

Eine ungeschickte Preiserhöhung

Die Umsätze für das verschreibungspflichtige Produkt ABC in der Firma XYZ stagnieren. Einer der Manager kommt auf die glorreiche Idee, den Preis um circa 30 Prozent anzuheben. Motto: Wird ja kaum einer merken, da die gesetzliche Krankenversicherung das direkt erstattet. Im Monat nach der Preiserhöhung lädt das Marketing die niedergelassenen Ärzte zu einer der üblicherweise gut besuchten Fortbildungsveranstaltungen ein. Völlig unerwartet meldet sich kein einziger Arzt an. Was sind die Hintergründe?

Der Leiter der medizinisch-wissenschaftlichen Abteilung kennt einen der eingeladenen Ärzte persönlich und fragt ihn, was los ist. Folgendes war passiert:

Die Ärzte haben sich so über die Firma XYZ geärgert, dass sie beschlossen haben, die Fortbildungsreihe geschlossen zu boykottieren. Worüber haben sie sich so geärgert?

Ein Privatpatient berichtete seinem verschreibenden Arzt voller Wut, dass er jetzt 30 Prozent mehr für sein Medikament bezahlen musste – wirklich eine Unverschämtheit. Für den frustrierten Patienten lag die Verantwortung für diese unerwartete Mehrausgabe natürlich beim verschreibenden Arzt. Dieser wiederum fühlte sich von der Firma hintergangen und enttäuscht.

Wie hätte man diese unglückselige Situation vermeiden können?

Hier drei Optionen, die für die Firma besser gewesen wären:

▶ Gar keine Preiserhöhung
▶ Geringere Preiserhöhung
▶ Identische Preiserhöhung und Information der Ärzte

Eine Einleitung, die Sie besser nie geben sollten

Ich bin von einer Pharma-Firma als Referent bei einem Workshop mit niedergelassenen Ärzten eingeladen. In der Einführungsrede sagt die zuständige Produktmanagerin:

„Der Umsatz für das Produkt X fällt. Helfen Sie uns, damit der Umsatz wieder steigt."

Der Kommentar einer der eingeladenen Ärzte ist prägnant: „Die Realeinkommen von uns Ärzten sinken von Jahr zu Jahr – das liegt uns mehr am Herzen als Ihre Gewinne".

Wie hätte man diese unglückliche Situation vermeiden können?

Es wäre besser gewesen, das Risiko-Nutzen-Verhältnis des Präparates und die Patienten, die davon am meisten profitieren, zu diskutieren. Hierbei kann man einfließen lassen: „Ihre Meinung ist uns wichtig, um zu lernen, wie wir den Stellenwert des Präparates bei diesen Patienten deutlicher darstellen und vermitteln können".

Der Werbeklassiker „My Life in Advertising & Scientific Advertising" von Claude C. Hopkins bemerkt dazu, dass viele gute Chancen durch Egoismus und Selbstsucht vergeben werden.

Wie Sie Apotheker besser nicht behandeln sollten

Einige Apotheker hatten sich einen gewissen Vorrat eines gut gehenden Produktes in ihr Lager gelegt, um Kundenwünsche sofort bedienen zu können. Nun wird weniger Produkt verkauft als erwartet. Auf Anfrage informiert die herstellende Pharma-Firma die Apotheker darüber, dass im Rahmen der Retourenregelung keine Rücknahme von Produkten mit kurzer Restlaufzeit akzeptiert wird. Eingehende Beschwerden von Apothekern werden zwar entgegen genommen, verbleiben aber ohne Reaktion. Die Konsequenz: Einige Apotheker bleiben auf Produkten „sitzen", die mehrere Tausend Euro wert sind.

Natürlich kann man sagen, der Apotheker „hat zu hoch gepokert". Auf der anderen Seite hätte die Firma ihr Verhalten – obgleich rechtlich einwandfrei – mehr in Richtung optimaler Kundenbindung ausrichten können.

Welche Distributionspolitik Sie besser nicht erwägen sollten

Hier ein warnendes Bespiel für die Konsequenzen einer wenig durchdachten Distributionspolitik: Der Hersteller bestimmter „Gesundheitsprodukte" hatte sich entschieden, neben den Apotheken auch gleichzeitig Ketten von Drogeriemärkten zu beliefern. Die Apotheker waren über diese neuen Konkurrenten mit niedrigen Preisen so erbost, dass sie den Verkauf dieser Produkte auf nahezu Null zurückfuhren. Der Gesamtumsatz der Produkte erlebte einen massiven Einbruch. Diese ungeschickte Distributionspolitik hat die betreffende Firma beinahe in den Konkurs getrieben.

Teil U
Health Economics and
Outcomes Research
sowie Market Access

IQWiG und G-BA

Wie die deutsche Bundeskanzlerin Angela Merkel bemerkte, ist das Gesundheitswesen eine „ganz schwierige Materie" (Quelle: PM-Report 8/10). Hier eine vereinfachte momentane Bestandsaufnahme aus Sicht der Industrie.

In Deutschland gibt es das IQWiG (Institut für Qualität und Wirtschaftlichkeit im Gesundheitswesen), in Großbritannien das NICE (National Institute for Health and Clinical Excellence), in Neuseeland das Core Services Committee/National Health Committee und in anderen Ländern ähnliche staatliche oder halbstaatliche Institute.

Das IQWiG bewertet Nutzen, Effizienz und Wirtschaftlichkeit, so dass das Gesundheitswesen weiterhin finanzierbar bleibt. Es beauftragt dazu ein Gremium von Experten der Gesundheitsökonomie. Aus dem Vergleich von Kosten und Nutzen werden Empfehlungen für neue Interventionen abgeleitet. Diese Empfehlungen gehen als „Orientierung für Entscheidungen" an den Gemeinsamen Bundes-Ausschuss (G-BA).

Der G-BA ist das sektorübergreifende, oberste Beschlussgremium der gemeinsamen Selbstverwaltung. Die Mitglieder sind: Kassenärztliche Bundesvereinigung, Kassenzahnärztliche Bundesvereinigung, Deutsche Krankenhaus-Gesellschaft, Spitzenverband Bund der gesetzlichen Krankenkassen, Patientenorganisationen und ein unparteiischer Vorsitzender.

Der G-BA bestimmt die Richtlinien des Leistungskataloges der GKV für mehr als 70 Millionen Versicherte und entscheidet damit über Regelungsdichte und Patientensouveränität. Er entscheidet über die Erstattungsfähigkeit von Medikamenten und setzt so den Ärzten und der Industrie, insbesondere den forschenden Arzneimittelherstellern, Rahmenbedingungen.

Der G-BA kann „Therapiehinweise" an die Kassenärztlichen Vereinigungen geben, die diese wiederum an ihre Mitglieder, nämlich die Vertragsärzte weitergeben. Hier ein Beispiel: „Substantin ist medizinisch und ökonomisch nur dann sinnvoll, wenn andere Therapieoptionen ausgeschöpft wurden". Dies führt im Allgemeinen dazu, dass die Verordner zurückhaltender mit den Verschreibungen des Medikamentes Substantin werden.

Stellungnahmen des G-BA zu aktuellen Gesetzesvorhaben finden Sie im Kapitel „AMNOG".

Weiterhin gibt es auch die „Deutsche Agentur für Health Technology Assessment" (DAHTA). Sie bewertet gesundheitsrelevante Verfahren, erstellt und kooperiert mit dem internationalen Netzwerk staatlicher HTA-Agenturen (INAHTA).

Mehr auf www.dimdi.de/static/de/hta/index.htm.

Prinzip der Health Economics and Outcomes Research (HEOR)

Aufgrund der Ressourcen-Knappheit im Gesundheitswesen ist es notwendig, die Gelder auf die Leistungen mit dem größten Nutzen zu konzentrieren. Nicht alles, was medizinisch machbar ist, ist eben auch finanzierbar. Bei der Health Economics and Outcomes Research (HEOR) werden Kosten und Nutzen miteinander verglichen, um zu prüfen, ob sie in angemessener Relation zueinander stehen.

Die HEOR ist ein weites Feld mit vielen unterschiedlichen Blickwickeln, methodischen Ansätzen und Kontroversen. Hier einige Beispiele zu dem Begriff „Kosten": Ein Krankenhaus-Direktor wird nur an den Kosten der stationären Behandlung interessiert sein; die Krankenkasse interessiert sich für die Kosten der stationären und ambulanten Behandlung; die Gesellschaft interessiert sich für die Summe der Kosten der stationären und ambulanten Behandlung und der indirekten Kosten aufgrund von Produktionsausfall, etc. Weiterhin haben Pflegeversicherungen andere Interessen als Krankenversicherungen.

Bei der HEOR werden also Input (Ressourcen) und Outcome (Ergebnis) einander gegenübergestellt, um den Nutzen der jeweiligen Maßnahme zu quantifizieren und so für mehr Transparenz im Gesundheitswesen zu sorgen. Die Qualität der Ergebnisse wird stark durch die Qualität der zugrunde liegenden Datenbasis beeinflusst.

Man kann vier grundlegende Studienarten unterscheiden, die in den nachfolgenden vier Beispielen anhand von Abbildungen schematisch illustriert werden.

Cost-Minimization Analysis (CMA)

Cost-Minimization Analysis

Es werden nur Kosten miteinander verglichen: Einsparungen / Mehrkosten

Antihypertonikum	Captopril
Original	1,00 Euro
Generikum	0,50 Euro

Theoretische Kosten-Ersparnis

0,50 Euro

Bei der Kosten-Minimierungs-Studie oder Kosten-Vergleichs-Studie werden nur Kosten miteinander verglichen. Im obigen Beispiel beträgt die theoretische Kostenersparnis beim Wechsel vom Original auf ein Generikum 0,50 Euro pro Tag.

Cost-Benefit Analysis (CBA)

Cost-Benefit Analysis

Kosten und Nutzen in Geldeinheiten

ACE-Hemmer bei Herz-Insuffizienz:
Krankenhauseinweisungen/Jahr   0,1 Mio.
Kosten pro Einweisung   5000 £
Reduktion der Einweisungen   10 %

Theoretische Kosten-Ersparnis:

0,1 Mio. x 5000 £ x 10 % = **50 Mio. £**

In der obigen Kosten-Nutzen-Studie wird die jährliche Zahl der Krankenhauseinweisungen wegen Herzinsuffizienz (0,1 Millionen) mit Kosten von je 5000 £ durch ACE-Hemmer um 10 Prozent reduziert, so dass sich eine theoretische Kostenersparnis von 50 Millionen £ ergibt.

Cost-Effectiveness Analysis (CEA)

Cost-Effectiveness Analysis

Kosten und Nutzen in natürlichen Einheiten

Niereninsuffiziente Patienten

ohne Therapie ↙ ↘ Hämodialyse

†   Leben

0 $ Ein Jahr: 50 000 $

Kosten pro Jahr
Lebensverlängerung   **50 000 $**

Bei der obigen Kosten-Effektivitäts-Studie kostet ein Jahr Hämodialyse bei niereninsuffizienten Patienten 50 000 US-Dollar. Ohne Hämodialyse würden die Patienten innerhalb von sehr kurzer Zeit sterben, so dass dann keine Kosten mehr anfallen würden. Die theoretischen Kosten pro Jahr Lebensverlängerung betragen also 50 000 US-Dollar. Aufschlussreich sind die Ergebnisse von Interviews mit Onkologen in den USA. Mehr als die Hälfte war der Meinung, dass Patienten Krebstherapien nur erhalten sollten, wenn sie effektiv sind und einen „good value" (Kosten unter 100 000 US-Dollar pro gewonnenes Lebensjahr) darstellen.

Cost-Utility Analysis (CUA)

Cost-Utility Analysis

Vom Patienten empfundener Zufriedenheits-Grad bei einem Gesundheitszustand: QALYs

Subjektiver Nutzwert gewonnener Lebensjahre (*well-years instead of years*)

Produkt	Gewonnene Lebens-Jahre		Lebensqualitäts-Faktor		Lebensqualitäts-gewichtete Lebensjahre
A	0,9	x	100%	=	**0,9**
B	1,0	x	80%	=	**0,8**

Die obige Kosten-Nutzwert-Studie berücksichtigt den vom Patienten subjektiv empfundenen Zufriedenheitsgrad bei einem Gesundheitszustand. Die reinen gewonnenen Lebensjahre sind besser für Produkt **B**: 1,0 versus 0,9. Die Kombination aus dem Gewinn von Lebenszeit und der Lebensqualität (100 Prozent bzw. 80 Prozent) ergeben die lebensqualitätsgewichteten Lebensjahre. Diese sind besser für Produkt **A**: 0,9 versus 0,8. Die Studie berücksichtigt also den subjektiven Nutzwert gewonnener Lebensjahre („well-years instead of years"). Kritiker bemängeln bei dieser Studienart unter anderem erhebliche me-

thodische Schwächen und mangelnden Einklang mit Gesellschafts-
werten.

Risk-Share-Verträge

Es gibt inzwischen „Costsharing"-Initiativen, bei denen sich die
Pharma-Firma an den Kosten des Präparates beteiligt, falls die Behandlung nicht erfolgreich war. Hier ein Beispiel:

Die Krankenkasse DAK und die Firma Novartis schlossen einen
Vertrag zu Aclasta®: Bei osteoporosebedingten Knochenbrüchen wird
Novartis die Arzneimittelkosten in voller Höhe zurückerstatten. Novartis übernahm sozusagen im Hintergrund eine Garantie für die Wirksamkeit ihres Produktes in der zugelassenen Indikation. Verwunder-
licherweise äußerte sich die Arzneimittelkommission der Deutschen
Ärzteschaft (AkDÄ) kritisch mit dem Kommentar, dass Daten zur Überlegenheit gegenüber der Standardtherapie fehlten.

Marktzugangs- und Preisstrategien

Um für neue verschreibungspflichtige und erstattungsfähige Medikamente den Zugang zu nationalen Märkten zu gewährleisten, sind
früh zielgruppenspezifische Unterlagen („Product Value Dossiers") zu
erstellen. Sie erleichtern den Dialog mit Experten und Meinungsbildnern („Key Influencers") und weiterhin die Verhandlungen mit den
Kostenträgern, im Allgemeinen also den gesetzlichen Krankenkassen
(„Contracting").

Im Vorfeld sollten Optionen für eine Preisstrategie definiert werden. Notwendige Grundlage dafür ist unter anderem, dass man rechtzeitig daran gedacht hat, Daten zu Health Economics and Outcomes
Research zu erheben. Um dies zu gewährleisten, haben viele Firmen
spezielle Abteilungen geschaffen, die beispielsweise „Market Access", „Stakeholder-Management", „Gesundheitspolitik" oder ähnliche Bezeichnungen tragen.

Das gesundheitspolitische Umfeld, welches den Marktzugang erheblich mitbestimmt, ist einem starken Wandel unterworfen. Sicher ist, dass mit dem Ziel der Beitragsstabilität des Krankenkassenbeitrages auch zukünftig neue Arten der Kostendeckelung zu erwarten sind. Sicher ist auch, dass die Pharma-Branche Wege suchen wird, damit sich die Investitionen in ihre Produktentwicklungen lohnen.

Kurz vor Einführung der Zwangsrabatte waren im Juli 2010 in den Datenbanken der Apotheker bei Hunderten von Medikamenten Preissprünge zu beobachten. Dass sich der damalige deutsche Bundesgesundheitsminister Philipp Rösler durch die von Experten „Preisschaukel" genannte Vorgehensweise mancher Pharma-Unternehmen allerdings verschaukelt fühlte, kann man gut nachvollziehen (Quelle: PM-Report 8/10).

Teil V
Die SWOT-Analyse

SWOT-Analyse

Interne Stärken	Interne Schwächen
Internal **S**trengths	Internal **W**eaknesses
Externe Chancen	Externe Risiken
External **O**pportunities	External **T**hreats

Die SWOT-Analyse steht für Strengths (Stärken), Weaknesses (Schwächen), Opportunities (Chancen) und Threats (Risiken). Sie wird häufig mit „Analyse der Stärken, Schwächen, Chancen und Risiken" übersetzt. Die SWOT-Analyse ist im Marketing ein verbreitetes Instrument zur Beantwortung der folgenden vier Fragen:

▶ Wo sind wir wirklich gut?

▶ Wo sind wir nicht so gut?

▶ Wo sind die Chancen am Markt?

▶ Wo können wir überholt werden?

Häufige Fehler bei der Erstellung einer SWOT-Analyse

▶ Das zu erreichende Ziel ist unklar – diese Analysen sollten aber immer bezogen auf ein konkretes Ziel erstellt werden.

▶ Externe Chancen werden oft mit internen Stärken verwechselt – sie sollten aber auseinander gehalten werden.

▶ Es werden mögliche Strategien beschrieben – diese Analysen beschreiben und bewerten aber nur Zustände und keine Strategien.

▶ Die Stärken und Schwächen werden als absolute Größen angesehen – sie sind aber erst im Vergleich mit der Konkurrenz relevant.

Teil W
Checkliste für Dokumente

Formale und optische Aspekte

Wie erhöhen Sie die Wahrscheinlichkeit, dass Ihr Text gelesen wird?

Hier einige **Tipps:**

▶ Gut lesbarer Text

▶ Richtige Farbe der visuellen Elemente

▶ Angemessene Motive der Bilder

▶ Überschrift vorhanden

▶ Zwischenüberschrift vorhanden

▶ Übersichtliche Anordnung der Elemente

▶ Horizontales Layout: Bild links, Text rechts

▶ Vertikales Layout: Bild oben, Text unten

▶ Bildbeschreibung unterhalb des Bildes

▶ Leerzeilen zwischen Abschnitten

▶ Logo und/oder Produkt gezeigt

▶ „P.S." zum Abschluss vorhanden

Inhaltliche Aspekte

Wie machen Sie Ihre Texte prägnanter und überzeugender?
Hier einige **Tipps:**

1) Kundennutzen deutlich erkennbar
2) Neugierig machende Überschrift
3) Relevante Zwischenüberschriften
4) Zum Weiterlesen anregender erster Satz
5) Zuversichtlicher und optimistischer Grundtenor
6) Klare, präzise Sprache
7) Bildhafte, leicht vorstellbare Ausdrücke
8) Kurze Sätze mit einer Aussage pro Satz
9) Aussagen von Experten oder Betroffenen (Testimonials)
10) Statt des Passivs den Aktiv wählen
11) Statt Substantiven die Verben wählen
12) Statt Vergangenheit die Gegenwart wählen
13) Statt Konjunktiv den Indikativ wählen
14) Unnötige „Weichmacher" vermeiden
15) Dinge positiv und bejahend ausdrücken
16) Durch Geschichten oder Beispiele illustrieren
17) Statt „ich und mein" besser „Sie und Ihr"
18) Text mit Rechtschreib-Programm prüfen

Die aufmerksamkeitsstärksten Stellen sind: Überschrift, Zwischen-überschrift, Bullet points und der Platz unterhalb der Diagramme und Bilder.

Teil X
Die Macht der Sprache:
Lexikon der effektiven
Formulierungen

Der Nutzen für Sie

Sie finden hier ausgewählte Tipps und Vorschläge, wie Sie Ihren Schreib- und Sprachstil einfach verbessern und Ihre Botschaften prägnanter zum Ausdruck bringen können.

Mit den folgenden Formulierungen und rhetorischen Optionen werden Sie Ihre Ideen effektiv vermitteln und Ihre Aussagen in Texten und Präsentationen wirkungsvoll zur Geltung bringen.

Sachverhalte positiv ausdrücken

Indirekte Aussagen, Verneinungen („Negationen") und Wörter mit negativen Assoziationen können leicht zu Missverständnissen und Missklängen führen.

Sie kennen sicher den Spruch „Denken Sie jetzt nicht an einen rosa Elefanten", was jedoch genau das Gegenteil bewirkt.

Bejahende Aussagen fördern das Verstehen und ermutigen die Zuhörer zum Handeln.

Indirekt oder negativ formuliert	Direkt und positiv formuliert
Unumwunden	Offen
Ohne Umweg	Direkt
Es gibt kein anderes Präparat	Dies ist das einzige Präparat
Wenige Nebenwirkungen	Gute Verträglichkeit
Alt	Bewährt / erprobt / vertraut
Sonderbar	Originell
Verrückt	Sehr kreativ
Nicht verunreinigt	Rein
Kostenlos	Gratis
Kostengünstig	Günstig
Kostenreduktion	Ersparnis
Das kostet Sie	Ihre Investition ist
Keine schlechte Wahl	Eine gute Wahl
Gegenseitiger Nutzen	Beidseitiger Nutzen
Trennstrich	Bindestrich
Kompliziert	Vielschichtig
Hacker	Netzaktivisten
Verwirrend	Aufregend
Die Angst nehmen	Mehr Sicherheit geben
Enttäuschende Ergebnisse	Aufschlussreiche / lehrreiche Ergebnisse
Unbestritten	Akzeptiert
Verrückt	Avantgarde
Erst morgen	Schon morgen
Nicht schlechter als	Vergleichbar / gleichwertig (Statistiker fragen)
Sie haben unrecht	Können Sie mir das bitte näher erklären
Ich bin dagegen	Das ist jetzt noch kein Thema
Träge	Besonnen
Da haben Sie mich nicht richtig verstanden	Lassen Sie mich das auf eine andere Weise ausdrücken
Sie irren sich	Lassen Sie uns den Sachverhalt noch einmal gemeinsam durchgehen
Sie ziehen falsche Schlussfolgerungen	Könnten Sie mir Ihre Annahmen erläutern?
Ist Ihnen übel?	Ist alles in Ordnung?

Das kann manchmal höllisch weh tun	Bis auf Ausnahmefälle wird das gut vertragen
Risikobehaftet	Es gibt Chancen und Risiken

Mit aufbauenden Sätzen ermutigen

Bestimmte Worte wirken auf Gehirnzellen fast wie eine psychoaktive Droge. Sie können Menschen zum Handeln anregen, ermutigen und ermuntern.

Destruktiv	Konstruktiv
Aber	Und
Da ist ein Fehler drin	Einen Punkt kann man vielleicht verbessern
Du machst einen Denkfehler	Hier eine andere Perspektive
Ich hab nichts dagegen gesagt	Das finde ich gut
Ich habe keine Einwände	Ich befürworte das
Ich habe nichts gegen Gesellschaft	Gerne können Sie sich zu mir setzen
Verrückt	Sehr kreativ
Nicht verunreinigt	Rein
Wäre eine letzte Möglichkeit	Diese Möglichkeit sollten wir auch erwägen
Das müssen Sie anders sehen	Lassen Sie uns die Sache noch von einer anderen Seite beleuchten
Das ist kaum möglich	Das wäre vielleicht möglich, wenn ...
Diese Abteilung ist heute geschlossen	Gerne sind wir morgen früh wieder für Sie da
Ich habe nichts falsch gemacht	Was könnte man aus Ihrer Sicht besser machen?
Sie sitzen ja nur da	Wie könnte Ihr Beitrag dazu aussehen?

Nutzen klar sichtbar machen

Folgende Formulierungen helfen den Nutzen Ihres Angebotes zu verdeutlichen und lassen den Leser seinen Vorteil schneller erkennen. Sie eignen sich daher gut als Überleitungssätze oder „Gelenksätze".

Das hilft Ihnen ...
Damit verbessern Sie ...
Damit können Sie leichter ...
Damit erreichen Sie schneller ...
Dadurch erhalten Sie ...
Das ermöglicht Ihnen ...
Dadurch schaffen Sie ...
Das erspart Ihnen ...
Das bedeutet für Sie mehr ...
Das bringt Ihnen mehr ...
Damit haben Sie mehr ...
Dadurch gewinnen Sie ...
Das erleichtert Ihnen ...
Ich habe nichts falsch gemacht
Sie sitzen ja nur da

Zielführend bei Beschwerden reagieren

Hinweis: Es gibt Menschen, die durch Reklamationen ihren Wunsch nach Beachtung und Wertschätzung zum Ausdruck bringen. Hier einige „Zauberformeln" für Sie, die beide Seiten gewinnen lassen können:

Danke, dass Sie mich auf diese Situation aufmerksam machen
Wie könnte Ihrer Meinung nach eine Lösung aussehen, die für alle Beteiligten fair ist?
Was könnten wir tun, damit Sie wieder zufrieden sind?

Gut nach Gründen fragen

Manche Menschen betrachten „Warum-Fragen" als Angriff und meinen, sich rechtfertigen und verteidigen zu müssen. Oft sind daher sprachliche Formulierungen ohne das „Warum" hilfreicher. Hier einige Beispiele:

Wodurch – glauben Sie – ist diese Situation entstanden?

Womit könnte dies Ihrer Meinung nach zusammenhängen?

Welche Umstände haben Ihrer persönlichen Auffassung nach dazu geführt?

Effektiv nach Lösungen fragen

Um Handlungsoptionen zu entdecken und gleichzeitig den Gesprächspartner einzubinden, gibt es einige zielführende Formulierungen wie beispielsweise:

Was müsste man Ihrer Meinung nach tun, um die Situation zu verbessern?

Was wären Ihre Vorschläge, um die Situation einer Lösung zu zuführen?

Welche Voraussetzungen müssten gegeben sein, damit es in Zukunft besser läuft?

Dinge diplomatisch ablehnen

Sie möchten deutlich zum Ausdruck bringen, dass Sie etwas nicht akzeptieren und zwar ohne den Anderen vor den Kopf zu stoßen:

Unter normalen Umständen würde ich ja sagen, aber heute kann ich leider nicht ...

Ich verstehe Ihren Wunsch sehr gut, möchte ihn aber relativieren und ...

Das wäre eventuell möglich – vorausgesetzt Sie von Ihrer Seite ermöglichen ...

Zum Sprechen animieren

Die meisten Menschen möchten Dinge mitteilen. Nach folgenden Sätzen sollten Sie schweigen und gut zuhören:

Erzählen Sie doch mal ...

Das ist ja interessant ...

Sie scheinen ja mehr zu wissen über ...

Auf angenehme Dinge umleiten

Sie möchten den Gesprächsverlauf von einem kontroversen Punkt auf einen positiven Punkt umlenken:

Einmal abgesehen davon, wäre es für Sie ...

Mal angenommen, dieser Punkt wäre erfüllt, wie relevant wären dann ...

Gesetzt den Fall, das wäre möglich, was würde das für Sie bedeuten?

Paraphrasieren

Schon die Tatsache, dass Sie den Erzählungen Ihres Gegenübers gut zugehört haben, ist ein Akt der Anerkennung und Wertschätzung. Es kann dabei hilfreich sein, die Aussagen Ihres Gegenübers mit etwas anderen Worten zu wiederholen:

Wenn ich Sie richtig verstanden habe, ist es für Sie wichtig, dass ...

Für Sie ist also besonders relevant, dass ...

Aufgrund Ihrer Aussagen ergibt sich also, dass ...

Wann Weichspüler sinnvoll sind

Um unnötige Widerstände zu vermeiden, kann es manchmal sinnvoll sein, bewusst vage zu bleiben. So bleibt man unaufdringlich und der Andere fühlt sich nicht unter Druck gesetzt. Zur Ideenfindung und bei Handlungsappellen kann dies hilfreich sein:

Vielleicht hätten Sie eine Idee dazu ...

Ich frage mich gerade, was wir hier unternehmen könnten ...

Hätten Sie dazu eventuell irgendeinen Vorschlag ...

Distanz ausdrücken

Um mangelnde Relevanz eines Vorganges indirekt zu vermitteln, kann man ihn sprachlich in die ferne Vergangenheit rücken. Wenn man Verben in das Plusquamperfekt setzt, drückt man damit aus, dass einen der Vorgang nun wenig berührt oder dass er abgehakt ist und man ihn besser vergessen sollte.

Ja, das hatte er mal verschickt

Unter den damaligen Umständen hatte ich es auch so gesehen

Wir hatten das in der Tat mal ausprobiert

Ausgewählte ermunternde, optimistische Wörter

Verwenden Sie die Begriffe nur, wenn Sie auch hinter der Aussage stehen. Sie können Anerkennung zollen und Lob geben, aber Sie sollten nicht lobhudeln. In manchen Fällen ist eine Geste wie ein anerkennendes Kopfnicken oder ein Schulterklopfen sogar angemessener als eine verbale Kommunikation. Hier eine Auswahl von Begriffen, die Sie abwechselnd verwenden können und die vorzugsweise für persönliche mündliche Gespräche gedacht sind.

- ▶ Sehr gut
- ▶ Brillant
- ▶ Ausgezeichnet
- ▶ Hervorragend
- ▶ Herausragend
- ▶ Super
- ▶ Prima
- ▶ Klasse
- ▶ Absolut
- ▶ Vorbildlich

Weitere Empfehlungen

Denken Sie daran: Je länger Sie etwas formulieren, desto mehr verwässern Sie Ihre Kernaussage und umso weniger wird sich der Zuhörer merken.

- ▶ Verwenden Sie in der Grammatik statt des Passivs besser den Aktiv.
- ▶ Setzen Sie erklärende Nebensätze besser an das Satzende.
- ▶ Verwenden Sie kurze Sätze. Manche Autoren empfehlen 7 Wörter pro Satz.
- ▶ Machen Sie in der mündlichen Sprache Sprechpausen.
- ▶ Machen Sie in der Schriftsprache Absätze.
- ▶ Vermeiden Sie Verallgemeinerungen wie: alle, keiner, immer.
- ▶ Vermeiden Sie abstrakte Worte (sie enden oft auch -enz, -heit, -ismus, -ität, -ung).
- ▶ Vermeiden Sie Superlative wie beispielsweise: Turbo, Ultra, Mega, Super.

▶ Ersetzen Sie „aber" durch „und" – dies wirkt positiver.

▶ Bevorzugen Sie prägnante Worte, die kurz, bildhaft und griffig sind.

Teil Y
Finanzbegriffe für Nicht-Finanzleute

Einleitung

Hier finden Sie kurze, einfache Beschreibungen ausgewählter ökonomischer Kenngrößen, die für das Marketing praktikabel sind. Ausführlichere Definitionen finden Sie in den Lehrbüchern der Betriebswirtschaft.

Aufwand, Ausgabe, Auszahlung, Kosten

Hier einige Beschreibungen von Begriffen und dem Bereich, in dem sie vorzugsweise verwendet werden. Im Alltag des Marketing können Sie die Feinheiten der Abgrenzungen getrost vergessen.

Aufwand   ↔ Ertrag

Verbrauch aller Güter (Waren und Dienstleistungen)
in einer Periode – in Euro oder Arbeitsstunden
Externes Rechnungswesen: Gewinn- und Verlustrechnung

Ausgabe   ↔ Einnahme
Verminderung des Nettogeldvermögens
Buchführung

Auszahlung   ↔ Einzahlung
Effektive Zahlung
Investitionsrechnung

Kosten   ↔ Erlös
Verbrauch an Produktionsfaktoren in Euro, die zum
Erbringen der betrieblichen Leistung notwendig sind
Internes Rechnungswesen: Kosten- und Leistungsrechnung

Cashflow versus Gewinn

Der Cashflow (Geldfluss, Kassenzufluss) ist der Nettozufluss liquider Mittel. Die Messgröße ermöglicht eine Beurteilung der finanziellen Gesundheit eines Unternehmens. Es besagt, inwiefern ein Unternehmen die erforderlichen Mittel für das laufende Geschäft und für Investitionen selbst erwirtschaften kann.

Der Cashflow ist – anders als der Gewinn – unabhängig von buchhalterischen Aktionen und eine Kennzahl für die Liquidität eines Unternehmens. Er hat den Vorteil, dass seine Messung einfach und eindeutig ist und er nur schwer manipulierbar ist.

Der Gewinn hingegen ist ein Begriff aus dem Jahresabschluss, der von sogenannten bilanzpolitischen Maßnahmen abhängig ist wie beispielsweise:

▶ Abschreibungen
▶ Rückstellungen
▶ Vorrats-Bewertungen.

Die nachfolgenden zwei Tabellen verdeutlichen dies. Die Einnahmen (133 Euro) stammen aus dem Umsatz (133 Euro), die Ausgaben (100 Euro) beruhen auf ausgabenwirksamen Kosten (100 Euro). Die Differenz ist die Änderung des Geld-Vermögens pro Jahr, also der Cashflow (33 Euro).

In der Version II ist die Abschreibungsart gewinnmindernd geändert worden, so dass der Gewinn nur noch 23 Euro beträgt. Durch Rückstellungen oder Änderungen in der Vorrats-Bewertung kann der im Jahresabschluss ausgewiesene Gewinn weiter reduziert werden. Dies kann beispielsweise aus steuerlichen oder politischen Gründen für ein bestimmtes Jahr interessant sein.

Version I		Version II	
Einnahmen 133 €	Umsatz 133 €	Einnahmen 133 €	Umsatz 133 €
- Ausgaben 100 €	- Kosten 100 €	- Ausgaben 100 €	- Kosten 100 €
			Abschreibung **10 €**
Cashflow 33 €	Gewinn 33 €	Cashflow 33 €	**Gewinn 23 €**

Umgekehrt kann durch entsprechende Änderungen im Abschreibungsmodus, durch Auflösungen von Rückstellungen oder Änderungen in der Vorrats-Bewertung der im Jahresabschluss ausgewiesene Gewinn für das betrachtete Jahr erhöht werden, was beispielsweise bei einem geplanten Verkauf des Unternehmens interessant sein kann ("die Braut schön machen").

Daher auch der Satz: „Cashflow ist ein Fakt, Gewinn eine Absichtserklärung."

Break-even-Punkt

Der Break-even-Punkt ist der Punkt, ab dem die Umsätze die Kosten übersteigen, also der Punkt, an dem Umsatz und Kosten gleich hoch sind und somit weder Verlust noch Gewinn erwirtschaftet wird. Er wird auch als „Kostendeckungspunkt" oder „Gewinnschwelle" bezeichnet (siehe nachfolgende Abbildung).

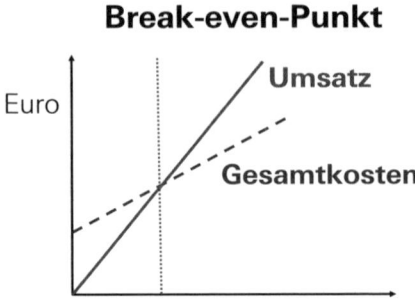

Break-even-Punkt

Umsatz-Rendite

Die Berechnung der Umsatz-Rendite (Umsatzrentabilität, Vorsteuermarge, Return-on-Sales = ROS, Operating profit margin) ist aus dem folgenden Beispiel ersichtlich:

Gewinn	33	Euro
÷ Umsatz	133	Euro
Umsatz-Rendite	25 %	

Kapital-Rendite

Die Berechnung der Kapital-Rendite (Kapitalverzinsung, Profitabilität, Return-on-Investment = ROI) ist aus dem folgenden Beispiel ersichtlich:

Gewinn	33	Euro
÷ Eingesetztes Kapital	100	Euro
Kapital-Rendite	33 %	

Alle Marketing-Aktionen sollten einen entsprechenden Return-on-Investment (ROI) bringen. Hinweis: Bei „Brand-Awareness-Kampagnen" oder Werbekampagnen für das Firmen-Image ist es praktisch unmöglich, den ROI zu bestimmen.

Deckungsbeitrags-Rechnung

Die Deckungsbeitragsrechnung ist ein Verfahren zur Ermittlung des Betriebsergebnisses mithilfe der Deckungsbeiträge (DB) der hergestellten Produkte. Sie kann dabei verschiedene Ebenen (DB I, DB II, etc) berücksichtigen. Sie deckt auf, inwieweit ein Produkt zur Deckung von Kosten übergeordneter Bereiche (typischerweise von mengenunabhängigen Kosten, also Fixkosten) beiträgt.

Dies ist beispielsweise nützlich, wenn Projekte mit Namen „Produkt-Bereinigung", „Portfolio-Verschlankung" oder „Right sizing" geplant sind. Offensichtliche Vorteile solcher Projekte sind „Weniger Reklamationen durch weniger Produkte" und „Fokussierung auf die Gewinnbringer".

	Ein- und Ausgaben			Getrennte Kostenrechnung		
	A	**B**		**A**	**B**	Summe
Umsatz	**30**	**40**	Umsatz	30	40	
Kosten	**30**	**30**	Kosten	30	30	
Variable Kosten	20	20	Gewinn	0 +	10	→ 10
Fixe Kosten	10	10				

Die linke Tabelle schildert die Ein- und Ausgaben. Die rechte Tabelle gibt die getrennte Kostenrechnung wieder. Man könnte den Eindruck erwecken, dass durch Eliminieren des Produktes A der Gewinn weiterhin bei 10 Geldeinheiten bleiben würde – eine unzutreffende Schlussfolgerung.

Deckungsbeitrags-Rechnung für A + B			Deckungsbeitrags-Rechnung nur für B		
	A	B		A	B
Umsatz	30	40	Umsatz		40
Variable Kosten	20	20	Variable Kosten		20
DB I	10	20	DB I		20
Fixkosten		20	Fixkosten		20
DB II		**10**	DB II		0

Hier kann die Deckungsbeitrags-Rechnung für „A + B" versus nur für „B" aufdecken, inwieweit die Streichung des offenbar wenig profitablen Produktes A das Gesamtergebnis des verbleibenden Produktes B verschlechtern würde. In diesem Falle würde der DB II statt 10 Geldeinheiten nur noch 0 betragen, was genau der Höhe der nicht abbaubaren Fixkosten entspricht.

Wenn also ein Produkt einfach entfernt wird, kann dies ungeahnte negative Auswirkungen auf das gesamte Unternehmensergebnis haben. Die Deckungsbeiträge, die das Produkt bisher erzielt hat, würden zur Deckung der fixen Kosten fehlen und müssten von den anderen Produkten mitgetragen werden.

Das Prinzip der Diskontierung

Eingangsfrage: Was ist gewichtiger: Gewinne und Verluste, die
▶ in ferner Zukunft liegen oder
▶ in diesem Jahr anfallen?

Die Antwort ist offensichtlich: Je zeitnaher der Gewinn oder Verlust, umso mehr fällt er ins Gewicht. Für die Bewertung eines Betrages ist es also wichtig zu wissen, zu welchem Zeitpunkt er anfällt. Den Zeitpunkt des Eingangs oder Ausgangs eines Betrages berücksichtigt man mit dem Prinzip der Diskontierung („Abzinsung", „Kapitalwertmethode"). Beträge, die zu einem frühen Zeitpunkt liegen, werden stärker berücksichtigt als die Beträge, die zu einem späteren Zeitpunkt anfallen.

Man diskontiert Beträge also umso mehr, je weiter sie in der Zukunft liegen. Die Diskontierung bietet den Vorteil, dass man den ungefähren Gegenwert eines zukünftigen Betrages in heutigem Geldwert erhält („Netto-Geldwert", „Netto-Barwert", „Net Present Value", „NPV").

Für das folgende Beispiel wurde ein Diskontierungssatz von 5 Prozent angenommen. Die Zahl hängt unter anderem von dem Zinssatz ab, den ein Unternehmen bei der Aufnahme von Fremdkapital zahlen muss. Junge Biotechnologiefirmen rechnen daher mit höheren Diskontierungssätzen als etablierte, profitable Unternehmen. Für den Wert, den Sie nehmen sollten, fragen Sie am besten die Abteilungen in Ihrem Unternehmen, die für „New Business Development" oder „Portfolio-Management" zuständig sind.

Ein Vergleich der folgenden zwei Tabellen verdeutlicht die Vorteile der Diskontierung.

Jährlicher Cashflow

	Jahr 1	Jahr 2	Jahr 3	Jahr 4
Einnahmen	20 €	100 €	200 €	280 €
Ausgaben	220 €	200 €	100 €	80 €
Cash flow	-200 €	-100 €	100 €	200 €

Diskontierter kumulierter Cashflow

Angenommener Diskontierungs-Satz: 5%

	Jahr 1	Jahr 2	Jahr 3	Jahr 4
Einnahmen	20 €	100 €	200 €	280 €
Ausgaben	220 €	200 €	100 €	80 €
Cashflow	-200 €	-100 €	100 €	200 €
	x 0,95	x 0,91	x 0,86	x 0,82
Diskontierter Cashflow	-190 €	-91 €	86 €	164 €
Kumulierter disk. Cashflow	-190 €	-281 €	-195 €	-31 €

Während die linke Tabelle suggerieren kann, dass man bereits im Jahr 3 (mit +100 Euro) ein profitables Produkt hat, deckt die rechte Tabelle auf, dass man im Jahre 4 (mit -31 Euro) immer noch kein profitables Produkt hat.

Hinweis zur Zahlenreihe „x 0,95 x 0,91 x 0,86 x 0,82" in der rechten Tabelle:

► 0,95 setzt sich zusammen aus 1,00 – 0,05 (Diskontierungssatz von 5 Prozent)

► 0,91 setzt sich zusammen aus 0,95 x 0,95

- 0,86 setzt sich zusammen aus 0,95 x 0,95 x 0,95
- 0,82 setzt sich zusammen aus 0,95 x 0,95 x 0,95 x 0,95.

Diese projizierten Gewinn- und Verlust-Rechnungen sind eine große Hilfe bei Investitions-Entscheidungen.

Teil Z
Portfolio-Management und Umgang mit dem Risiko

Einleitung zur Risikobetrachtung

Dieses Kapitel beleuchtet in vereinfachender Weise ausgewählte Aspekte des Umgangs mit dem Risiko. Zukünftige Projekte bergen stets ein Risiko. Wie gehe ich mit dieser Ungewissheit um? Ich quantifiziere Wahrscheinlichkeiten der Projekte. Ich erhalte die Schätzwerte dafür, indem ich möglichst unabhängige Experten befrage. Diese Erfolgswahrscheinlichkeiten berücksichtige ich dann in der Bewertung der unterschiedlichen Projekte im Portfolio.

„Erwartungswert" oder „Expected Value"

Der „Erwartungswert" oder „Erwarteter Wert" oder „Expected Value" ist der Durchschnittswert eines zukünftigen Projektes, den ich erwarte, wenn ich es beliebig oft durchführen könnte.

Warum wahrscheinlichkeitsgewichtete Werte so wichtig sind

Der Vorteil des „Expected Value" liegt darin, dass er auch das Risiko des Projektes enthält, indem er die Wahrscheinlichkeiten der möglichen Szenarien berücksichtigt.

Er hilft, einen der Fallstricke der üblichen Szenario-Planung zu vermeiden. So rechnen manche Unternehmen einfach mit „Best Case"- und „Worst Case"-Szenarien, ohne die jeweiligen Wahrscheinlichkeiten der möglichen Szenarien zu berücksichtigen. Das Berechnen von wahrscheinlichkeitsgewichteten Werten ist hier angemessener. Sie sind für Investitions-Entscheidungen wichtig, da sie Projekte mit unterschiedlichen Risiken vergleichbar machen.

Aufgaben des Portfolio-Managements

Das Portfolio-Management soll ein ausgewogenes Produktprogramm gewährleisten. Es hat die Aufgabe, ein gesundes Gleichgewicht zwischen Projekten zu schaffen und die richtigen Prioritäten zu setzen: Kerngeschäfte identifizieren, Problemgeschäfte sanieren oder aufgeben und neue Geschäfte aufbauen.

BCG-Matrix

Die Abbildung illustriert die von der Unternehmensberatung Boston Consulting Group entwickelte Marktanteils-Marktwachstums-Matrix (BCG-Matrix). Dieses anerkannte Planungsinstrument kann helfen, Sachverhalte klar und anschaulich darzustellen, indem es komplexe Situationen auf die zwei Größen „Marktwachstum" und „Marktanteil" reduziert. Die resultierenden Strategien in den vier Quadranten sind Selektion, Desinvestition, Investition und Melken.

BCG-Matrix

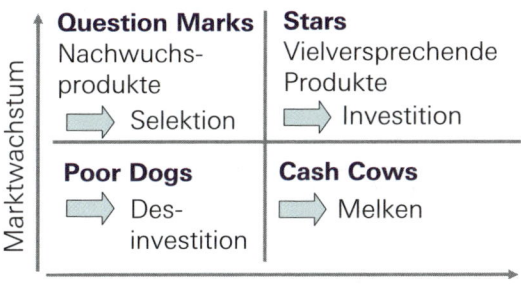

Relativer Marktanteil

(Boston Consulting Group Portfolio-Analyse)

Portfolio-Management: Beispiel

Chancen und Fallstricke der Portfolio-Analyse werden in den nachfolgenden vier Abbildungen schematisch illustriert.

Investitions-Entscheidung

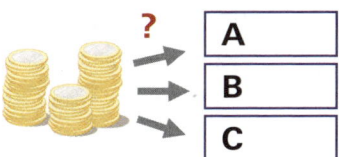

Welche Option lohnt
sich am meisten?

Hier die Ausgangssituation: Angesichts begrenzter Ressourcen lautet die Frage des Vorstandes an das strategische Marketing: „Wo lohnt sich eine Investition am meisten: In Projekt A oder B oder C?"

Portfolio-Analyse I

Pro-jekt	Gewinn-prognose
A	(120 €)
B	30 €
C	20 €

In Portfolio-Analyse I ist die vom strategischen Marketing abgegebene Gewinnprognose mit 120 Euro für Projekt A am höchsten. Ist dies die beste Option?

Portfolio-Analyse II

Pro-jekt	Gewinn-prognose	Erfolgs-wahr-schein-lichkeit	Erwar-teter Wert: Gewinn
A	120 €	× 10%	= 12 €
B	30 €	× 50%	= (15 €)
C	20 €	× 50%	= 10 €

In Portfolio-Analyse II sind nun auch die Erfolgswahrscheinlichkeiten der Projekte eingetragen. Projekt A ist beispielsweise ein Hochrisiko-Projekt mit einer niedrigen Erfolgschance von 10 Prozent. Die Multiplikation der Gewinnprognosen mit den Erfolgswahrscheinlichkeiten ergibt den erwarteten, wahrscheinlichkeitsgewichteten Wert für den Gewinn, der für A nur 12 Euro beträgt. Zum Vergleich: Hochspekulative Aktien können trotz eines sehr attraktiven in Aussicht gestellten Gewinns doch nicht lohnenswert sein. In dieser Phase der Bewertung schneidet Projekt B mit 15 Euro am besten ab.

Portfolio-Analyse III

Pro-jekt	Gewinn-prog-nose	Erfolgs-wahr-schein-lichkeit		Erwar-teter Wert: Gewinn		Kapi-tal-ein-satz		Erwar-teter ROI
A	120 €	× 10%	=	12 €	÷	100 €	=	12%
B	30 €	× 50%	=	15 €	÷	100 €	=	15%
C	20 €	× 50%	=	10 €	÷	50 €	=	(20%)

In Portfolio-Analyse III ist auch die Höhe des eingesetzten Kapitals berücksichtigt. So ist beispielsweise das für Projekt C benötigte Investment mit 50 Euro am niedrigsten. Der Quotient aus erwartetem wahrscheinlichkeitsgewichteten Wert für den Gewinn und dem notwendigen Kapitaleinsatz ergibt den erwarteten wahrscheinlichkeitsgewichteten Wert für den Return-on-Investment (Erwarteter ROI). Nach diesem Kriterium ist Projekt C mit 20 Prozent das attraktivste Projekt.

Investitions-Entscheidung

A
B
C

Investiere in **C,** da höchster erwarteter Return-on-Investment

Die Empfehlung lautet also: Investiere in Projekt C, da sich hier das Investment wahrscheinlich am ehesten lohnen wird. In den Unternehmens-Broschüren liest sich das dann etwa so: „Die Zukunft wird über gezielte Ressourcen-Zuteilung wertschöpfend gesichert, indem werterzeugende Projekte vorrangig mit Investitionsmitteln als Grundlage für weiteres Wachstum bedacht werden."

Profitabilitätsprognose (Spreadsheet for Profitability Forecast)

Hier finden Sie das Bild einer EXCEL-Tabelle, welches in deterministischer Weise den diskontierten kumulierten Cash-flow (Net Present Value oder „NPV") eines zukünftiges Projektes abschätzt. Sie können Schritt für Schritt nachvollziehen, welche Annahmen in das Ergebnis einfließen, welches natürlich nur so realistisch sein kann wie die Annahmen selber. Die eigentlich notwendige Risikobetrachtung (siehe vorangegangene Kapitel) ist hier nicht berücksichtigt.

Da solche Prognosen meist in einem internationalen Rahmen erstellt werden, sind die Begriffe in englischer Sprache. In diesem hypothetischen Beispiel beträgt der NPV im Jahre 10 etwa 815 Mio Euro. Natürlich sind die angegebenen Zahlen nur als Platzhalter gedacht.

Year	0	1	2	3	4	5	6	7	8	9	10
Indication XYZ World Patient Days (Mio)		8000	8000	8000	8000	8000	8000	8000	8000	8000	8000
Substance class coverage: Growth dynamics		10%	20%	30%	40%	50%	60%	70%	80%	90%	100%
Substance class coverage in 10th year		15%	15%	15%	15%	15%	15%	15%	15%	15%	15%
Substance class coverage		1.5%	3.0%	4.5%	6.0%	7.5%	9.0%	10.5%	12.0%	13.5%	15.0%
Substance class treatment days (Mio)		120	240	360	480	600	720	840	960	1080	1200
Share within substance class (%)		100%	90%	80%	70%	60%	50%	50%	40%	30%	30%
Examplex treatment days (Mio)		120	216	288	336	360	360	420	384	324	360
Daily treatment cost (Ex manufacturer, Euro)		1.00	1.00	1.00	1.00	1.00	1.00	1.00	1.00	1.00	1.00
Examplex revenue (Mio Euro)	0	120	216	288	336	360	360	420	384	324	360
Production/Licensing costs (% of revenue)		25%	25%	25%	25%	25%	25%	25%	25%	25%	25%
Production or Licensing costs (Mio Euro)		30	54	72	84	90	90	105	96	81	90
Advertisement & Promotion (Mio Euro)		50	50	30	20	20	10	10	10	10	10
Sales Force Costs (Mio Euro)		80	80	60	50	30	30	30	30	30	30
Development / clinical trials costs (Mio Euro)	300	30	20	20	10	10	10	10	10	10	10
Product contribution per year	-300	-70	12	106	172	210	220	265	238	193	220
Yearly discount rate of 5%	1	0.95	0.91	0.86	0.82	0.78	0.75	0.71	0.68	0.64	0.61
Discounted product contribution	-300	-67	11	92	142	165	164	188	161	124	135
Cumulated discounted product contribution	-300	-367	-356	-264	-123	42	206	394	555	680	815

Hinweis: Ersetzen Sie die obigen Zahlen durch Zahlen, die für Ihr Projekt zutreffen

Profitabilitätsprognose (Spreadsheet for Profitability Forecast) |

Abschluss:
Work-Life-Balance

„Jeder Augenblick ist von unendlichem Wert."

Goethe

Ihre Zukunft

 Weckruf

---

Jeder Moment ist unendlich kostbar. Die Uhr läuft. Wenn Sie morgens aufwachen, entscheiden Sie jeden Tag neu, in welchem Ausmaß Sie Ihre Talente entwickeln und Ihre Fähigkeiten fördern. Sie und nur Sie haben die Verantwortung für Ihr Leben.

Zeigen Sie Eigeninitiative, Engagement und den Hauch von Abenteuerlust, den wir alle haben. Stärken Sie Ihren Mut und den Willen, Dinge in die Tat umzusetzen.

Machen Sie sich öfters bewusst, dass es unendlich viel mehr gibt als Marketing, Business und beruflichen Erfolg. Rücken Sie all diese Dinge in die angemessene Perspektive. Werden Sie zum Meister Ihrer Zeit. Stellen Sie sich geistig vor, Sie wären am Ende Ihres Lebens angelangt und halten eine persönliche Lebensrückschau: Was hätten Sie sich für Ihr Leben gewünscht? Was hätten Sie mehr und was weniger machen sollen? Mehr Zeit im Büro oder mit Familie und Freunden?

„Niemand kann sagen, wie hoch Du fliegen kannst.
Auch Du wirst es erst wissen, wenn Du Deine Flügel ausbreitest.“

Spruch der Hopi-Indianer

Breiten Sie mutig Ihre Flügel auf die ganze Spannbreite aus und schwingen Sie sich kraftvoll in die Lüfte. Entfalten Sie Ihre Fähigkeiten und schöpfen Sie Ihr volles Potenzial aus.

Nutzen Sie alle Freiräume, um Ihre Zukunft erfolgreich zu gestalten. Machen Sie Ihr Leben zu Ihrer Leidenschaft und genießen Sie die wunderbaren kleinen und großen Freuden des Lebens!

Empfohlene Literatur

Aguilar, Michaël: Vendeur d'élite. Techniques y savoir-faire des meilleurs vendeurs, Dunod, 2004
(Was gute Verkäufer ausmacht)

Ammon, Thomas: Produktmanagement: So optimieren Sie Produkte, Workflows und Marketing, Beck Juristischer Verlag, 2009
(Werkzeugkasten für das Steuern und Optimieren von Arbeitsabläufen)

Aumayr, Klaus J.: Erfolgreiches Produktmanagement: Tool-Box für das professionelle Produktmanagement und Produktmarketing, Gabler, 2009
(Grundlagen für systematisches Produktmarketing und zielführende Produktstrategien)

Bly, Robert W.: The Complete Idiot's Guide: Direct Marketing, Alpha, 2002
(Einfache umsetzbare Tipps für erfolgreiche Mailings)

Buhr, Andreas: Die Umsatz-Maschine: Wie Sie mit VertriebsIntelligenz® Umsätze steigern, GABAL, 2006

Burzler, Thomas: Mission Profit: Die Lizenz zum Abschluss, GABAL, 2009

Burkhard, Ingrid: Praxis des Pharmamarketing, Wiley, 2004
(Gut strukturiertes Buch für Mediziner in der Pharma- und Medizinprodukteindustrie)

Bossidy, Larry & Charan, Ram: Execution: The Discipline of Getting Things Done, Crown Publishers
(Warum viele Firmen bei der Umsetzung ihrer Strategien scheitern)

Calloway, Joe: Becoming a Category of One: How Extraordinary Companies Transcend Commodity and Defy Comparison, John Wiley, 2003
(Wie man seinen einzigartigen Wettbewerbsvorteil findet)

Carnegie, Dale: How to Win Friends and Influence People, Pocket Books, 1981
(Der Klassiker – immer noch aktuell)

Cialdini, Robert B.: Influence: The Psychology of Persuasion, Harper, 2006
(Psychologische Grundlagen von Überzeugungsarbeit)

Currier, David with Frost, Jay: Be brief. Be bright. Be gone. Career Essentials for Pharmaceutical Representatives, Universe Inc Book Publisher, 2001
(Erfolgsfaktoren für Pharmareferenten in den USA)

Düssel, Mirko: Handbuch Marketingpraxis: Von der Analyse zur Strategie. Ausarbeitung der Taktik. Steuerung und Umsetzung in der Praxis, Cornelsen, 2006
(Standardwissen, neue Konzepte und Leitfaden für die Umsetzung)

Ferrazi, Keith: Who's got your back, Broadway Books, 2009
(Networking und menschliche Beziehungen)

Ferriss, Timothy: The 4-hour-work week, Escape 9-5, Live Anywhere, and Join the New Rich, Timothy Ferriss, Crown Archetype, April 2007
(Exzellent für Work-Life-Balance)

Fischbacher, Arno: Geheimer Verführer Stimme: Erfolgsfaktor Stimme. 77 Antworten zur unbewussten Macht in der Kommunikation, Junfermannsche Verlagsbuchhandlung, 2008

Fuchs, Helmut: Wir sind Wissensriesen, aber Realisierungszwerge, Linde, 2004

Gitomer, Jeffrey: Das kleine grüne Buch für Ihren Erfolg, Redline Wirtschaft, 2007
(Undiplomatische, direkte Tipps von einem der profiliertesten Verkaufstrainer der USA, sein gratis elektronischer Newsletter lohnt sich)

Hofbauer, Günter: Professionelles Produktmanagement. Der prozessorientierte Ansatz, Rahmenbedingungen und Strategien, Publicis, 2010

Hopkins, Claude C.: Scientific Advertising, Dunway Enterprises
(Klassiker für Direktmarketing, Elektronische Buchversion gratis www.dunway.com)

Jensen, Bill: The Simplicity Survival Handbook: 32 ways to do less and accomplish more, Basic Books, 2003
(Wie man Dinge vereinfacht, um im Dschungel der Wirtschaft besser zu überleben)

Jennings, Jason und Haughton, Laurence: It's Not the Big That Eat the Small... It's the Fast That Eat the Slow. How to Use Speed as a Competitive Tool in Business, HarperCollins 2002
(Schnelligkeit als Erfolgsfaktor)

Kawasaki, Guy: The Art of the Start, Penguin Books, 2004
(Wie man Dinge schneller in die Reihe bekommt)

Kennedy, Dan S.: No B.S. Time Management for Entrepreneurs, Self Counsel Press, 1996
(Politisch inkorrekte, undiplomatische Tipps, wie man seine Zeit effektiv nutzt)

Kieves, Tama J.: This Time I Dance! Creating the Work You Love, Jeremy P. Tarcher / Penguin, 2006
(Work Life Balance und die Arbeit finden, die man liebt)

Kotler, Philip: Kotler on Management: How to create, win and dominate Markets, The Free Press, Simon & Schuster, 2001
(Akademisch geprägtes Buch mit ausgezeichneten Theorien und Konzepten)

Levinson, Jay Conrad: Guerilla Marketing, Houghton Mifflin, 1998
(Kreative, unkonventionelle Einfälle aus dem Konsumgütermarketing)

Maister, David H.: True Professionalism – The courage to care about your people, your clients, and your career, Free Press, 2000
(Tipps für Berater, die auch für Marketers relevant sind)

Maxwell, Richard & Dickmann, Robert: The Elements of Persuasion. Use Storytelling to pitch better, sell faster and win more business, Collins, 2007
(Wie man mit Geschichten und Anekdoten Menschen schneller überzeugt)

Matys, Erwin: Praxishandbuch Produktmanagement: Grundlagen und Instrumente, Campus, 2008
(Gut gegliedert, praxisgerecht und anschaulich durch Fallbeispiele und Diagramme)

Mintzberg, Henry: The Rise and Fall of Strategic Planning, The Free Press, New York, 1994
(Die Fallstricke der langfristigen Planung)

Müller, Michael C.: Europäisches Pharmamarketing, Gabler, 2005
(Vergleich der unterschiedlichen Märkte in den europäischen Ländern)

Nelson, Bob: 1001 Ways to Reward Employees, Workman Publishing, New York 2005
(Wie man auf nicht-finanzielle Weise Mitarbeiter belohnen kann)

Neukirchen, Heide: HEXAL Kapitalismus: Der Aufstieg der Brüder Strüngmann, Campus, 2006
(Wie zwei Brüder es schafften, ein Unternehmen aufzubauen, welches Novartis etwa 6 Milliarden Euro wert war)

O'Kelly, Eugien: Chasing Daylight. How my forthcoming death transformed my life
(Eindringlich, wie ein erfolgreicher CEO die letzten Monate seines Lebens meistert)

Ogilvy, David: Ogilvy on Advertising, New York, Crown, 1983
(Dieser Klassiker gibt viele persönliche Einblicke, wie Werbung funktioniert)

Ott, Rüdiger: Marketing für Apotheker: Immer einen Schritt voraus, Deutscher Apotheker Verlag, 2008
(Praxisorientierte Marketingideen für Apotheken)

Peters, Thomas, Waterman, Robert H.: In Search of Excellence, Warner Books, 1988
(Was Tom Peters bei McKinsey berühmt machte)

Peters, Tom: The Professional Service Firm 50, The Brand You 50, The Project 50, Series published by Alfred A. Knopf, Inc. Copyright 1999 by Excel/A California
(Kurz, knapp, prägnant: Was professionelle Dienstleister auszeichnet)

Peters, Tom: Re-Imagine, Dorling Kindersley Limited, 2003
(Wo die Reise in der globalen Wirtschaft hingeht)

Raasch, Antje-Christina: Der Patentablauf von Pharmazeutika als Herausforderung beim Management des Produktlebenszyklus, DUV, 2006
(Akademisch geprägtes Buch über Optionen bei Verlust der Marktexklusivität)

Rackham, Neil: The Spin Selling Fieldbook, McGraw-Hill, 1996
(Praktische Tipps für erfolgreiche Verkaufstechniken)

Sauerbrey, Christa & Henning, Rolf: Kundenrückgewinnung, Vahlen, 2000
(Wie ich ehemalige Kunden zurückhole)

Schragis, Steven and Frishman, Rick: 10 Clowns don't make a circus, Adams Media, 2006
(Teils humorvolle Tipps, wie man in großen US-Unternehmen erfolgreich wird)

Scott-Morgan, Peter, Little, Arthur D.: Die heimlichen Spielregeln: Die Macht der ungeschriebenen Gesetze im Unternehmen, Campus, 1994
(Einblicke, wie Unternehmen in Wahrheit funktionieren)

Dr. Schittly, Hans: Faszination Verkaufen, Verlag Trainerbörse, 2006
(Praktische Verkaufstechniken)

Semler, Ricardo: The Seven-Day Weekend. A better way to work in the 21st century, Arrow books, 2003
(Work Life Balance)

Sprenger, Reinhard K.: Die Entscheidung liegt bei dir! Wege aus der alltäglichen Unzufriedenheit, Campus, 2010
(Ein aufrüttelndes Plädoyer, selbst die Verantwortung für das Leben zu übernehmen)

Stevens, Mark: Your Marketing Sucks, Three Rivers Press, 2005
(Geschichten über vermeidbare Marketingfehler)

Strupat, Ralf R.: Das bunte Ei: Mit Kundenbegeisterung gewinnen, Orell Fuessli, 2008
(Wie man mit Enthusiasmus Unternehmen einzigartig macht)

Topf, Cornelia: Einfach mal die Klappe halten: Warum Schweigen besser ist als Reden, Gabal, 2010
(Wie man Schweigen als wirkungsvolles Mittel der Rede einsetzt)

Trilling, Thomas: Pharma-Marketing, Springer, 2010
(Aufgaben, Strukturen und Strategien im Produktmanagement der Pharma-Industrie)

Umbach, Günter: Successfully Marketing Clinical Results: Winning in the Healthcare Business, Gower Publishing 2007
(Wie man den medizinischen und wirtschaftlichen Wert wissenschaftlicher Daten nutzt)

Mc Williams, Peter: You cannot afford the luxury of a negative thought, The Life 101 Series, Prelude Press, Inc, 1995
(Work-Life-Balance und der Wert einer positiven Einstellung)

Williams, Jane: Insider's Guide to the World of Pharmaceutical Sales, Principle Publications, 2005
(Persönliche Einblicke in das Leben eines Pharmareferenten in den USA)

Wilson, Larry: Stop Selling, Start Partnering, Wiley, 1994
(Wie man durch Kundenorientierung Kunden gewinnt und behält)

Liste gratis abonnierbarer elektronischer Newsletter

Wenn Sie in einer Suchmaschine den jeweiligen Begriff eingeben, finden Sie leicht die Webseiten, auf denen Sie den Rundbrief abonnieren können.

- Beratungsletter für Marketing- und Trendinformationen
- Bob Bly's Direct Response Letter
- Guerrilla Marketing Association by Jay Levinson
- FierceMarkets
- Higher Awareness: Daily Inspirations
- Howard Putnam on Leadership
- Institute of Management Consultants USA
- MarketingProfs
- MarketingSherpa
- Pharma Marketing News by John Mack
- RainToday – Insight, advice, and tools for marketers, and leaders
- Summit Consulting by Alan Weiss
- The Point from Bluepoint Leadership Development
- Tom Peters Times by the tompeters!company

Speziell für Professionals in Pharma- und Medizinprodukte-Firmen im deutschsprachigen Raum:

- Healthcare Marketing Dr. Umbach & Partner

Marketing-Know-how auf einer Seite

Konzept

Tragfähige Strategie entwickeln

Analyse
Zielgruppe und Umfeld erforschen

Nicht erfüllter Bedarf
Tatsächliches Problem verstehen

Positionierung
Prägnante Botschaft entwickeln

· **Aufmerksamkeit**
Interesse für Inhalt wecken

· **Nutzen**
Datenbasierte Lösung aufzeigen

· **Einzigartigkeit**
Überlegenheit sichtbar machen

· **Beleg**
Mit Quelle, Zitat, Story untermauern

· **Aktion**
Zu konkreter Handlung motivieren

Ausdruck
Kreativ die Sinne ansprechen

Check
Entwurf testen, an Feedback anpassen

Kanäle
Effektive Kommunikationswege finden

Erfolgskriterien
Relevante Kenngrößen definieren

Namen
Kontaktdaten der Kunden sammeln

Chancen nutzen

Ausdruck

Kreativ die Sinne ansprechen

Wertvolles Warenzeichen
Markennamen verwenden

Treffendes, positives Vokabular
Nutzenversprechende Worte wählen

Klare Kernaussage
Wesentliches in einem Satz sagen

Gewinnender Text in Stichpunkten
Mit Bullet points überzeugen

Relevante Ziffer
Wichtigste Zahl identifizieren

Einprägsame Merkmale
Zeichen, Buchstaben, Silbe erwägen

Lesefreundliches Schriftbild
Passende Typographie aussuchen

Wirkungsvolles Layout
Erprobte Seitenarchitektur wählen

Eindeutige Farbwahl
Markenfarbe verwenden

Verständliche Tabellen
Zeilen und Spalten optimieren

Einleuchtende Schaubilder
Diagramme meisterhaft aufbereiten

Professionelle Bilder
Mit stimmigem Motiv visualisieren

Direkt Erlebbares
Objekt, Geste, Klang finden

Marke prägen

Workshops und Beratung

Kanäle

Effektive Kommunikationswege finden

Experten
Fachbeirat, Fachgesellschaften ...

Veranstaltungen
Vorträge, Workshops, Kongresse ...

Wissenschaftliche Publikationen
Abstracts, Originalartikel ...

Persönliche Kontakte
Schlüsselpersonen, Networking ...

Marktforschung
Fragebogen, Interviews, Gruppen ...

Elektronische Medien
Webseiten, Online-Videos ...

Presse- und Öffentlichkeitsarbeit
Journalisten, Medien

Werbung
Anzeigen, Broschüren ...

Vertrieb
Außendienstmitarbeiter

Direkt-Marketing
Print- und elektronische Mailings,
Telefonische Hotline, Callcenter

Weitere Optionen
Continuing Medical Education,
klinische Studien,
Praxispersonal,
Selbsthilfegruppen,
einfallsreiche Aktionen ...

Dialog pflegen

www.umbachpartner.com

I Abkürzungen I

Dieses Buch enthält nur wenige Abkürzungen. Hier eine Erläuterung der Abkürzungen, die dem Leser öfters begegnen können:

AEP	Apothekeneinkaufspreis
AKG	Arzneimittel und Kooperation im Gesundheitswesen
AVP	Apothekenverkaufspreis
AMG	Arzneimittelgesetz
AMNOG	Arzneimittelmarktneuordnungsgesetz
ASP	Application Service Provider
B2B	Business to Business
B2C	Business to Consumer
BfArM	Bundesinstitut für Arzneimittel und Medizinprodukte
BMG	Bundesministerium für Gesundheit
BPI	Bundesverband der Pharmazeutischen Industrie
CME	Continuing Medical Education
CPA	Cost Per Action / Cost per Adclick
CPC	Cost Per Click / Cost per Customer
CPL	Cost Per Lead
CPO	Cost Per Order
CPS	Cost Per Sale
CPV	Cost per Visit
CRM	Customer-Relationship-Management
CRO	Clinical Research Organization (Auftragsforschungsinstitut)
CTA	Call to Action
CTR	Click-Through Rate
DB	Deckungsbeitrag
DTC	Direct-to-Consumer

EMEA	European Medicines Agency (zunehmend wird EMA benutzt)
FSA	Freiwillige Selbstkontrolle für die Arzneimittelindustrie
G-BA	Gemeinsamer Bundes-Ausschuss
GCP	Good Clinical Practice
GKV	Gesetzliche Krankenversicherung
HWG	Heilmittelwerbegesetz
ICD	International Classification of Diseases
IQWiG	Institut für Qualität und Wirtschaftlichkeit im Gesundheitswesen
KPI	Key Performance Indicator (Leistungskenngröße)
KV	Kassenärztliche Vereinigungen
PFP	Pay For Performance
PM	Produkt Manager
POS	Point of Sale
PPC	Pay Per Click
PPL	Pay Per Lead
PPS	Pay Per Sale
PR	Public Relations
PV	Page View
OTC	Over the Counter (verschreibungsfrei)
ROI	Return-on-Investment
Rx	Verschreibungspflichtig
SEA	Search Engine Advertising
SEO	Search Engine Optimization
SERP	Search Engine Results Page
SGB	Sozialgesetzbuch
SOP	Standard Operating Procedure
SpiBu	Spitzenverband Bund der Krankenkassen
UGC	User Generated Content
USP	Unique Selling Proposition (Alleinstellungsmerkmal)
UV	Unique Visitor

UWG	Gesetz gegen den unlauteren Wettbewerb
VFA	Verband Forschender Arzneimittelhersteller
WHO	World Health Organization

Hinweis

„Substantin" ist eine fiktive Substanz und „Examplex" ist eine fiktive Marke.

Stichwortverzeichnis

▌ Der Autor ▌

Dr. med. Günter Umbach hilft als Trainer, Berater und Autor europäischen Führungskräften, effektiver Ergebnisse zu erreichen. Sie profitieren von seinen Erfahrungen in einer nationalen Start-up-Firma als auch in einem internationalen, forschenden Unternehmen – als Medical Advisor, Senior Produktmanager, Medical Director, Informationsbeauftragter, Marketing Director und weltweiter Teamleiter für die Strategie einer großen Herz-Kreislauf-Marke.

Klienten nutzen seine Erfahrungen als Facharzt für Frauenheilkunde und Geburtshilfe, als wissenschaftlicher Mitarbeiter der Universität von Texas, als Gastprofessor der Universität in Bilbao, als Lehrbeauftragter für den Master of Pharmaceutical Medicine der Universität Duisburg-Essen, als Senior Associate des Management Centre Europe in Brüssel sowie als Mitglied der Global Speakers Federation, der German Speakers Association und des Institute of Management Consultants USA.

Viele Fachartikel und in drei Sprachen erschienene Business-Bücher unterstützen Klienten dabei, ihre wissenschaftlichen Ergebnisse überzeugend zu vermitteln und ihre Produkte erfolgreich zu vermarkten.

Führende Arzneimittel- und Medizinprodukte-Unternehmen, Werbeagenturen, Callcenter, Kommunikationsfirmen und Auftragsforschungsinstitute in zwölf Ländern nutzen die dynamischen Workshops und persönlichen Beratungen, um mehr Kunden zu gewinnen und um ihre Marktposition zu stärken.

Tipps, Hinweise, Newsletter, Audios und Videos sind gratis auf www.umbachpartner.com verfügbar.